Company and Financial

LAW REVIEW

New Development of Company and Financial Nomocracy

公司与金融法评论
公司与金融法治最新发展研究

王 波 等著

中国财经出版传媒集团
经济科学出版社
Economic Science Press

图书在版编目（CIP）数据

公司与金融法评论：公司与金融法治最新发展研究／王波等著．—北京：经济科学出版社，2021.10
ISBN 978－7－5218－2987－7

Ⅰ.①公⋯　Ⅱ.①王⋯　Ⅲ.①公司－金融法－研究－中国　Ⅳ.①D922.280.4

中国版本图书馆 CIP 数据核字（2021）第 214704 号

责任编辑：杨　洋　卢玥丞
责任校对：王肖楠
责任印制：王世伟

公司与金融法评论
——公司与金融法治最新发展研究
王　波　等著

经济科学出版社出版、发行　新华书店经销
社址：北京市海淀区阜成路甲 28 号　邮编：100142
总编部电话：010－88191217　发行部电话：010－88191522
网址：www.esp.com.cn
电子邮箱：esp@esp.com.cn
天猫网店：经济科学出版社旗舰店
网址：http://jjkxcbs.tmall.com
北京季蜂印刷有限公司印装
710×1000　16 开　14.25 印张　210000 字
2021 年 11 月第 1 版　2021 年 11 月第 1 次印刷
ISBN 978－7－5218－2987－7　定价：52.00 元
(图书出现印装问题，本社负责调换。电话：010－88191510)
(版权所有　侵权必究　打击盗版　举报热线：010－88191661
QQ：2242791300　营销中心电话：010－88191537
电子邮箱：dbts@esp.com.cn)

前言 PREFACE

习近平总书记强调,"金融是国家重要的核心竞争力,金融安全是国家安全的重要组成部分,金融制度是经济社会发展中重要的基础性制度"①。2021年11月28日,西安市法学会公司与金融法研究会成立,秘书处设在西安财经大学法学院。经过四十一年的发展壮大,西安财经大学法学院已经建立起了一支年龄、学历、职称结构合理的教学科研队伍,学科发展方向明确,研究特色已经形成。公司与金融法是法学院重点学科方向之一。公司与金融法研究特色集中表现为部门法与学科之间的交叉性与融合性,即法学与经济学、金融学等学科之间的交叉性与融合性,民商法与经济法、金融法之间的交叉性与融合性。我校作为陕西省唯一一所财经类院校,基于目前学科建设优势,在公司与金融法研究方面取得了丰硕的研究成果。通过公司与金融法研究会的设立,我们旨在整合优势资源,凝聚各方力量,对相关理论和实践问题开展全方位、多角度研究,解决公司与金融法治实践中的具体问题,有效服务公司与金融法治的实践需求。今年是"十四五"规划的开局之年,陕西省专门发布了《陕西省"十四五"金融业高质量发展规划》,其中明确对完善金融服务体系,加强地方金融改革,服务实体转型升级等问题进行重点部署,这为公司与金融法研究指明了方向与重点。在西安市法学会公司与金融法研究会成立之际,我们从全国征集稿件并从中筛选出七篇优秀论文编辑出版,以期展示公司与金融法治最新研究成果。

---

① 孙学工:《〈促进金融更好服务实体经济〉:提高认识 坚定方向 做好金融服务实体经济这篇大文章》,国家发展改革委网站,2020年11月19日。

CONTENTS 目录

001 我国双层股权结构制度研究
　　│王　波　董振南

046 我国上市公司股东权代理征集制度设计
　　│何宗泽

060 市场化债转股法律激励机制研究
　　│周之田

090 金融控股公司内部信息共享的正当性与监管路径
　　│李善民

127 我国上市公司自愿性信息披露法律规制研究
　　│马　松

163 个人金融信息保护中的知情同意原则研究
　　——以情境理论为视角
　　│王　楠

192 央行数字货币发行对我国货币监管制度的冲击与重构
　　│王雨婷

我国双层股权结构制度研究

王 波 董振南[*]

摘要：双层股权结构是一种非典型股权结构，其对加快我国证券市场监管机制改革，推进我国进一步对外开放与经济体制改革都有着重要的理论意义与实践价值。双层股权结构基于防范恶意资本收购、异质化股东权利平衡、提高资本配置效率、充实营商环境软实力等原因而产生，因对传统股权结构观念的破坏和对创始人股权从根基上的保护而受到广泛关注。国外对双层股权机构持允许、限制、禁止三种态度，其中美国、加拿大普遍允许存在双层股权结构的公司进行上市活动，英国和法国的双层股权结构处境并不明朗，而德国则明确禁止双层股权结构的出现。中国香港地区交易所与境内A股科创板突破"一股一权"固有原则，先后允许双层股权结构公司上市，是证券监管部门对市场需求的及时回应。但因其固有的倾斜性保护的特点，备受理论界和实务界及中小股东的质疑，因此，平衡股东间控制权与保护中小投资者就成为了双层股权结构正式引入的关键因素。为了平衡各方利益关系，应限制特别表决权股的持有人、表决事项及表决权倍数，限制董事长权限，平衡监管策略及设置负面清单，并在《中华人民共和国公司法》《中华人民共和国证券法》相关条款增加修正建议，以期双层股权结构制度全面落地。

关键词：双层股权结构；一股一权；控股股东；特殊管理股

---

[*] 王波（1974年生），男，陕西西安人，西安财经大学法学院副院长，教授，法律经济学博士，法学博士后，研究方向为公司与金融法。

董振南（1994年生），男，陕西西安人，泰康人寿西安分公司法务，西安财经大学法学硕士，研究方向为公司与金融法。

一、问题的提出

制度经济学中的产权理论强调"权利束",即产权是一个基本权利的集合体,主要表现为所有权①,同样存在使用权、收益权与处置权。从制度层面来讲,产权制度的范围十分宽泛,从天上到地下、从物到人、从有形到无形,本文所探讨的并非广义的产权制度,仅仅是在公司法下的产权界定、配置、流动、保护四个维度下的配置角度,对我国公司产权制度优化加以补充。公司法中的产权配置在股份有限公司中表现为股权配置,或称股权结构。

在公司总股本中,具有不同权利义务、偿债顺序、分红要求等性质的股份所占比例及各类股份间相互关系被称为公司的股权结构。股权结构始终贯穿于公司存续期间,在股权配置中起基础和决定性作用,影响涉及公司组织结构、传导及日常经营活动,最终对公司决策和利润产生效果。一般企业在设立之初对股权结构的设计慎之又慎,主要考虑两方面原因:一是表决权,《中华人民共和国公司法》(以下简称《公司法》)规定股东按照出资比例行使表决权,并按照实缴的出资比例分取红利,公司新增资本时,股东有权优先按照实缴的出资比例认缴出资(这里仅以多数情况为例);二是所有权,股东持股比例可以与出资比例不一样,有可能会使创始人②对公司的控制权旁落,一般企业在设置章程时以做出某项约定——如投票权委托、一致行动人协议或通过有限合伙持股来确保其对公司的控制权。

传统企业在股权分配方案上主要有三种:创始人与投资人分别占总股权比 67%:18%(创始人拥有一票通过权)、51%:32%(创始人拥有多

---

① 例如房屋产权由房屋所有权与土地使用权联合构成,直观表现为对房屋的占有、使用、收益、处分。

② 应明确的是,创始人与控股股东互为不包含关系,创始人(股东)不一定是控股股东,控股股东不一定是创始人(股东)。但通常情况下,创始人对公司保持着绝对控制,即等同于控股股东。在上海证券交易所《科创板上市规则》第四章中相关表述为"发行人及其控股股东",可看作本文中对创始人(股东)内涵的界定。

数事项一票通过权）和34%∶51%（创始人拥有一票否决权）①。创始人对公司的控制越来越小，在其股权只大于1/3时，几乎失去了对公司的控制。智能型要素（即科学技术）在社会中表现得逐渐活跃，代表着智力资本作为企业主要构成的科技型企业②崛起，成为新经济增长点。由于科技型企业"轻财务资本、重智力资本"，并以无形资产作为智力资本最主要的表现形式。而作为成长期的科技型企业，由于缺少抵押资产，专利技术市场前景不明，导致融资困难重重（顾焕章，2013），往往被迫选择只具有一票否决权的股权结构，将企业的前途交予他手。又因为投资周期更长的原因，投资人急于变现，最终损害了创始人与企业本身。

在创始人对企业控制权需求紧迫的今天，收购与反收购的技术较量由来已久。为了防范敌意资本，在国外的数次并购浪潮中，"白衣骑士""金色降落伞""毒丸计划""焦土战术"等符合彼时法律规则的有效手段应运而生。但这些单方面的措施都是以企业效益的牺牲为代价，且都在收购行为产生时采取措施，是一种非常手段，科技型企业很难完全采用。

那么对于我国技术密集型的企业来讲，最妥当的解决控制权问题的办法就是差异化的普通股，即创始人以较少的资本控制更多乃至足以左右企业重大事项决策的投票权，使其充分掌握公司长远发展的走向，同时给予投资人更多的现金激励。互联网企业、生物新医学企业、绿色节能企业等高新技术领域内，由于天然的轻资产要素③而广泛适应具有投票权差异的股权结构安排。

国家科技部于2016年2月发布的《高新技术企业认定管理办法》中明确了高新技术企业为我国重点扶持领域，享受税收、用地减免等优惠政策。而当企业采用了差异化的股权结构安排并尝试上市时，却因为不符合我国股份制公司上市的基本条件——"同股同权"原则铩羽而归。为了不耽误

---

① 比例数值是公司法领域共识性的东西，主要是基于公司法规定的绝对资本多数决（2/3以上表决权）和一般资本多数决（1/2以上表决权）的规定而得出的，实践中也基本都是这样做的。

② 以技术创新为企业利润增长的主要推进力。资料来源：粟进：《科技型中小企业技术创新驱动因素的探索性研究》，南开大学学位论文，2014年。

③ 企业拥有少量固定资产以维持研发等，其他环节需求均以外包形式完成。资料来源：唐衍军、蒋尧尧：《互联网时代企业的轻资产运营与控制权配置》，载于《企业经济》2017年第6期。

企业发展进程，包括但不限于众多数字新媒体产业（Technology，Media，Telecom，TMT）企业，不得不舍近求远在美国等不限制"同股不同权"的国家地区发行股票。企业损失了我国体量巨大的 A 股市场，而沪深两市也损失了大量优质企业所构成的良好投资环境，2017 年世界银行营商环境指标指出了我国在"所有权与管理指数"方面的短板。

为弥补损失，优化我国营商环境，在国外取得过良好效果的"双层股权结构"制度因其能够顺应经济社会发展前景和满足不同企业上市需求而呼之欲出。而上海证券交易所《科创板上市规则》对科技创新企业的激励效应，使笔者不禁联想：是否可在法律及其配套层面对双层股权结构这一企业规则进行拓展，使之可适用的领域更宽泛？本文基于此背景，对促进双层股权结构全面引入的制度安排进行研究。

二、双层股权结构的制度概述

（一）双层股权结构的概念界定

所谓双层股权结构，即公司在其章程中规定，发行的普通股有普通表决权股与特殊表决权股，后者拥有数倍于前者的每股投票权，并且只允许公司设立初的创始人[①]和利于公司长久发展的股东持有。相较于"一股一权"的股权结构，双层股权结构更突出了控制权与剩余价值索取权的分割特点，给予创始人倾斜性的控制权优势，保护公司的长远利益。

衡量产权制度的绩效在于，其产生的激励机制是否能有效推动调整对象的利益趋向合理。对于股权配置来说，双层股权结构与"一股一权"结构既能带来合理的利益，又会产生不合理的倾向。一股一权原则较为稳定，但抵抗外部干扰能力很弱。而双层股权结构是在公司治理内外部环境趋向复杂时，演变出分离控制权与股份分红的财产权的一种典型方法，其制度基础是公司意思自治[②]。因此公司股东，特别是公司创始人团

[①] 公司创始人在股份有限公司中指发起人，在有限责任公司中指创始股东。
[②] 郭雳、彭雨晨：《双层股权结构国际监管经验的反思与借鉴》，载于《北京大学学报（哲学社会科学版）》2019 年第 2 期。

队，对双层股权结构的确立更有话语权，但同时在双层股权结构确立后，对其他股东利益则更具威胁性嫌疑。一方面，传统的公司法下"一股一权"是股权平等原则在股权配置中的直接体现。一股一权原则下，股东以出资额分配股权，使得相互间的权利义务趋同，投票权与剩余价值索取权相对应，构成利益格局简单、清晰和易处理的整体。从一股一权原则的内涵中可知，其保护的是所有投资者的公平合法权益，保证公司有效率地运行。另一方面，随着公司发展壮大乃至上市，不同投资者的不同投资目的开始突现。一部分股东希望长期持有公司股权以获取更高的投资回报率，包括隐性收益如市场效应与市场影响等[①]，此一类股东包括创始人与财务投资者，关注企业的成长性和长期投资利益。另一部分中小股东则更关注公司股息、股利分红等短期收益，更有外部投机资本觊觎优质发展企业而伺机收购，使其为我所用。但前有"大众—保时捷狼堡攻防战"，后起"宝万"之争，对企业来说资本的双刃剑属性不必赘述，利用有效资本，防范渗透资本是公司发展必经的漫长道路。众多企业在一股一权原则下的多项尝试[②]并不能完全解决外部资本威胁，而股权的高度分散化导致的股东基本权利无法得到满足，最终动摇了作为股权发行标准的"一股一权"以及"同股同权"的原则。

由上述可知，双层股权结构是相对单层或仅有一种股权结构而言的非典型股权结构。通常双层股权结构发行两种及以上类别的股权，最常见的为普通投票权股与超级投票权股，与之相对的还有普通投票权股与限制或无投票权股，而双层以上股权结构同样包含这种分类特征，本意即区分创始人及其管理团队与公众股东对企业的不同诉求和不同利益。在不同语境下，特殊投票权股份称谓略有差别，2018 年修订后的香港证券交易所上市规则称之为"不同表决权股"，而域内有关发行存托凭证的规定和科创板上市规则中称其为"特别投票权股份"，包括一些学者著称

[①] 谭浩俊：《大股东为何不关注阿里每年的分红》，载于《中华工商时报》2019 年第 3 版。
[②] 例如：事前签订投票权委托和一致行动人协议、保护性条款范围以及控制董事会组成，或收购发生时采取"焦土战术""毒丸计划""金色降落伞""帕克门"策略以及请求"白衣骑士"善意收购。

"高低投票权股"①，都具有相同的含义。

1. 双层股权结构的构成主体

结合前文综述，本部分将总结双层股权结构在构成上应以内部主体和外部主体分类。内部主体指的是股权配置中对影响双层股权结构能否设立的关键要素，具体有以下三点：

第一，创始人或内部股东。创始人股东是为组织、设立公司而签署设立协议或者在公司章程上签字盖章，认缴出资，并对公司设立承担相应责任的人。内部股东不完全等于创始人股东，内部股东可以是在公司工作多年并持股，对公司发展有积极贡献的并高度认同公司文化，愿意为公司目标、愿景和价值观竭尽全力的员工或管理层或股东。创始人和内部股东是推动双层股权结构设立的最重要力量，这种公司治理结构侧重于对创始人和内部股东的保护。与双层股权结构的设立一致，在《公司法》中这两者是最基本的公司设立构成要件之一。

第二，公众股东。公众股东可分为机构投资者和个人投资者。根据经济发展状况的不同，各国在资本市场上活跃的主体不尽相同，如机构投资者与个人投资者在国与国之间的差别较大，我国资本市场因处于发展初期，各项配套政策法规不足，呈现大量个人投资者，少量机构投资者的市场现状。由于投资者受教育、地域、经济能力的限制，反映出投资水平的参差不齐，投资者保护与事后救济非常必要。而以往对公众股东权利义务法律关系的忽略，所遗留投资者保护法律配套则稍显不足。

第三，管理层及董事会。董事会成员与董事会是主要的经营业务参与者与管理者。公司的存续时间与管理层的日常决策密切相关，而管理层又受到不同利益需求股东的调配并对其负责，甚至管理层自身也会受到利益连带的影响；员工的股权激励同样会成为公司控制权旁落的原因。

同样，对于外部主体，其除了政府的政策导向，有可能还决定着双层股权结构的适用与否。

---

① 谭靖：《双层股权结构下的利益冲突与平衡》，华东政法大学学位论文，2015年；郭雳、彭雨晨：《双层股权结构国际监管经验的反思与借鉴》，载于《北京大学学报》2019年第56卷第2期，第133页。

第一，独立董事（以下简称"独董"）。公司设立独董既是制度要求又是公司经营的实际需求，与采用一股一权原则的公司相同，采用双层股权结构的公司独董基本特征是独立性，即产生资格、程序，经济上及行权上的独立。而区别在于双层股权结构中的内部人控制和代理成本问题更加突出，独董的独立性更易被操纵，法律规定对其忠实、勤勉义务的界限尚不明确。在法律层面，独董与董事会处于制衡与被制衡的关系，仅从新公司法独立董事制度发展来看，独董占董事会席位应逐步扩大化，形成一定规模的独立董事委员会对独董的独立性更具保障。

第二，证券交易所与监管部门。证券交易所的上市规则与监管部门相比是对其政策的直接反应，证券交易所也存在竞争行为，即在政策范围内尽量降低上市门槛以吸引资本。但我国沪深两证券交易所是通过国家战略规划设立的，与境外经济体形成竞争关系，对内则无竞争关系，但仍有规模差异。监管部门在境内则是纯粹的政策导向者，根据不同经济状况，政策导向有可能截然相反，但一定以我国经济总体平稳发展，防控风险为纲。

2. 双层股权结构的外延概念

英国于 2006 年制定的公司法规定，一个类别的股份体现于其附随的权利在各方面均保持一致①，所以双层股权结构发行的不同投票权股本质上属于一种类别股。以下举例几种类别股表现形式，更进一步阐释双层股权结构的特征和性质。

（1）双层股权结构与优先股。

普通股与优先股注重财产利益的分配次序，双层股权结构更注重表决权的分配次序。中国证监会已于 2014 年先期试点并允许发行优先股，作为补充普通股的融资渠道。优先股股东可在公司盈利的基础上，参与利润与超额收益按照持有股数进行分配，并较普通股股东享有优先权，一般不享有表决权，属于无表决权股。但其与双层股权结构中的无投票

---

① 冯果：《股东异质化视角下的双层股权结构》，载于《政法论坛》2016 年第 34 卷第 4 期，第 127 页。

权股不同,是因为二者具有类似但不同的权利义务关系。优先股的无表决权所对应的是财产分配的优先权,并且不参与公司经营业务。而双层股权结构中的无表决权是普通股的一种,其既无对重大事项的投票权,在利润或超额收益分配上又无优先权。同时,双层股权结构既可发行无投票权股或限制投票权股,又可发行超级投票权股,并以此广泛参与公司治理,把握公司根基。特别表决权股在财产分配上按照股数平等分配进行,与普通股、优先股可同时存在于一个公司股份内,最大的区别在于表决权的区别与参与公司治理的有无。

(2) 双层股权结构与普通股。

双层股权结构所发行的股份都属于普通股,但其打破了普通股的根本原则,并且通常是非流通或限制流通股。双层股权结构存在的意义是保障创始人对公司最大的控制权,通常在公司章程中规定特别表决权股在转让或继承时应转为没有特别表决权的普通股,创始人持有普通股,而其他股东持有无或限制表决权股情况下,若再无创始人股东时,则转让或继承时应恢复其他股东的普通股权利,或取消双层股权结构以回归"一股一权"的治理原则。

(3) 双层股权结构与特殊管理股。

特殊管理股是一种体现我国特色社会主义国情的股权结构,与双层股权结构的本质一致,2014年国务院已开展试点工作。特殊管理股制度是政府以国有资本对企业的少量参股,不参与日常经营活动,并永久性或期间性地拥有对企业特别重要事务上的一票否决权[1],是对市场手段失灵的兜底性制度。但因公权力与私权力不对等的特征,特殊管理股很难普及至各行各业,文化产业是最典型的适用行业。政府行使特殊管理股权利,提供资金动力,并行使一票否决把关内容,引领方向。其最终目的不是获得企业的控制权,而是作为基石保护企业长久稳定地发展,其与双层股权结构保持控制权的设立目的并不一致,但此制度对双层股权结构的本地化构建具有重要的借鉴意义。

---

[1] 程柯、韩硕:《特殊管理股制度的缘起、超越与融入》,载于《编辑之友》2016年第3期。

(4) 双层股权结构与中国存托凭证。

中国存托凭证（CDR）是近两年来中国证监会为方便投资者购买无法满足境内上市条件而在境外上市的内资企业股份，为其设立的间接持有股份的凭证，于 2018 年 5 月进行试点。双层股权结构与 CDR 势如水火，从港交所《上市规则》"不同表决权安排"节看，双层股权结构以更直接便捷的方式得到市场更多认可，CDR 加内资企业 VIE 架构①试点并未取得显著的优势。而新修订的《证券法》（即《中华人民共和国证券法（2019 修订）》）为双层股权结构预留了立法修改空间，对 CDR 仅在修订草案"三读"中涉及。考虑到立法初衷、执法难度及市场接受等，双层股权结构应是更具优势的制度产品。

（二）双层股权结构的历史沿革

最初的双层股权结构只是一种泛用名称及一个模糊的概念。早在 1898 年美国开始出现无投票权普通股，并在 19 世纪 20 年代（引者注：应为 20 世纪 20 年代或 1920 年左右，此处系作者之误）盛行②，包括加拿大及瑞典、法国、葡萄牙等欧美国家先后允许公司发行含有不同投票权的股份。但在无投票权股盛行的彼时，一股一票规则已作为标准模式纳入一般公司法中，无投票权股很快便在 1940 年纽约证券交易所（NYSE）被禁止发行③，而其作为广义的双层股权结构仍然被广泛认知，甚至在 1927~1932 年④与 1940 年后⑤仍有少量公司以例外情况发行不同投票权股，为后来的广泛运用奠定了基础。

---

① VIE 架构：协议控制，是内资企业境外上市常用方式之一。
② 张占锋：《我国移植双层股权结构制度法律问题研究》，对外经济贸易大学学位论文，2018 年。
③ 因道奇兄弟公司（Dodge Brothers, Inc.）发行大量无投票权 A 类股的同时，狄龙·瑞德公司（Dillon, Read and Company）以少量的有投票权 B 类股控制着前者，左右了社会公众的话语权，于 1940 年遭到了当局的抵制。资料来源：张欣楚：《双层股权结构：演进、价值、风险及其应对进路》，载于《西南金融》2019 年第 6 期。
④ 蒋小敏：《美国双层股权结构：发展与争论》，载于《证券市场导报》2015 年第 9 期。
⑤ 张欣楚：《双层股权结构：演进、价值、风险及其应对进路》，载于《西南金融》2019 年第 6 期，第 38 页。

经过一段短暂发展后，双层股权结构成为了 1937 年的德国及金融市场缺乏良性竞争国家的质疑对象。由于金融寡头与公司创始人无限制地利用自身的高表决权，运用（可交换的各种类型的）利益输送谋取自身利益并侵犯公众股东的权利，德国政府于 1937 年立法禁止任何公司发行任何形式的超级投票权股。而到 1998 年，德国政府甚至强化了禁止力度，废止了以公众利益为由发行的超级投票权股这种特殊批准①。双层股权结构在德国遭到毁灭性打击。

随着经济发展成为世界潮流，敌意收购与经济危机的影响越来越剧烈，双层股权结构对公司稳定性作用凸显，支持的声音愈加强烈。各国通过再次审视其优势，最终以政策和立法允许发行及上市的占大多数，在世界范围内最大的 46 个股票交易市场中，26 个允许双层股权结构上市②，尤以美国和加拿大对双层股权结构的支持程度高。而在欧洲国家，对于其态度的差异有着天壤之别，在英国仅有 5% 的公司事实上采用了双层股权结构，而瑞典则高达 80%③。

现如今，跨境上市公司对新兴资本市场国家营商环境的改善多有促进性，例如修改有关双层股权结构的监管规则或相关法律，以吸引公司将其作为上市地点。美国、加拿大、瑞典等国家通过修改公司法及其交易所通过更新上市规则来明确上市公司可发行不同的投票权股；英国、澳大利亚等则通过公司法允许公司采用双层股权结构；而德国、西班牙等公司法则明文禁止双层股权结构的任何形式。总的来说，大部分国家及地区对双层股权结构是允许的，区别在于超级投票权股、限制或无投票权股是否全盘允许或仅允许一种形式。

（三） 两种股权结构的制度比较

1. 单一股权结构的制度优劣

（1）单一股权结构的优势。

单一股权结构是保证股东的剩余价值索取权与投票权相匹配的基础。

---

① 高菲：《新经济公司双层股权结构法律制度研究》，法律出版社 2019 年版。
②③ 高菲：《新经济公司双层股权结构法律制度研究》，法律出版社 2019 年版，第 35~36 页。

股东是公司的剩余价值索取权人，剩余利益的权重必须带有相同的投票权重，如果投票权与剩余利益的获得不成比例，那么占多数投票权的股东即可以较小的风险尝试获取私利。而单一股权结构则完全规避了这一缺陷，在一股一票的规则下，每个股东不论身份皆以出资额度作为拥有话语权的衡量标准，所有股东只代表自己行使表决权。单一股权结构这样"一视同仁"的股权设置，在不区分股东性质的早期股权配置方案中是最具效率的，因而几乎逐步被所有的早期上市公司所采用，演变为一种股权配置的默认结构。

（2）单一股权结构的劣势。

其一，按照"资本多数决"原则形成公司决议，决定公司的重大事项。久而久之，对于持有份额少的投资者来说，自己的意见并不能实质上影响到公司决策，很可能对行使股东权利的积极性造成打击。而更甚者，大股东对中小股东的施压，或进行利益输送，或代理小股东行使股东权利，都有可能对股东的实质公平产生不利影响。

其二，"同股同权"原则的假定条件是每个股东均作为无差异的资本个体。但就实际而言，股东的个体差异巨大，在知识能力、意识观念、资金状况等方面存在难以一言而论的差别，相应的投资偏好、承受能力及利益追求等大相径庭。单一股权结构无法满足除大股东之外的诉求，就侵犯了中小股东的合法权益。同时一味要求"同股同权"也剥夺了公司的自治空间。

2. 双层股权结构的制度优劣

（1）双层股权结构的优势。

双层股权结构同样存在这种"一视同仁"的制度优势，但对于较单一的股权结构而言则更广泛。创始人股东投入了公司设立之初的所有需要，在扩大规模或上市时，面对大量资金需求首先考虑进行融资活动。而在一股一权的股权结构下，创始人的份额会在多轮融资与新发股票中被稀释，以此交换资金供给经营。但因股份持有比例下降，对公司实际的话语权就在下降，被"净身出户"的风险在不断上升，风光一时的餐饮企业"俏江南"总裁张兰即因此被资本逐出局①。而在双层股权结构下，股东不能因出资多寡而被"论资排辈"，区别在于创始人与非创始人。对于了解公司运营项目与核心成员的创始人，将有更多的选择权决定公司发展路线，而不用过多担心公司股权的稳定性与其控制权。由于此时的公司大股东长期与管理层价值认同相一致，也减少了股东与管理层控制权争夺的损失。同时，在技术密集型企业中，快速膨胀的业务和公司体量需要大量的融资参与，相比一股一权的控制权与现金流权按资本比例的配置，这种不等比例的配置更符合高效运转的企业，资本更容易流向与公司长期发展方向相吻合的部门或项目。那么，体现在双层股权结构制度中的优势就在于相对的公平及更加稳定的内部环境，相对公平允许更多的利益趋向，而稳定在公司发展中则更显珍稀。

对于单一的股权结构来说，双层股权结构还具有更突出的"开放性"优势。诚然，单一股权结构的广泛适用足以承担这一优势，但在这里应注意的是外部"开放性"，即对公司关联者的开放。理论上，单一股权结构能够适用的公司，双层股权结构同样适用，而就满足不同利益主体需求方面，股权设置不同需求方面，双层股权甚至多层股权结构才能做到提供多元化的选择，这也符合公司法对公司自治的原则性要求。

(2) 双层股权结构的劣势。

来自违背股权平等原则所带来的绝对控制——即显性的不公正的股权安排。采用双层股权结构安排的管理层（特指创始人股东团队及其董事）若无对内部股东投票权力的制衡，其正如一股一权企业大股东的私利倾向一般，使公司治理滑向另一个极端。美国、加拿大等国家的一些研究也发现，投票权高的股票相对于投票权低的股票存在不同程度的价格溢价，表明确实存在控制权私有收益②。同时因B类股的股利优待规则存在，双层股权结构企业在股息红利分配上要增加更多利润权重作为其

---

① 2008年"俏江南"品牌筹划上市，与投资方鼎晖投资签署了以上市为条件的股权回购型"对赌协议"，因张兰并未对自己持有的股权份额添加防范稀释控制权的措施，而后又因"对赌"失败，被要求行使协议条款。中国证监会现已明文要求清理申请IPO公司上市前的对赌条款。

② 董丽萍：《控制权私有收益测量方法综述》，载于《财会月刊》2010年第6期。

控制权不匹配的代价，公司短期现金流断裂的风险随之上升。

（四）双层股权结构制度构建必要性

现阶段我国双层股权结构制度并未形成，仅存在于《科创板上市规则》分章节中，以试点制度的形式参与具体治理事务。本文意在推动双层股权结构制度的正式确立，这其中包含两方面现实必要性。

第一，从公司法契合经济发展的角度看，双层股权结构能够满足私法自治原则要求。私法调整个人、法人组织权利义务关系，公司法是典型的商事活动基本法，私法自治原则的集中表现形式为公司自治——只要遵守法律规定"不可为"之外，"法无禁止皆可为"。那么对于公司设置股权结构安排时，如法律规定不允许自由设置，也应对多元的股权结构安排保持接纳态度，并允许在"同股同权"与"同股不同权"之间选择。但现实情况是，除试点行业，无论公司行业属性、人员构成几何，只允许一股一权公司的存在。时至今日，这一规定明显与私法自治原则相违背。赋予普通公司采用不同股权结构安排的权利，能为不同能力范围和价值需求的股东带来平衡，是保护中小投资者和创造良好营商环境的渠道之一。

第二，从不同投资属性的角度看，双层股权结构是公司治理范式[①]的一次革新。我们所熟知的传统公司治理方法以"资本多数决"作为衡量表决权大小的唯一标准，但此公司治理范式在建立后和运行时（特别是中小投资者数量众多时）饱受诟病。各类股东在认知能力、专业水平、利益诉求方面的差异是客观存在，无法通过股东同质化假设而灭失的，得到平等权利的是财务资本而非股东或人力资本。双层股权结构引起了财务资本与人力（智力）资本的博弈，通过表决权与剩余价值索取权此消彼长的制衡，达到股东利益最大化的目的。通过范式的革新与演进，

---

① 范式（Paradigm）是某一领域在一定历史阶段中形成的共同理论框架和研究范围，具有持续性和稳定性。在社会发展中，适合本阶段背景的新范式会推动旧范式的演进。资料来源：金帆、张雪：《从财务资本导向到智力资本导向：公司治理范式的演进研究》，载于《中国工业经济》2018年第1期。

公司治理理论才能更好地服务于实践，更接近最理想的公平原则。

三、我国双层股权结构制度现状及其存在的法律问题

通过对双层股权结构的产生、发展、界定，以及类似制度安排的对比，可初步了解双层股权结构应用机制。本小节结合我国近年来股权结构与公司治理发展现状，探究我国在双层股权结构及其法律配套上的欠缺。

（一）我国双层股权结构发展现状

1. 香港交易及结算所有限公司 B 股市场

中国香港地区是重要的国际金融中心及全球首选上市地及资本市场之一，是内地红筹企业海外上市的重要一环，接洽着境内与境外的资本对接。近年来，香港地区市场越来越依赖吸引内地公司来港上市，2006年至2017年5月，内地公司从占香港交易及结算所有限公司（以下简称"港交所"）上市公司总市值的50.3%上升至64%，内地IPO占香港地区市场IPO总数的60%及集资额的91%[1]。香港地区双层股权结构的立法改革不仅对中国内地资本市场改革具有重要的参考价值和借鉴意义，还将对我国A股市场产生重要的影响。

历史上港交所曾允许发行不同表决权股，因"怡和事件"[2]从1987年后不再允许B类股上市，直到2018年港交所正式公布了一份名为《新兴及创新产业公司上市制度》的咨询总结，该总结报告的出炉也意味着有关港交所的上市制度改革在经过长达4年的讨论后尘埃落定，并开始实行。事实上，港交所在30年中错过的不仅仅是阿里巴巴一家公司。据统计，116家在美国上市的中国内地公司中，有33家（占28%）采用双

---

[1]《港交所将成为中国的纳斯达克？》，新浪财经网，2020年6月15日。

[2] 1987年3月，一家大型英资上市公司怡和集团向港交所提出申请，要求通过特别分红的方案。按照该方案，一股怡和A股送四股B股，B股面值为0.2港元，仅相当于怡和A股（及普通股）的1/10，但却拥有与A股相同的投票权，借此巩固大股东凯瑟克家族的控制权。其后李嘉诚控制的长江实业及和记黄埔，以及一众中小型上市公司有意效法，令人担心上市公司会否透过发行B股撤走资金，股市因此一度大跌。

层股权结构，其合计市值高达 5610 亿美元，占所有美国上市内地公司市值的 84%，相当于香港地区市场总市值的 15%。这 33 家采用双层股权结构的公司中，18 家（占 55%，市值占比 84%）正是香港地区市场欠缺的信息科技公司[①]。

2019 年 11 月 26 日阿里巴巴携不同表决权股，继小米、美团之后上市港交所。这其中有对港交所自身增强竞争力，强化风险抗压能力，提升对科技公司赴港上市吸引力的考量。从阿里巴巴自身而言，其"合伙人制度"来自双层股权结构，但阿里巴巴合伙人制度核心非 A/B 股设计，而是以合伙人保留提名非独立董事权利的方式，保证了在重大事项决策时，公司董事会中总有过半数席位是合伙人指定的非独董事。合伙人制度是以确保董事会中的多数席位来实现创始人的控制权，最大程度上发挥了股东对董事会的控制，进而对实际经营的控制。阿里巴巴同样借助了"金股制"的一些做法，以员工激励的机制保护高表决权股份始终能够把握企业经营：只要员工具有突出能力并在公司工作五年以上，都有可能通过提名、选举的方式成为公司的实际控制人。此举避免了创始人的流失对企业发展的影响，以及不同利益目标的股东以短期利益导向为决策的弊端。虽然合伙人只享有非独立董事的提名权，任免权则让渡给了其他股东，但对于占表决权绝对优势的内部股东"合伙人"来说，约束其行为的更多来源于企业文化所创造的责任感氛围。

从外部来看，交易所竞争的压力"倒逼"港交所做出改革。2017 年 6 月，港交所发布《有关建议设立创新板的框架咨询文件》，向市场展开两个月的公开咨询。该文件建议，港交所设立创新板，并划分为创新主板和创新初板两个细分市场。两个市场均允许上市公司采用双层股权结构，但是创新初板只开放给专业投资者，其上市条件及监管措施较为宽松。创新主板则开放给散户及专业投资者，其上市条件及监管措施较为严谨。

---

① 香港交易及结算所有限公司：《有关建议设立创新板的框架咨询文件》，港交所官网，2017 年 6 月。

2. 境内 A 股市场科创板

以科创板为窗口，我国境内 A 股市场制度试点变化颇多，具体如下：

（1）仅允许上市前设置，不允许上市后以股份重置的方式提供不同表决权股份，不允许增发特别表决权股份并应保持特别表决权比例原有水平；

（2）表决权差异安排应当稳定运行至少 1 个完整会计年度并满足沪深证券交易所《上市规则》市值及财务指标要求；

（3）要求持有特别表决权股份的股东应具有对公司管理或业务的重大贡献，并规定了最少 10% 的份额；

（4）规定了十倍的最大表决权差异比例并保证普通表决权比例不得低于 10%；

（5）不允许上市交易，但可按规定转让；

（6）设置了"日落条款"和"燕尾条款"①，以及不超过总股本 20% 的股权激励计划；

（7）强化了保荐机构意见的作用和强制退市的具体情形。

科创板主要服务于符合国家战略、突破关键核心技术、市场认可度高的科技创新企业。《科创板股票发行上市审核规则》规定了五套上市标准，上市标准以市值为基础，提供多样化的标准，不以持续盈利为唯一指标，只要具有成长性与创新性的企业，即使亏损或未实现产品销售的企业也可以在科创板上市。但对存在表决权差异安排的公司有更为严格的市值或营收要求，体现出具有一定门槛的稳妥试点意味。而在第一批申请上市的企业中，只有优刻得采用了双层股权结构，并以红筹企业的身份入市②。然而，因为科创板是全新的，上市公司暂无一份年度报告，

---

① 发生并购交易时，不同表决权的股东应当实行相同的收购价格和其他收购条件。

② 在这其中，100 家申报上市申请的企业，研发投入费用占营业收入的比例平均值为 11% 左右，高于同期创业板的水平。但从具体研发投入占营业收入的比例看，各企业之间差异较大。不过从已披露的研发投入明细看，科创板受理的 100 家企业中，超过一半的企业用于支付人工成本的研发费用超过 50%，且近九成的公司将研发投入进行费用化处理。这意味着即将科创板上市的公司大多数处于研发早期阶段。资料来源：张喆：《科创板发展现状及几点思考》，国企网，2019 年 5 月 13 日。

虽然中小投资者热情高涨，但风险仅能通过事前的严格审查防范，又因信息披露的强制力度未达到警示作用，投资者权益保障更需要以制度将风险控制在公司内部，弱化传导效应。

3. 境外上市双层股权结构公司

在境内公司中，百度、新浪等一批互联网企业是第一批远赴海外上市的公司，他们具有一定的特征即高人力资本投入、高科技投入、轻资产，而百度最具有代表性①。资料显示两位创始人共持股34%的B类股，同时以10倍表决权占据投票权重，使创始人能够牢牢把握公司决策，即使远赴海外融资也不会打断其经营理念②。事实证明，自2005年上市后，得益于这一互联网发展黄金期，百度的营收状况蒸蒸日上，稳定的股东与管理层持续拓展市场，并为其带来了丰厚的回报，2005~2011年年均营收增长都达到100%左右。垂直有效率的管理带来运营费用的持续下降，虽然净利润有所下降，但每股收益的价值不断增长，这说明美国资本市场对这类公司的认可。

而京东的双层股权结构，采用了更夸张的差异表决权安排，B股（高表决权股）：A股（普通表决权股）达到了20∶1的比例。观察其上市后表现，投资者并未因被剥夺了更多表决权而放弃股权。自2014年上市后，其经营业绩均名列国内电商前茅，得益于其最大股东兼首席执行官（CEO）自2004年创办以来把控公司至今，京东能够快速拓展产品种类发展战略，甚至斥巨资建立一套独立的物流系统。基于这种含有强烈个人意识的决策，京东同样得到了长足的发展，然而十几年如一日的控

---

① 百度公司是首个在海外设立采用双层股权结构的境内公司，通过可变利益实体（VIE架构）控制离岸公司，并成功借壳上市美国纳斯达克证券交易所。其具体实施方法是，将拟上市的离岸公司股票分为A类和B类，其中在美国新发行的股票属于A类股票，每股有1份表决权，而创始人股票为B类股票，每股有10份投票权。根据百度招股说明书，在百度赴美上市前发行的B类股票中，德丰杰（DFJ）持股28.1%，诚信合作伙伴（Integrity Partners）持股11%，半岛资本基金（Peninsula Capital Fund）持股10.1%，技术创业投资基金（IDG）持股4.9%，Google持股2.6%；李彦宏作为创始人及CEO持股25.8%，另一位创始人徐勇则持股8.2%，其他4位高管共持股3.7%，普通员工持股5.5%。资料来源：魏慧慧：《海外上市企业双重股权结构研究》，对外经济贸易大学学位论文，2014年。

② 马一：《股权稀释过程中公司控制权保持：法律途径与边界以双层股权结构和马云"中国合伙人制"为研究对象》，载于《中外法学》2014年第3期，第719页。

制，创始人难免会产生错误判断。一旦引起舆论关注，对公司业绩、形象、投资信心都会大打折扣。若创始人又以自身权力对财务状况等信息恶意隐瞒，结果是显而易见的。

（二）我国双层股权结构法律环境

我国对公司控制权与投资人保护之间的平衡同样做出过诸多尝试，各种不破坏"同股同权"原则作为不满足"同股不同权"补充的政策规定亦有之，大多数现行仍然有效。而境内企业上市境外，尤其对欧美国家资本市场的政策缝隙，我国政府并不急于修缮填充，也为观察市场后的监管空间留足了余地。

在国有企业改革层面，保持政府对国有企业的引领，实现政企分离是其现阶段目标。2018年国务院办公厅《关于进一步完善国有企业法人治理结构的指导意见》中提及制定国家特殊管理股管理办法，并规定了国有独资公司的外部董事由出资人机构与相关部门商议决定，国有全资、控股的董事由相关股东依据股权份额推荐，董事独立投票并实行一人一票表决。上述安排从管理层开始划分组织与经营之间的界限，明确出资人机构可以行使的股东权力和对国有企业依法享有的权利，而亮点更在于对国家特殊管理股制度的肯定。这一制度类似但优于优先股与黄金股制度，其避免了优先股将增加国家财政收入作为国有资本存在的根本目的，和与民争利之嫌，又使得国家持有的股份并未仅具有象征意义，更多的是对国有企业特定事项的兜底保障。2013年党的十八届三中全会就已提及特殊管理股制度，2015年国务院《关于深化国有企业改革的指导意见》将国家特殊管理股的适用范围扩展至文化传媒产业之外，在少数特定领域探索建立国家特殊管理股制度，发展混合所有制经济。在我国，国有企业与政府组织充分协商，政府不参与经营但保留重大事项一票否决权，并依法认缴出资获得股权。但事实上经过多年发展，甚至有国务院《关于推动国防科技工业军民融合深度发展的意见》（2017年）的再三推动，特殊管理股制度始终未能达到国有企业二次混改应完成的使命，甚至特别管理股的性质仍然存在争议。究其本因，则是"同股不同权"原则仍受限制所致。

在其他企业方面，证监会有多项对保持"一股一权"原则同时进行双层股权结构企业"软着陆"的尝试。其中的重点在于红筹企业[①]的回归问题，这一类企业包括高新技术企业与互联网+零售、设计、文娱、餐饮等企业，通称之为"TMT 企业"。其中最常见一项是红筹企业因不符合国内 A 股市场上市规则或限制过多，另辟蹊径寻求海外上市，又因国务院《外商投资行业指导目录》而无法利用外资开展特定行业业务，故采用 VIE 架构[②]（Variable Interest Entities）以满足境内的监管要求，但其在我国境内之合法性始终受到质疑，监管部门既不放松也不禁止，采取选择性监管的态度。红筹企业已成为既定事实，通过 CDR 存托凭证[③]才可将资本引回境内，2018 年证监会《关于开展创新企业境内发行股票或存托凭证试点的若干意见》拟为其在境内的顺利发行做前置准备，第一批 CDR 名单包括小米在内，但在 2019 年后，CDR 政策调整暂无推进，小米发行 CDR 无限期延后。原因可能来自对中美贸易战的考量，需要更多资金注入 A 股而不是分流，同时 CDR 在一定期限内对企业估值的影响也不得不使 CDR 发行搁置。从以上看出，因我国在"同股不同权"原则下配套环境的缺失，使得暂时替代双层股权结构的一些制度和政策也并未顺利推广，实践也中存在诸多问题。

在沪深两交易所相继发布有关存托凭证交易办法后不久，国务院发布《关于推动创新创业高质量发展打造"双创"升级版的意见》，旨在推动完善公司法等法律法规和资本市场相关规则，允许科技企业实行"同股不同权"的治理结构。在 2019 年 3 月，为响应国家主席习近平在中国国际进口博览会上的主旨发言和证监会设立科创板的政策要求，上海证券交易所制定并颁布了《上海证券交易所科创板上市规则》，为我国双层

---

① 特指主要业务在境内开展，注册上市在境外的企业。

② 可变利益实体，为实现境外上市的目的，境外成立英属维尔京群岛公司、开曼群岛公司、香港公司，境内成立外资公司以一组协议控制实际经营业务发生的内资公司。通过自上而下的控制，最后达到在美国等主要资本市场上市并规避境内监管规则的目的。

③ 可使国内投资者购买到红筹企业股票。红筹企业拿出股份寄存在内资银行的境外支行，内资银行的境外支行向境内发行此股份，国内投资者购买 CDR，间接持有该上市公司的股票。
注：国内投资者对红筹企业无投票权，是类似于优先股的存在。

股权结构制度试点打开了通行之门，因降低了上市标准，无持续盈利要求，并且参照了港交所修改后不久的新上市规则，专门规定了具有不同表决权安排公司的上市条件，对于轻资产的 TMT 类企业更加友好。

在 2018 年底，第一个完全意义上的境内"同股不同权"企业优刻得科技股份有限公司（以下简称"优刻得"）在科创板上市，可谓双层股权结构公司的"样板间"。由于其采用了不同表决权的安排，预计市值标准抬高为 50 亿元、最近一年营收大于等于 5 亿元或预计市值 100 亿元两类，优刻得采用前者标准。最值得注意的是，2020 年 5 月 28 日，优刻得董事会公布了"2020 年限制性股票激励计划"的考核办法，意在对员工进行价值激励。其考查范围包括"董、监、高"及董事会认为的其他需要激励的员工，而考查维度包含公司层面与个人绩效，与上市公司员工激励计划并无二致。但不同表决权安排所隐含的对普通表决权股进行价值补偿这一目标，却未体现在这一"标杆"公司的激励计划中，对于投资者保护工作的施行道阻且长。

（三）我国双层股权结构适用限制

根据以上境内外双层股权结构发展现状来看，在实务层面上与现今正流行的新经济企业，如互联网、生物科技企业的应用率是最高的。或许是因为这一类企业的发展主要依赖创始人知识技能，同时在研发或创新过程中又极为依赖流动资金的输入，最终这类企业很可能会成为其细分产业中的创新代表[①]。而前文所述"TMT 企业"则与双层股权结构适用现状较吻合。参考我国特殊管理股制度的应用范围，双层股权结构这一制度至少包含以下几点：

（1）新闻、报纸、新媒体等传播媒介企业。这类企业包括了国有事业单位（如电视台）及私营公司（如今日头条），互联网线上经营的行业趋势明显，轻实物资产、重知识产权等无形资产，行业属性符合双层股

---

① 华生等：《A 股市场引入双层股权结构可行吗——基于交易空间与交易市场视角的分析》，载于《财贸经济》2019 年第 11 期。

权结构要求。

（2）新零售、快消品、共享经济、跨界电商等企业。这类企业绝大多数是私营性质公司，虽然看似拥有较多的实物资产，并且与以往衣食住行体验几乎没有差别，但其经营与结算方式和以往同类企业相比更有效率，人为干预的风险更低，甚至不见现实资金往来。从这一点来讲其同样符合双层股权结构要求。

（3）以芯片、集成电路为主的硬件企业，以大数据、区块链为主的软件企业。对这类高科技软硬件企业来说，创新是第一动能，理应将其包含在内。

（4）国有企业混合所有制改革企业。一般这类企业均处于细分市场的龙头地位，资金相对充足，但不免会产生大股东"一言堂"，股权分割不明甚至主要股东退出等会产生极大不利状况，双层股权结构的设立也是为了保证长期稳定性而采取的措施。

我国在设立之初就已明确了设立限制，既保护了无关行业免受其骚扰，又保护了双层股权结构免遭滥用。而结合欧美国家双层股权结构适用的范围来看，我国在双层股权结构适用范围上依旧有很大空间，未来立法仍可期。

（四）我国双层股权结构实践中存在的法律问题

双层股权结构在境内暂未形成普遍认同的社会环境，科创板虽然为双层股权结构铺平了道路，但是现阶段适用受限，被允许采用的公司更是以交易所竞争为前提"召回"的。目前已有双层股权结构企业在科创板上市成功，进行了有益的探索。通过分析其上市前交易所的问询函回答，可在一定程度上发现隐患与配套需要的缺失。

优刻得作为首批申报科创板的明星企业之一，拟募资47.48亿元，同时是首家设置特别表决权上市A股的公司[①]。在上交所问询函中优刻得对

[①] 肖旭宏：《优刻得冲关IPO：同股不同权引关注 盈利成致命考验》，凤凰财经网，2019年9月27日。

同股不同权的合规性做出了回答。

第一,双层股权结构的具体适用问题。根据《公司法》第一百三十一条"另行作出规定",2018年《双创意见》"同股不同权治理结构",上交所《上市规则》第4.5.2条"表决权差异安排"及《上市公司章程指引》(2019年修订)第十五条"特别表决权规定"得出发行人"同股不同权"符合法律有关规定的结论,并由保荐机构出具意见证明符合"同股不同权"治理结构的企业应当是科技创新企业的规定。应当说明,在双层股权结构适用的公司性质范围上,我国境内仍有较大的提升空间。

第二,披露内容的随意性问题。优刻得在其招股说明书"第七节 公司治理与独立性"之"二、特别表决权安排"和"第四节 风险因素"之"五、公司治理风险"之"(一)特殊公司治理结构导致的风险"中披露,后按照上交所披露要求,在申报稿"重大事项提示"中补充披露"十二、设置特别表决权的发行人特殊公司治理结构"。招股说明书中将特别表决权的具体内容、影响等未在指引或意见中以重大事项列示,而为督促公司全面披露,交易所存在披露规则随意性的特点。

第三,不同表决权安排对中小股东侵害的问题。优刻得在其招股说明书中提示了损害中小股东的可能,但未达到上交所要求的"充分披露并特别提示有关差异化表决安排的主要内容、相关风险、对公司治理的影响以及落实保护投资者权益的措施"。而上海证券交易所二轮问询中专门针对创始人股东外的其他股东对股东大会议案的影响能力,中小股东将面临的具体风险以及公司对投资者保护的具体措施,对优刻得提出更多的披露要求。优刻得针对其他股东权益披露要求,首先列示了发行前后三名实际控制人外其他股东的持股比例和表决权比例,其次举例其他股东在股东大会的普通决议与特别决议程序下对议案通过的影响程度;针对投资者保护措施列举了中小股东提案权、临时召开股东大会权,以及现金分红占利润年最低比例并优先分红,重申独立董事制度、监事会专项意见制度等保障手段。纵观优刻得追加披露的内容,并不算有效地采取了相应措施预防投资者权益受损,为此《中华人民共和国证券法》已确立并试行"集体诉讼制度",但如何落实则无此先例,同时对中小股东权益已经受到侵害问题应完善救济制度。

四、国外双层股权结构制度考察与启示

(一) 国外双层股权结构制度考察

从我国以上问题中可知，引入并规范双层股权结构这一制度是有必要的。本部分将选取对待双层股权结构不同态度的国家作为考察对象，深入其制度发展历史、制度设计与立法规范以及相关配套制度，以明晰不同地方对待双层股权结构间区别的合理性，为我国引入和完善双层股权结构法律制度提供借鉴。同时，不同目的的投资者在国与国和地区之间的分布、资金规模、投资意识与话语权有着天壤之别。针对各地不同的法律和社会环境，分析出不同地方双层股权结构的实践现状。

1. 良性发展的主要国家

良性发展主要国家或地区是指不论政府是否以"一股一权"原则作为缺省（默认的）原则，都允许公司设立和上市时自由选择是否采用双层股权结构。而法院基于契约的自由原则，通常会支持这样一种特别表决权的安排，同时投资者认可并花费代价持有普通投票权股。

（1）美国。

双层股权结构在美国的发展并非一帆风顺，但最终确立。在现代公司法被采用之前，一般有三种表决权安排：一是，少数公司采用"一股一票"原则；二是，另一部分公司采用无论股东持股数多寡，以"一人一票"的原则进行表决；三是，大部分公司为减少大股东对表决权的影响，规定了股东投票的最大数量。1852年，随着美国马里兰州公司法对"一股一票"原则的引入，此规则成为了绝大多数公司默认采用的股权结构安排。

随着公司规模的不断扩大，公司创始人通常希望在获得融资的同时保持对公司的控制权。公司的实际控制者已开始降低股份的持有，并通过法律途径保持对公司的控制权，而真正开始出现背离"一股一权"原则是在20世纪的前20年，以发行创始人"一股一权"和公众无投票权

为主，但普遍未设置二者固定的比例关系，为双层股权结构埋下了隐患。最具代表性的案例是道奇兄弟公司上市，因其向公众发行了投资总额13亿美元的无表决权A类普通股，而其控制权却掌握在花费225万美元购买了250001股的投资银行手中，这种失衡在1925年引起了公众的反对①。哈佛经济学教授首先发文质疑，机构投资者则扩大了银行家控制这一特别主体的渲染。最终纽约证券交易所于1926年拒绝了含有无投票权普通股的上市申请，在1940年的上市要求中正式声明禁止采用双层股权结构直至1976年②。

双层股权结构在美国的复兴起源于王安公司（Wang Laboratories），其采用A类股票比B类股票10∶1的安排，交易所对王安公司上市提出三项条件：不同投票权股的投票比例不能超过10∶1；低级投票权股东有权选举1/4以上的董事；禁止发行无投票权股。这一规则逐渐被美国证券交易所应用于双层股权结构的上市规则中。后因并购潮的兴起，大批有融资与不希望股权稀释需求的内部股东多选择对双层股权结构态度宽容的美国证券交易所和纳斯达克上市。对比起来，纽交所对"一股一权"原则的坚持使一些上市公司不得不退市并转投其他交易市场，交易所竞争冲击了"一股一权"的固有地位。为了制止交易所不断降低标准吸引上市的行为，美国证券交易委员会为三家交易所制定了统一的上市标准——19C-4规则，虽然在1990年即宣布废止，但其内容成为了纽交所上市标准的重要参考，明确了存在不同投票权股的上市交易。简要总结为：大部分董事会成员及除内部股东外的其他股东同意，公司即可采用双层股权结构。

（2）加拿大。

加拿大是以中小企业为主的证券市场，对双层股权结构的态度始终处于允许的状态，采用双层股权结构的公司占比较美国更高。早在1874年安大略省已明确可在专利特许证或法律特别规定下发行不同表决权股。而与美国的交易所竞争不同的是，加拿大双层股权结构快速发展的原因

---

①② 蒋小敏：《美国双层股权结构：发展与争鸣》，载于《证券市场导报》2015年第9期。

是外商投资限制与政府员工持股的政策变化。

加拿大的公司对员工的激励措施来源于员工持股计划。如加拿大轮胎公司的员工持有股份在1958年时占12%，公司创始人担心其对公司的控制权，在1960年即划分了两种不同表决权的股份，A类股无表决权，由员工持有，B类表决权股，由创始人持有。这样达到了最初激励员工使其分享公司收入的增长，又使创始人牢牢把握对公司的控制。另一推动力量是政府对外商投资的限制。因美国在20世纪对双层股权结构的禁止，外国在加拿大的投资稳步增加，联邦当局政府担心外国资本对加拿大经济的过度控制，将会威胁加拿大在政治上的独立性，通过并出台了外商投资法案。其规定了外国法人收购加拿大企业或直接成立、扩大经营范围，均需要报送政府部门审查。为了应对审查部门，多数外商投资公司想方设法成为"加拿大"企业。当这种宽松的审查被公司滥用，背离了双层股权结构的功用——降低代理成本、公司利益最大化时，监管机构开始注重双层股权结构的监督措施，主要采用信息披露导向（安大略证券委员会＆投资交易人协会）与强制性"燕尾条款"①（多伦多交易所）的策略。安大略证券委员会更要求必须获得从普通股转变为限制表决权股的少数股股东的多数同意，并将此原则沿用下来。按照加拿大现行《商业公司法》规定允许无投票权股份及受限制投票权股份上市，或可在章程中注明多重类别股份的权利义务以及触发与失效条件，限制及无表决权股股东有权选举1/3以上董事，表决权对应比例不超过4∶1等。

（3）不同地区双层股权结构制度的法律与社会环境——以美国与加拿大为例。

第一，允许双层股权结构上市的国家中，"一股一票"并非是股东行使表决权的强制性规则，在历史上也不是唯一的规则。美国的表决权规则经历了"一人一票"到"一股一票"原则的发展过程，而且这些规则一直以来并非股东行使表决权的强制性规则，立法允许公司章程对股东

---

① 即修改公司章程，增加或减少特别表决权股份所代表的表决权倍数，聘请解聘独立董事及定期出具审计意见的会计师事务所，合并、分立、解散、变更公司形式等重大事项的决定按照一股一权的原则进行表决，以保障普通股股东参与公司治理的权利。

行使表决权作出例外约定。公司契约论将公司视作一系列契约的组合，股东如何行使表决权属于股东自由协商的私法范畴，只要不违反法律，也不损害社会公共利益，立法不应过多地干预股东意思自治的事项。

第二，从美国的经验来看，交易所竞争是纽约交易所（以下简称"纽交所"）重新放开双层股权结构的重要推动力。对于纽交所而言，改变是被动接受的，虽然纽交所在美国三个交易所中体量最大，同时也率先引入了双层股权结构，但却疏于对其的监管。最终双层股权结构被滥用，代理成本的提高从另一个极端剥夺和损害了中小投资者的利益，导致双层股权结构在纽交所的禁止。但事实证明，多元的股权结构能获得资本市场的青睐，双层股权结构符合美国公司股东控制权要求以及偏好理论中的股东异质化需求，符合发展规律的其他两大交易所有机会吸引资本前来上市。

第三，美国立法几乎没有对双层股权结构实施限制的重要原因在于，美国投资者的专业程度远胜于其他国家（地区），并辅之以完善的投资者保护制度。据估计，在美国仅有10%的个人被定义为散户，以机构投资者为代表的专业投资者所占比例较高①。这样的市场环境使投资者在购买股票时，对公司采用双层股权结构的必要性及其可能产生的法律风险具有理性的认识，并能做出准确的判断。

而对于以中小企业为主的证券市场，加拿大在双层股权结构引入上较美国更为顺利，加拿大采用双层股权结构的上市公司比例更高，对其监管水平也同样高于美国。主要原因是与我国相似，加拿大证券市场以中小投资者为主，机构投资者比例不高，投资者没有类似美国和中国的集体诉讼制度，主要依靠自律监管组织的事前规制（与我国证券法修改前类似），如前述的"燕尾条款"。另外，与美国双层股权结构发展动力不同的是，加拿大主要是由股权激励与外商投资限制的控制权刺激下得以推行的，这对我国顺利普及双层股权结构同样具有借鉴意义。

2. 存在争议的主要国家

近年来，欧洲一些国家包括法国、意大利、比利时、英国等对一种

---

① 黄臻：《双层股权结构公司的投资者保护问题研究》，华东政法大学学位论文，2015年。

类似双层股权结构的制度——"任期表决制"更为关注。英国金融服务局甚至在2014年直接否认了双层股权结构，使采用这一结构安排的公司上市时受到诸多限制。而其他国家则反对直接以双层股权结构上市，而应以"金股制"或"忠诚股份（loyalty shares）"作为股东首要持有的股份。

（1）法国。

在法国，忠诚股制度被认为是双层股权结构的"法国化"产物。其中有两方面与双层股权结构存在差异。一方面，忠诚股制度中禁止具有显著差异化的表决权出现，于此设置了忠诚股股份最高两倍于普通股的规定，同时加上了持有期的要求①。这就意味着类似于赋予A类股东十倍于B股类股东表决权的情况，在法国忠诚股制度中是被限制的。不可否认的是，这种规定在保证了公平的同时也影响着自身市场竞争力，对具有表决权特别需求的公司则上市无望，例如意大利EXOR集团在荷兰上市时的"持股五年获得五倍表决权、持股十年则十倍"的安排就因不能在法国实施而被巴黎证券交易所拒之门外。

另一方面，与我国规定双层股权结构安排仅允许上市前设置的需求相比，忠诚股制度的上市限制较宽松，可以在无须全体股东同意的情况下，在公司上市之后引入。根据法国、意大利和比利时（议会拟定）法律，所有股东应有同等的机会获得任期表决权，因此忠诚股股份不应单独构成一类股份用以对抗创始人外的其他股东权利。所有股东都可以通过修改公司章程来提出任期表决权，这在双层股权结构中是完全不可想象的。

而这一制度的反对声音亦有之。即使是双层股权结构的支持者，通常也仅支持在公司进行IPO之时引入。通过公开市场定价的方式，这一股权设计的合理与否将得到市场验证，从而更有效地保护中小投资者。如果完全允许在上市后引入，内部股东尽管与公众股东达成了契约协议，但内部股东仍然可能出现机会主义倾向，单纯地加强控制权。而最大的

---

① 高皓、曾斌：《持股时间越长，表决权越高！意大利首富基业长青的股权设计之道》，微信公众号"新财富杂志"，2019年6月13日。

支持论据则是法国法律中并无针对无优先权的无表决权股份的明确规定,因此对于法国法律是否允许发行该类股份存在一定争议。

(2) 英国。

2014年,英国上市管理署为高级上市股份明确两项原则,一是高级上市股份类别中的所有股份,须具有相同数量的表决权,二是如果某个发行人的高级上市的股份类别不止一种,则每个类别股的合计表决权应当与该类别股份占发行人股本权益的相对比例保持一致。这一新原则仅适用于高级上市股份。

英国公司对于双层股权结构的现有态度系经过一定的博弈和演变所形成,双层股权结构在20世纪60年代中期之前的英国颇受欢迎,但之后,英国公司的机构投资者迅猛发展,由机构投资者持有的股份比例急剧上升。由于机构投资者对于一股一权原则甚为推崇,英国公司中的双层股权结构开始逐渐减少乃至消失。此外,虽然英国公司法并不禁止公司发行无表决权股份,但这种做法仍具有争议性,因此案例极少。有资料记载的最近一次发行无表决权股份并在英国上市的例子是2002年上市的迪谷集团有限公司(Dee Valley Group plc)[①],除此之外,多数拥有无表决权股份的公司已于20世纪90年代注销此类股份。

(3) 比利时。

比利时公司法受到法国影响,在2019年末引入了任期表决制。2018年6月4日,比利时修订公司法,调整公司在股权方面的灵活性和竞争力,在上市公司中为长期持有公司股票的忠诚股东提供可选择性的多层表决权机制,对双层股权结构的安排则保持着原则禁止(规定"一股一权"原则)。在其新公司法中规定,已经上市后的公司自2020年1月1日起可以在公司章程中引入相关忠诚股制度[②]。

比利时公司法在"忠诚投票权"上设立的条件是:必须满足股份以注册形式不间断持有两年且持有者为同一股东,两年期间以股份登记日

---

① 谭婧:《双层股权结构下的利益冲突与平衡》,华东政法大学学位论文,2015年,第27页。

② 资料来源:PPR & PARTNER 网站。

起算。忠诚投票权股只有在转让或注销时,任期表决权才会自动丧失,而继承、捐赠等情形可依规定申请继续保持任期表决权。

(4) 不同地区双层股权结构制度的法律与社会环境——以英国与法国为例。

机构投资者在英国平均持有公司股份较高,由于机构投资者对于"一股一权"原则甚为推崇——股权的集中对他们更有利,尽管英国公司法并不禁止公司发行无表决权股份,然而英国公司中采用双层股权结构的数量在事实上地减少,多数拥有无表决权股份的公司已于20世纪90年代注销此类股份。

但值得注意的是,英国公司中亦有个别较为特殊的公司采用了双层股权结构。一类是报业公司,如著名的英国每日邮报、每日电讯报等,另一类是电信、铁路等关系社会公共利益的行业,相较于我国特殊管理股制度有非常相似的地方。同样在法国,限制投票权与无投票权股份被禁止,而"任期表决制"则可以认为是法国版的"双层股权结构"。运用它保留政府对重要行业或领域的国有企业私有化进程中重大事项的否决权,能够较好地平衡保障政府控制权与激发企业活力之间的关系,进而成为西方资本主义国家在特殊时期政府把控企业方向、维护公众利益和政治稳定的重要产权制度模式。

3. 禁止使用的主要国家

德国现行法律不允许双层股权结构。首先,德国法律禁止发行没有表决权的普通股。德国股份公司法第12条明确了"每一份股票都享有表决权"[①],而唯一的例外情况是"根据本法的规定,优先股票可以作为没有表决权的股票发行"。因此,除优先股外,德国并不允许发行其他不享有表决权的股票。

其次,德国法律亦不允许部分股票享有多个表决权。1937年之前,双层股权结构在德国未被禁止,然而在一定程度上被滥用,很多公司对个别股东赋予极高的表决权,有时候每股超过1000票甚至10000票,管

---

① § 12 I AktG (2013)（注：德国《股份公司法》2013版,第12条第1款）

理人员享有过高的表决权并得以为其自身利益而侵权其他股东权利。在此情况下，德国公司法于1937年开始禁止推出新的多重投票权股份，但仍保留了一定的例外情况，即允许公司所在的州一级主管经济的最高行政机构以公众利益为由而对发行多重表决权股份作出特殊批准。而在1998年之后，德国通过新的立法，将上述例外情形亦予以废除，彻底禁止了双层股权结构。对于此前在相关禁止性立法出台之前已经存在的多重表决权股份，德国法律规定其自2003年6月1日起失效，除非在该日之前召开的股东大会以3/4以上的票数通过允许双层股权结构继续存在的议案。

在德国的社会环境中，双层股权结构的极端滥用所导致的直接后果即不信任，进而遭到禁止，这种情况在21世纪后的德国愈演愈烈。最著名的事件是"宝洁——威娜收购案"①。德国政府在反对恶意收购行动中积极作为，于2001年底通过了《证券并购和收购法案（Security Acquisition and Takeover Act）》②，赋予被收购威胁的公司最大权力但并不直接阻止收购行为。法案允许公司管理层通过不同要约形式（购买要约、收购要约与强制要约）和设置竞价最低限标准提高收购条件，甚至不需要股东的批准③。然而，出于保护少数股东权益的目的，这项法规仅仅要求对同一类别的股票给予相同的价格——而不是不同类别的股票给予相同的价格。这项"法律漏洞"，在2003年被美国宝洁公司在收购威娜公司的时候所利用，他们给予非投票权优先股的价格比投票权股票的价格低了30%。而在德国法律中此优先股与普通的责任相当，这对包括德国对冲基金和美国一些少数股东而言毫无公平可言，在这之后的官司中少数股东因落败仍然无法获得权利的维护，只是在反对和骚动中让收购程序推迟了一些时间。"威娜事件"加重了德国社会对于双层股权结构的不信

---

① 黄臻：《双层股权结构有效运作的条件——基于美国与香港的实证研究》，载于《上海金融》2015年第6期。

② Wertpapiererwerbs - und Übernahmegesetz（WpÜG），此法案表明反收购中政府监管的效用。vgl. Hartmut Schmidt/Stefan Prigge, Das Wertpapiererwerbs - und Übernahmegesetz, Band II, 4. Aufl., 2002, § 6 Rn. 14.

③ vgl. Schmidt/Prigge（Fn. 38），S. 11.

任，并最终使德国政府在 2003 年以法律的形式明确之前存在不同表决权的股份失效①。

（二）国外双层股权结构制度启示

在我国，学界的普遍观点认为，公司章程既具有自治性，又具有组织性的特征。公司章程自治性的特征决定了股东可以自由约定事项，而组织性使特征又决定了股东的意思自治不能逾越一定的边界，即不能违反法律、行政法规的强制性规定，不能违反社会公共利益和公序良俗。实际上，《中华人民共和国公司法》（以下简称《公司法》）也允许公司章程对股东表决权作出例外约定，如《公司法》第四十三条规定，股东会会议由股东按照出资比例行使表决权；但是，公司章程另有规定的除外。可见，"一股一票"原则并非法律的强制性规范，立法应当允许股份有限公司的股东在意思自治的基础上，经过法定程序，在公司章程中自由约定股东行使表决权的具体规则。

我们看到，由于美国机构投资者的存在，对双层股权结构公司上市时的事前监管并未成为交易所和证券交易委员会的规划重点。在美国，律师推动下的证券集体诉讼是股东救济的主要途径。并且，美国的证券诉讼案件多采用律师风险代理的收费办法，若投资者胜诉，律师将按赔偿金额的一定比例收取诉讼费，若败诉，则律师费用由律师自己承担。因此，律师作为专业人士，具有监督上市公司，并在上市公司违法时发起诉讼的动力。而投资者也几乎是"零成本"地发起诉讼，这大大调动了投资者发起证券诉讼积极性。我国作为新兴资本市场国家，证券市场的投资者以散户为主，这些散户缺乏专业的投资知识和判断能力。另外，我国新实行的集体诉讼制度亟待接受市场检验与认同，从其诉讼效果指导法律规定向弱势群体倾斜。资本市场环境以及法律环境的不同决定了我国允许上市公司采用双层股权结构的同时，应当更注重考虑如何保护以散户为代表的公众投资者利益。

---

① 德国《对外经济法》（AWG）。

同时，有鉴于德国对于双层股权结构发展的排斥，以及同我国（不含港澳台地区）法系相似的法律制度来看，我国发展双层股权结构的前提，必须确保其受益群体的权力范围不至于无限大。一定的限制条件成为先行试点的关键，从《科创板上市规则》中可以窥见，对高表决权股份的行权各方面有着诸多限制，如行权的时间、空间范围，行权的主体范围，都划定了一定的条件，包括积极条件——达到即允许行使权力，与消极条件——达到即代表丧失权力。但对于双层股权结构所影响的各方主体而言，则不够全面，规制双层股权结构制度应关注创始人、中小投资者、管理层及更多主体的限制与激励，达到各方利益诉求的平衡。

五、我国双层股权结构制度的总体设想与具体路径

（一）我国双层股权结构制度的总体设想

双层股权结构给予了创始人及内部股东最大的控制权支持，显然集中的表决权有利于对抗外部收购压力，但对内则易引起单一股权结构的弊病，国外甚至出现双层股权结构向单一股权结构演化的趋势[①]，可见双层股权结构制度滥用所引发的制度风险，对于公司治理环境具有相当的破坏力。我国双层股权结构制度正处于试点阶段，即认可其股权配置的价值，但是否扩大适用应以市场为准，更应提前做好防范风险的法律配套准备。本部分以前文双层股权结构构成主体的影响为例，分析并引入国家特殊管理股相融合的部分，构建我国双层股权结构的法律制度，并在后文提出配套制度的完善机制。

1. 以双层股权结构主体影响分析为构建前提

（1）创始人股东及内部股东。

创始人股东持有高表决权股比例应当低于特定标准。当公司创始人

[①] 阿内特·帕朱斯特（Anete Pajuste）提到与只有一类股份的公司相比，两种股份类别的公司利润转移更为普遍。因此，投资者为前者支付的费用更少。资料来源：Anete Pajuste, Determinants and consequences of the unification of dual-class shares, p. 5.

决定以双层股权结构安排设立公司,部分公司在章程中规定,若公司创始人于任何时间的持股数量少于一定比例(如5%),或已发行的高级表决权股低于总股本一定比例时,所有已发行的高级表决权股必须转为"一股一票"的普通股。传统公司治理理论认为,公司所有权与控制权分离程度越小,公司代理成本越小。因此,通过给予管理层一定的股权激励,或者要求管理层持有一定比例的股权,将管理层的管理利益与股权收益联系在一起,从而激励管理层为公司经营付出更大的努力。双层股权结构加剧了公司的两权分离,规定最低持股量的要求是为了防止出现极端控制的情形。若公司创始人持有的股份效量低于一定比例,那么他只能通过更大的表决权倍数来保持对公司的控制权,从而增加公司创始人谋取控制权私利的风险,增加公司代理成本。

创始人及内部股东的股份转换应以投票为准。若持有普通表决权股股东投票决定高表决权股份转换为普通表决权股份,法律应当本着支持意思自治原则承认这一结果的有效性。但应注意的是,对于创始人及内部股东自愿将自身持有的高表决权股份转换的,仍然应当经过普通表决权股股东的投票决定,并尊重股东的决定。

创始人股东的转让及退出后股份保留普通权利。当公司创始人持有的高级表决权股转让给其他人时,必须转为"一股一票"的普通股。这是因为高级表决权股具有一定的人身依附性,其他普通股股东之所以同意双层股权结构,是因为他们信赖的是公司创始人的道德水平与治理能力,而不是所有人。因此,当高级表决权股的持有主体发生变化时,根据"同股同权"原则,新的受让人与其他普通股股东一样享有平等的表决权。但此"日落条款"应限制持有特别表决权股的股东类型为创始人,而非以工作年限和贡献度分类后的股东。

(2)公众股东。

公司控制权发生变更。双层股权结构的初衷是保持公司控制权稳定,保证公司创始人对公司的控制权,因此,若公司控制权发生变化,公司创始人不再是控制股权东,双层股权结构的人身信任基础小时,则所有高级表决权股必须转换为"一股一票"的普通股。控制权变更事件包括但不限于公司合并、收购等情形。而除了控制权转移必须转换外,应规定公司可在章程中约定双层股权结构转换为单一股权结构的情形。

其他重大事项宣告。可以明确存在公司实际控制人与中小股东利益不一致的情况,从而可能引起投资者利益受到侵害。所以一定的限制措施是有必要的。如在《公司章程》特别表决权股上设置限制条件,在上市成功后,此类股票对应的投票比例不再增加,并且不再摊薄普通股对应的投票权;在修改《公司章程》、选任董监事等重大事项不得采用高低表决权方式进行,必须以一股一票(董监事选任实行累积投票制)进行投票;在涉及中小股东利益的重大事项上,中小股东应单独计票表决等。

(3) 管理层与董事会。

董事会规模。扩大董事会确有提高监督效率的效用,更多的董事会成员可以分散股东控制董事会的可能,但仍有被股东全盘掌握的可能,并会增加董事会等管理层人员实行"董事会中心主义"① 以及组织成本过高的风险。

董事会领导结构。如果管理层有违股东利益,董事会有权对其进行处置。在这样的情况下,同样会产生管理层主动控制董事会以谋取稳定工作等自身利益,因此,董事长与CEO② 不应由一人担任,应采用二元的领导结构使得管理层与董事会博弈下的股东利益最高。

董事会行权范围。根据公司法中企业"三权分立"原则,管理层及董事会主要掌握公司的经营权,对突发和重大事项的反应和处置通常更早于股东,管理层对其负有直接责任。这易使董事会中心主义盛行,虽对于公司决策方面稍显公平,但对于有控制权要求的公司则更具威胁。若罔顾董事会行权而形成董事会为实质的决策顺序,则双层股权结构的效力也当形同虚设。

(4) 独立董事。

独立董事的独立性。独立董事安排的本意是阻断关系人之间利益链

---

① 公司控制权掌握在董事会等少数内部控制人手中。
② 董事长与CEO在职责定位、权限范围、行权方式以及素质要求上都存在本质区别。

条的关联，降低股东与管理层之间的利益冲突。但本应"不偏不倚"的独立董事，从现行独立董事聘任开始，就已或多或少失去了独立性，虽然如此，独立董事仍然起到一定的制衡作用，如外部董事比例与公司经理人的在职消费比例呈现负相关趋势①。而在双层股权结构公司中担任的独立董事，其独立性若不能真正落实，也就无法对股东发挥出应尽的忠实、勤勉义务。另外，如果独立董事（以下简称"独董"）对其所在公司的内部管理一无所知，其信息来源的真实性无法被满足，那么制衡董事会与管理层就是虚张声势，在用人成本高昂的双层股权结构公司中，必须保证独董的独立性与参与事权的能动性二者平衡。

（5）监管部门。

监管部门的监管策略。我国监管部门的策略很大程度上影响了资本市场形成的最终形态，而资本市场的系统性风险同样改变了监管策略，二者相辅相成，应当结合市场变化考量监管策略。最近的调整是以注册制引导科技创新企业参与资金运作，并引入双层股权结构的方式引导资金回流，新《公司法》甚至不再对现阶段盈利作出要求，从事后监管转变为现今流行的事前审查策略。市场的动态变化决定了监管同样应能够做出及时反应而不至于"朝令夕改"，股东集体诉讼制度也以此作为事中监管的突破口，而投资者保护制度的完善正是事中监管的核心。

2. 以特殊管理股制度的原则引入为构建路径

类似"金股制"的国家特殊管理股制度的试点工作从国有企业中的传媒行业入手。就总体而言，国有企业普遍存在股权集中且表决渠道僵化的治理问题，国有传媒企业由传统事业单位转制而来，引入社会资本进行混合所有制改革同样是其发展方向。而传媒领域具有较强的意识形态特征，实行国家特殊管理股的主要目的就是在保护公共利益、维护国家文化安全的基础上，激发企业活力。

首先，制度试点的严格范围限制。从适用范围来看，国家特殊管理

---

① James A. Brickley & Frederick H. Dark, The Choice of Organizational Form: The Case of Franchising, Journal of Financial Economics Vol. 18.2, 401–420 (1987).

股的适用受到严格限制，2015年《中共中央、国务院关于深化国有企业改革的指导意见》中提及的"少数特定领域"仅指自然垄断行业国有企业，即除却文化传媒产业，只有自然垄断行业存在实施国家特殊管理股的空间。而其作为双层股权结构的特殊安排，肩负着打开制度缺口，平衡双层股权结构利弊的任务。

其次，日常经营与紧急事项表决权的权力平衡。从运行机制上看，特殊管理股不参与日常经营，看似与优先股类同，但在重大事项如引进投融资活动、股权转让等，特别是主要经营管理人员的流动行为等管理活动，甚至主要人员离职等紧急事项上拥有时效性的经营管理权。而其股利分红与员工持股等都与普通股无异，强化了"一票否决制"的设定目的。

最后，权利义务对等的制度设计。从行权范围看，特殊管理股制度目的在于国有资产的保值增值，故对于人事权和经营权不应时时指挥。有计划地舍弃部分权力能够充分地发挥市场在资源配置中的决定作用，并保持对企业的最终控制权。在最关键的"一票否决权"上，更应明确事项以限定其行权范围，杜绝官员代表低效率的投票行为，防范特殊管理股制度成为"一股一权"下股权集中的加强版。对双层股权结构而言，不应存在权利与义务不对等的制度安排，所以同样需要限定其行权的时间范围。而对于其行业范围，原则上应允许全行业共同适用双层股权结构，但国外实践证明选择采用双层股权结构的公司仍然以科技创新企业为主。对于我国数量庞大的科创企业与中小型企业，完全有必要确立可广泛适用的双层股权结构制度。

3. 以双层股权结构主体权利重组为构建内容

（1）特别表决权股持有人限制。

对创始人股东而言，特别表决权股创造了一种"寡头"或"精英阶级"，因为历史上出现的股权垄断、操纵等教训，使得我们必须了解的是，除了保持公司控制权稳定之外，特别表决权股是否具有另外的作用？若无，则依照我国特殊管理股制度规定，仅保留其公司股权变动的高比例投票权即可，其他与经营业务相关的重大事项取消特别表决权，皆以普通投票程序执行。但事实情况却更复杂，《科创板上市规则》第4.5.3

条，持有特别表决权股份的股东应当为对上市公司发展或者业务增长等作出重大贡献，并且在公司上市前及上市后持续担任公司董事的人员或者该等人员实际控制的持股主体。所以特别表决权股的持有人必须处于公司经营发展参与者的核心成员圈内，这与国家特殊管理股形成了截然相反的持有人限制条件，但国家特殊管理股并非无可借鉴，反而为明确具体持有人的限制划定了界限。根据意思自治原则，特别表决权股持有人应当以公司章程为准，但应符合监管规定人选：第一，如发行前为发起人股东，且不以资金作为主要股本的，享有发行后的特别表决权；第二，发行时作为董事会成员，并任职超过五年的，经股东大会一股一票制以超过3/4赞成票通过的，可在发行后特别表决权股固定份额内获得一定股份；第三，特别表决权股持有人数不少于三人。而在双层股权结构趋于成熟时，甚至可安排多层股权发行，以成比例的梯度表决权约束创始人、内部股东、公众股东、管理层等，但特别表决权股的存续时长不超过十年。

（2）公众股东与投资者保护。

我国投资者股东的最大特征是个人投资者占绝大多数，机构投资者虽然普遍具有较高的投资能力，但数量上难以形成规模效应。个人投资者具有的最大缺陷在于无法要求其做到关心公司经营，或通过联合团体的代理为其争取权益，趋利避害寻求短期利益是其主要投资目的。因此个人投资者就成为了资本市场的绝对弱势群体，新《公司法》将集体诉讼制度写入法律即反映出投资者保护的迫切需要，对双层股权结构而言，表决权的提高不代表剩余价值利益的提高，规范高表决权股更需要对双层股权结构的限制。

表决权倍数限制。为保护公众股东，股份的杠杆应尽量减小。著名公司法学者伊斯特布鲁克和费希尔指出，表决权与剩余索取权分离的程度越大，公司代理成本越高①。若对高表决权股的表决权倍数不做禁止性

---

① [美] 弗兰克·伊斯特布鲁克：《公司法的经济结构》，罗培新、张建伟译，北京大学出版社2005年版。

规定，那么有很大可能会出现初创公司的极端表决权情况，如 100 倍、1000 倍等足以造成公司决策程序失灵的表决权倍数安排，使得股东的表决权凌驾于普通股份之上（而非附于其上）。通过梳理各国双层股权结构的立法演进与改革，本文发现，一方面，美国纽交所和美国证券交易所曾规定，不同表决权股间的表决权倍数不能超过 10∶1，加拿大多伦多证券交易所规定不能超过 4∶1，而修改后的港交所上市规则规定，表决权倍数不得超过 10∶1。另一方面，反对限制表决权倍数的意见认为，双层股权结构是为满足那些富有远见、具有良好的公司治理能力和道德水平的创始人及其管理团队设计的，他们能够通过道德自律和声誉机制约束自己的行为。理论上，公司在保证充分和及时的信息披露情况下，公众股东与投资者应自行判断公司不同表决权股份间的倍数安排是否可接受。同样，创始人在公司设立初就已论证取舍设置的表决权倍数所针对的融资对象，而公众股东对此接受与否，是多次博弈的结果。上述体现出表决权倍数的议定属于股东自治事项，理应允许公司利益各方协商确定表决权倍数，立法应对其进行兜底性的规定而不应过多干预。

表决事项限制。双层股权结构的设计只有少部分股东有权参与其中，制衡其他主体，而表决事项的限制则可从根本上杜绝制约失衡的情况。由于"一股一票"原则才是股东行使表决权的基本原则，双层股权结构是例外。从这个角度看，特别表决权不应当适用于公司决议的全部事项，而应限制在影响公司控制权及公司长远利益的事项上，如董事会选举、公司收购、重大资产投资等事项。例如，双层股权结构的其中一种表现形式——董事特别选任权股的规定，特别表决权股的股东仅在董事选任事项上享有特殊的表决权。阿里巴巴在公司章程中就规定，"合伙人"仅在公司董事提名事项上享有特殊的权利，而在其他事项上则按照"一股一票"原则行使表决权。而在公司破产或退市等会造成公司重大影响的事项，将对普通表决权股股东的利益产生重大影响。因此，我国应当参考港交所的上市规定，增加在公司申请破产或退市事项上，所有股东应当按照"一股一票"原则进行表决。当然，立法只是规定了限制特别表决权行使的最低标准，表决权的行使范围属于公司自治事项，若公众投资者有更严格的要求，他们可以与公司创始人自由协商，并在公司章程中扩大"一股一票"原则的适用范围，从而进一步限制特别表决权的适用范围。

（3）管理层权力的让予。

董事长的权力范围限缩。基于股东大会为公司最高权力机关的认识上，董事会应在股东大会授权的范围内行权，而董事长应在董事会的授权范围内行使权力。但在一些公司自订的董事会规则中，董事长的权限过大，致使大额投资、收购出售资产未经审议和披露，违反《公司法》法规和董事会与董事长间的权力划分，甚至有绕过董事会独断专权的嫌疑。而在公司治理已有长足发展的今天，CEO与董事长的职权分离在双层股权结构中更应表现为人的分离——日常经营由CEO负责，而CEO对董事会负责。

（4）独立董事的有效维持。

独董聘任的来源考量。从独立董事的独立性出发，关联关系聘任仍然是非常常见的情形。在《关于在上市公司建立独立董事制度的指导意见》《深圳证券交易所独立董事备案办法（2017年修订）》与《上海证券交易所上市公司独立董事备案及培训工作指引》中均明确提及应当避免的关联关系，深交所也于2008年建立了独立董事人才库，有助于公司寻找符合自身需求的独董。但从结果上看，《关于在上市公司建立独立董事制度的指导意见》第四条第一款持有1%股份以上的股东可提名独董的规定，在源头上就已切断中小股东选择独董的可能性，实践中独董一般情况下仍由上市公司的董事长与高管来提名，同样使得独董缺乏中立性的根基，虽有独董不能被无因解聘的规定，但很多独董不免沦为"花瓶董事"。因此，首先应满足聘任时的独立性，充分利用独立董事人才库的前提，须设立由监管部门指导的独立董事自律协会，上市公司通过法定程序选任独董，而非以人情关系聘请之；其次对于中小股东，监管部门应有独董建议或指定的份额，尽量满足所有股东可以正常行使提名权；最后，解聘独董应在除却特别表决权股的情况下投票通过，并经由监管部门批准。

独董占有董事会席位的扩张。我国证监会2001年《关于在上市公司建立独立董事制度的指导意见》规定，上市公司必须设立独立董事，独立董事除履行董事职责外，还包括了应当向董事会或股东大会发表独立意见的事项，主要指任免董事会董事与高管和大额资金往来。独董发挥以上效用依赖其独立性，并与投资者保护环环相扣，故《科创板上市规则》"不同表决权安排"节明确聘请解聘独董应按"一股一权"作出表决，但未对独董应占1/3席位的要求做出应有改变。而特别表决权股东通常拥有高于50%的总表决权，若仍按独董1/3席位划定独董出具意见影响力上限，则有违权利义务对等原则，至少应使独董规模做到有效对抗特别表决权可达到的投票下限，达到独董占据1/2席位保证其影响力。

（5）监管部门适中与事中监管。

证监会适中的监管策略。证监会在监管模式等原则性法规设计方面具有统领意义。但对于证券市场监管而言存在监管权力过大的问题，同样存在对监管个体问题解决不到位的情况。应明确，证监会作为政府监管部门，其职能范围应以事后监管为限，即暴露问题从而解决问题，而非主动发现问题，这样使得交易所等证券自律监管产生效果。

证券交易所的事中监管。我国科创板发行上市规则通过注册制试点来弥补事前监管的漏洞，具体效果几何仍需时间证明。而事中监管作为监管阶段中的重灾区更应得到动态的、完善的闭环监管。当上市公司"暴雷"，最能清晰反映状况的往往是财务总账与报表，遗憾的是至今各公司财务系统仍然因保密性、特殊性等原因远未构成统一监管平台，给相关人员实地调查徒增许多难度，导致事中监管不利。

（二）我国双层股权结构制度的具体路径

1. 修订《证券法》相关制度

因对特别表决权股持有人的严格限制，特别表决权股份的转让、回购、质押、注销都应进行合理规定。目前《科创板上市规则》"表决权差异安排"中突出了转让特别表决权股的暂时和永久转换为普通股的情形。

而《证券法》与《上市公司章程指引》中仅有普通股转让时间限制，因目前双层股权结构仅允许上市前设置，故此也仅对《证券法》中非上市公司股份转让进行规制。然而《证券法》第三十九条仅对依法公开发行的股票的交易（转让）问题作出了规定，对于依法非公开发行的股票交易（转让）问题并未涉及，所以理应增加非上市公司非公开发行的特别表决权股转让应暂时转换为普通股进行投票，但对于非公开发行股而言，其交易场所属于"国务院批准的其他证券交易场所"，故此只能适用《公司法》第一百三十八条的规定。实践中较为常见的是地方产权交易机构或股份托管机构，应对其中特别表决权股的转让和质押以上市公开发行为时间节点进行区别，若在此之前，则减持时①永久转换为普通股，反之则视情况而定，但原则上须以暂时转换为普通股为标准。

关于公众股东方面，落实利益末端的保护。集体诉讼制度落地实行，对双层股权结构中的公众股东尤其是中小个人股东是重大利好。但具体实行效果同样由中小股东规模所决定。法律规定50人以上可提起集体诉讼，但未说明参与基金项目的基民与基金管理人是否处同等地位。持有基金的实质股东是该基金的基金份额持有者，但现行规定股份公司股东名册上登记的名义股东是基金本身，这导致基金份额持有者的实质股东——基民无权以个人名义行使自身被赋予的表决权。基金持股之表决权通常以基金管理人代表基民行使，甚至由基金管理人委托他人再代理，使得实际投资者无法表达和决定自身诉求和利益偏好。《证券投资基金法》中也规定"以基金管理人名义，代表基金份额持有人利益行使诉讼权利或者实施其他法律行为"属于基金管理人应当履行的职责之一，而基民作为间接投资的基金管理客体，基金金额的主体构成，是利益传导的末端，未有明确保护措施。应在集体诉讼制度下发布条例或规章，使证监会投服中心能够接受间接持股的投资者，规范集体诉讼制度这一重要救济手段，使其发挥投资者保护的作用。

2. 修订《公司法》相关制度

持有人限制之回避表决。按照现行《公司法》的规定，利害股东在

---

① 减持时是指转让特别表决权股时。

对外借贷、对外担保事项上需要回避表决，该事项必须经无利害股东的多数同意。然而，发行特别表决权股并不在利害股东回避表决的范围内，《科创板上市规则》、《上交所实施办法》和《深交所实施办法》也没有有关回避表决的规定。但事实上，公司从单一股权结构转变为双层股权结构，持有特别表决权的公司创始人将会从中受益，而其他股东因为持有的是普通表决权，其利益将会受到重大影响。进一步说，未来我国完善类别股，建立类别股东表决制度后，由于公司发行特别表决权股将会影响普通股股东的利益，因此还应当召开类别股东大会，并经过该类别股东的多数同意才能实施。而《证券法》中虽无特别表决权利害股东回避的条文，但其只需在下位法明确特别表决权的行权范围和转换普通股的时点即可杜绝利害关系股东回避表决的范围问题。例如就《上市公司章程指引》第六十四条增加特别表决权股的发行、转让、退出、转换普通股等应进行股东大会特别决议，超2/3表决通过即可。

关于表决权事项限制方面。因《公司法》无相关双层股权结构规定，也就不存在表决权倍数的概念，而表决权倍数应在表决事项增加的基础上进行细化。所以，应当在《公司法》第三十七条中载明特别表决权股在公司变更经营方针，发生重大亏损与债务，董监事及管理层变动，公司减资、合并、分立、解散及申请破产，决议依法宣告无效，涉嫌犯罪等，都应按所有股东"一股一权"进行表决。而在第十六条中应添加"董事长对外投资与担保事项首先须经董事会授权"，尽量杜绝操控重大事项决策的可能。

关于表决权倍数方面。参考其他国家（地区）的立法经验，我国《科创板上市规则》第4.5.4条规定，每份特别表决权股份的表决权数量应当相同，且不得超过每份普通股份的表决权数量的10倍。但是，根据深圳交易所《试点创新企业股票或存托凭证上市交易实施办法》第26条的规定，每份特别投票权股份的投票权数量不得超过每份普通投票权股份的投票权数量的20倍。这也许是因为，前述赴美国上市的双层股权结构公司中，表决权倍数最大的是京东，创始人刘强东持有的特别表决权股享有每股20票的表决权。考虑到这些公司未来在我国A股市场上发行存托凭证时需要符合我国的法律，立法作出了妥协。所以在《公司法》第四十三条至第四十四条中明示表决权倍数依公司章程为准，最大限制为20倍。同时在《破产法》与《外商投资法》中对应表决权规定位置重述表决权倍数限制，并适时更改《证券投资基金法》第七十四条第二款规定。

3. 联动修订其他的相关制度

在独立董事解、聘任及薪酬方面，暂时无法将未经市场检验筛选的各种措施制度化，但仍有试点及预备的价值。如实行独立董事聘任的申请核准制，并在《上市公司章程指引》第四十一条增加股东大会应提请独立董事自律协会独立董事需求名额与具体专业来源，独立董事自律协会依照证监会独立董事人才库向双层股权结构公司派发，证监会同时推荐一名独董代表中小股东提名。而《深圳证券交易所独立董事备案办法（2017年修订）》与《上海证券交易所上市公司独立董事备案及培训工作指引》可依证监会安排修改其中独立性要求方面规定，如双层股权结构公司独董占董事会席位应超过1/2，并且应设置独董委员会，成员2/3由独董构成，其余由董事会轮流按期兼任，受监事会监督，对股东大会负责独立董事在对相关事项出具独立意见时，有权以独董委员会名义出具，以独董委员会出具独立意见时可不署名。

使用"负面清单"制度分批放开双层股权结构准入。因科创板试点并未对采用双层股权结构公司的行业性质做出绝对限制。而为保护我国众多产业的平稳过渡与发展，最终使其顺利融入我国经济社会发展，有必要设置暂时性准入门槛，划清适用范围，匹配产权制度改革的节奏。出台如《上市公司双层股权结构制度适用特别管理措施（负面清单）》并逐年更新，逐步扩大双层股权结构制度许可行业。逐步使股权设置初期允许双层股权结构的存在，给初创企业留有足够多元的调整空间。

六、结论与展望

制度落实依靠立法的细化标准，所以及时回应社会关切，保持制度创新仍不失为一种推动社会发展的良策。通过分析双层股权结构的构成主体影响，本文根据国外及国内实证考察得出以下结论。

（1）双层股权结构具有合法性基础与合理性基础，我国应当允许上市公司采用双层股权结构。一方面，根据我国《公司法》第一百二十六条的规定，"同股同权的前提是同种类别的股份"，而双层股权结构中不同表决权股属于不同种类的股份，所对应的权利义务内容不同。虽然看似更加复杂的股权结构安排对股东平等原则和利益均衡原则更具迷惑性，但事实上其对公司民主、平等的维护，对公司治理效率的提升上都具有正向影响。另一方面，双层股权结构是股东间有关表决权行使的契约安排，尊重并允许公司采用双层股权结构公司法的契约自由和公司自治原则。故我国迫切需要填补《公司法》第一百三十一条预留的制度空间，扩大双层股权结构适用范围，允许上市公司采用双层股权结构。

（2）纵观世界各国（地区）双层股权结构的发展历史，大多经历了从禁止到允许的发展过程。各国各地区的经济发展水平差异，造就了不同强度的监管模式，资本全球化的演变使公司"监管套利"现象不断发生，为迎合资本市场运作，监管部门和交易所同样也存在"制度竞争"。对双层股权结构的引入，成为一项具有竞争力的制度设计。但须明确，双层股权结构的"双刃剑"属性，一面解决公司融资与控制权偏移问题，另一面可能带来控制权扩张与投资者利益侵害问题。这要求法律构建时不仅要平衡私法内部权利与义务——股东间利益均衡，也要厘清公法与私法间对于投资者保护措施的交叉界限。

（3）目前，虽然我国科创板上市规则已经允许科创板上市公司采用双层股权结构，但是仍有不少地方亟待完善。

第一，修改《公司法》《证券法》中有关"一股一票"原则的规定，并由国务院以行政法规的方式，承认特别表决权股为法定的类别股，并以"日落条款"规定双层股权结构的主要退出方式。

第二，对独立董事忠实勤勉义务的标准有必要再次界定。若公司采用双层股权结构，独立董事应以高于无表决权差异公司的标准，充分发挥独立董事的监督作用，如对于公司经营、财务状况独立地积极调查，主动履职，并对公司信息披露承担责任；同时不应单纯以"签字责任"

划定独董是否具有可归责性，而是以独董某一段时间进行了积极履职为证，就此判定独董应负的责任。而在公司章程中，除要求经出席股东大会 2/3 以上多数的股东同意外，还应当增加"多数独立董事同意"这一程序条件。

第三，鼓励股东积极订立公司章程，通过在章程中的自治性规定，因地适宜地限制双层股权结构在除保持控制权之外的权力扩张。科创板上市规则仅作为通用规定的最低限，承担此类违规行为的兜底性条款。而平衡不同表决权股东间的利益，中小股东必须更进一步关注公司经营，勇于履行自身权利。所以鼓励发展机构投资者，对于中小股东与创始人之间的谈判能力具有重要意义。

第四，完善证券支持诉讼制度。证监会应当加大对投服中心的支持力度，只要获得一定数量的、符合条件的投资者授权，投服中心就应当提起支持诉讼。同时，最高人民法院应当及时将证券支持诉讼的案例作为指导案例，赋予其一定的既判力。

第五，为进一步加强我国资本市场的国际竞争力，待条件成熟后，应当将双层股权结构扩展至 A 股市场所有板块，允许所有上市公司采用双层股权结构。

我国上市公司股东权代理征集制度设计

何宗泽*

摘要：随着新《中华人民共和国证券法》的出台，我国上市公司股东权代理征集制度首次以立法形式予以规范，现行的《中华人民共和国公司法》亟待跟进，同时根据国内外上市公司发展的经验，结合我国多层次资本市场的特点，在股东权代理征集制度设计方面应该从公司法层面总体设计实体性内容，包括对于公司章程涉及征集人资格、征集方式与程序的指导性建议，从证监会层面设计具体操作细则，指引征集主体合法合理运用该制度，从而切实有效地保护委托股东的真实意思表示，达到实现该制度设计的初衷，让众多中小股东积极、高效地参与公司的经营管理，维护广大投资者的合法权益。从股东权代理征集内涵、外延，征集主体资格及征集程序要求、瑕疵征集法律救济等方面进行系统化阐述我国上市公司股东权代理征集制度设计。

关键词：股东权代理征集；股东提案权；信息披露；瑕疵征集

股东权代理征集，是指符合法定条件的自然人或者机构公开请求上市公司股东委托其代为出席股东大会，并代为行使提案权、表决权等股东权利的行为。2020年3月1日正式实施的《中华人民共和国证券法》（以下简

---

* 何宗泽（1968年生），男，安徽开放大学文法与教育学院副教授，法学硕士，研究方向为公司与金融法。

称《证券法》）首次以立法形式对股东权代理征集制度作出规定①，我国现行《中华人民共和国公司法》（以下简称《公司法》）第一百零六条②仅规定了股东投票权委托代理，股东投票权委托代理与股东投票权代理征集还是存在很大差别的③，所以，我国《公司法》第一百零六条亟待修改与完善。

我国《公司法》《证券法》实施二十多年以来，股东投票权委托代理制度并没有真正激发中小股东的行权积极性，上市公司中小股东由于持股数量明显弱势于大股东导致表决权无法真正实现，股东间利益就此失衡，而1993年4月，国务院以法规形式颁布的《股票发行与交易管理暂行规定》第六十五条，以及2005年10月《国务院批转证监会关于提高上市公司质量意见的通知》明确规定，建立征集投票权制度，以提高上市公司治理质量，规范上市公司运作。中国证监会颁布的《上市公司股东大会规则》（最新版为2016年修订）第三十一条第4款，以及《上市公司章程指引》（最新版为2019年修订）第七十八条第4款也都规定了征集投票权制度，而且两个规范规定的征集投票权规则完全相同。股东权代理征集制度使得中小股东有可能通过累积投票而参与管理，对经营者进行监督，从而有效地促使大小股东间归于平衡，我国已经有部分成功征集行权的案例。国外很多国家如美国、德国和日本等均多次完善股东代理权征集制度，实务中也广泛带动了中小股东行权的积极性，规范了公司的治理行为，引导了健康的市场秩序。

我国股东权代理制度目前仅有新《证券法》第九十条概括性规定了股东权代理的范围及有偿交易禁止性规定，1993年的《股票发行与交易

---

① 《中华人民共和国证券法》第九十条规定，"上市公司董事会、独立董事、持有百分之一以上有表决权股份的股东或者依照法律、行政法规或者国务院证券监督管理机构的规定设立的投资者保护机构（以下简称'投资者保护机构'），可以作为征集人，自行或者委托证券公司、证券服务机构，公开请求上市公司股东委托其代为出席股东大会，并代为行使提案权、表决权等股东权利。依照前款规定征集股东权利的，征集人应当披露征集文件，上市公司应当予以配合。"

② 《公司法》第一百零六条规定，股东可以委托代理人出席股东大会，代理人应当向公司提交股东授权委托书，并在授权范围内行使表决权。

③ 股东投票权委托代理是由委托人设计并承担缔约成本，委托人利用正向设计的协议来解决委托人和代理人之间存在的利益冲突和信息不对称问题。而公开征集投票权是一种反向设计的委托代理契约，被征集人无法利用设计契约的权利来解决利益冲突和信息不对称问题。

管理暂行规定》第六十五条①仅从征集人数角度具体规定了征集申报制度，目前亟待修改的《公司法》第一百零六条的规定非常笼统，以至于股东权代理征集实务中出现很多问题的解决无法无据，如因征集主体资格的严格限制导致民商事代理制度②功能不能有效发挥，投票代理权争夺导致的征集人滥用股东投票权。本文认为我国目前应该建立完善的股东权代理征集制度，在《公司法》中完整规定代理权范围以及征集主体资格，在证监会专门针对股东权代理征集的规定中规定具体操作细则，从而跟进新的《证券法》。以下将从代理权征集范围、主体资格、征集申报制度及瑕疵征集的法律救济等方面阐述股东权代理征集制度的设计。

一、股东权代理征集范围设计

首先，表决权首当其冲。表决权代理权征集制度是公司控制权争夺战的重要手段之一，其制度设计是商法尤其是公司法、证券法理论与实践发展的天然产物，是公司所有权与经营权分离的必然结果。

表决权是指股东基于股东地位而享有的，就股东大会的议案作出一定意思表示的权利，是股东拥有的最高权力。股份有限公司股东所有权与经营权分离，股东经营权的行使主要通过投票表决方式影响股东大会议案的提起与通过来实现，通过对表决权的行使，股东可将自己内心的真实意思外化为公司股东行权的具有法律效果的意思表示，众多股东的意思表示可以变成公司的意思表示即股东大会的决议，股东进行表决的事项基本上都涉及股东的切身利益，鉴于中小股东的持票数量客观上限制了其表决权的有效行使，影响了其参与公司经营的积极性，因而表决权代理制度应运而生③。

---

① 《股票发行与交易管理暂行规定》第六十五条规定，股票持有人可以授权他人代理行使其同意权或者投票权。但是，任何人在征集二十五人以上的同意权或者投票权时，应当遵守证监会有关信息披露和作出报告的规定。

② 此处是指"民事代理制度和商事代理制度"。

③ 郭小川、秦立平：《上市公司股东权代理征集的利益衡量与制度设计》，载于《法制与经济》2011 年总第 28 期。

投票权征集制度的运用，使得少数股东投票权的集体行使成为可能，改变股东大会由少数大股东控制的局面，董事会成员也因此而发生改选，从而对现任经营者形成外部压力与制衡，进一步优化公司治理结构，达到保护中小股东权益的目标。

其次，股东提案权亦应囊括其中。正如新《证券法》规定，上市公司董事会、独立董事、持有百分之一以上有表决权股份的股东或者依照法律、行政法规或者国务院证券监督管理机构的规定设立的投资者保护机构（以下简称"投资者保护机构"），可以作为征集人，自行或者委托证券公司、证券服务机构，公开请求上市公司股东委托其代为出席股东大会，并代为行使提案权、表决权等股东权利。由此，股东权代理征集范围除了投票权以外，还包括了股东提案权。

股东提案制度主要存在于董事会等公司内部主体作为征集人进行征集的场合，有利于公司倾听不同股东对公司事务的观点，股东提案制度也是公司民主的一种形式，为中小股东提供了一种参与公司经营管理的行权途径，在一定程度上能够激发众多小股东参与公司事务、关心公司经营的热情和积极性。美国是较早实行股东提案权代理征集制度的国家。美国《投票委托劝诱实施细则》第14a-8指出，为使股东有机会利用委托书表达意见，该提案人需请求公司将其所拟提出讨论的议案刊载于公司寄交各股东的委托书征集说明中，以供各股东投票表决时参考。该条规定：持有公司股份1%以上或持有股份的市场价值达1000美元以上并且持有期限在1年以上的股东，有权要求在劝诱材料中列入不超过500字的股东建议①。我国新《证券法》已经引入这一制度，现行《公司法》第一百零六条仅针对投票权主动委托的规定应该加以修改与完善了。

综上所述，建议即将进行修订的《公司法》应该明文规定出符合一定条件的征集人可以代为出席股东大会，并代为行使股东提案权、投票权等权利。

---

① 贺大伟、董娜：《论代理权征集中的法律责任与股东权利救济》，载于《兰州工业学院学报》2017年第6期。

二、股东权代理征集主体设计

关于股东权代理征集主体仅限于公司股东,理论和实务中有两种不同观点:一是主张征集主体应当具有股东身份。多数学者分析认为该规则把小股东排除在行使征集权之外,不利于小股东积极有效行权。二是主张对征集者不作限制,征集者可以是任何人,因为对股东持股比例及持股时间的限制更使处于征集优势地位的现任管理层如董事会成员、独立董事等更加如鱼得水,对其他征集者颇为不利,有损于投票权征集制度应有功能的发挥。其结果可能导致投票权征集沦为不能勤勉尽责、不恪守信义义务的管理层长期把持公司权位的工具,如美国相关立法对征集主体的资格很少限制。

结合我国资本市场发展历程和实际状况,本文认为我国应该对征集主体资格作适当限制,但是理念上必须更新,不能过多干涉市场的自由竞争带来的合理商业风险,处处设防只能导致上市公司治理结构一股独大,公司高管独揽大权而股东大会等约束高管层保护投资者权益机构形同虚设,则很难激起资本市场活力,这将大大降低中小股东对于资本市场的经营管理信心。目前新《证券法》第九十条规定征集主体有上市公司董事会、独立董事、持有百分之一以上有表决权股份的股东或者依照法律、行政法规或者国务院证券监督管理机构的规定设立的投资者保护机构(以下简称"投资者保护机构"),可以作为征集人,自行或者委托证券公司、证券服务机构,公开请求上市公司股东委托其代为出席股东大会,并代为行使提案权、表决权等股东权利。尽管对于征集主体资格有所放宽①,持有1%以上有表决权股份的股东也可以行权,但是仍然不足以调动大多数中小股东行权的积极性。对于股东征集不宜规定持股数量要求,这一点可以借鉴日本国家做法。日本《证券交易法》第一百九十四条规定,上市公司投票代理权必须按照内阁规则进行。1948年,日

---

① 以前仅限于董事会、控股股东等。

本内阁颁布代理权征集规则，对代理权征集监管、监管豁免、披露与备案要求、股东提案、股东检查权、代理规则执行作出规定。主要内容有：（1）少于10个股东的征集以及通过"墓碑广告"的征集受到豁免；（2）小股东可以联合持有股份提交建议。董事会必须按照股东的要求，将建议及理由连同会议通知向全体股东发送①。

在美国，传统代理权规则被广泛诟病，因为它使股东交流困难重重，影响了股东参与公司治理的积极性。按照美国以往代理权规则，10名以上股东未经注册而共同讨论股东之间的问题，会被视为"征集"活动而违反代理规则。20世纪90年代初，美国证券交易委员会（Securities and Exchange Commission，SEC）对代理权规则进行了原则性调整。1992年10月16日，SEC发布《股东交流监管规则》（Regulation of Communications among Shareholders），以减少股东遵守SEC规则的成本，使股东间的交流更为便利。1998年，SEC颁布了《股东建议则》（Shareholder Proposal Rules），进一步提高股东利用投票代理权制度的便利程度。在《证券交易法》中，美国对征集委托书的主体应当具有什么样的资质和能力没有严格的要求，相关规定比较宽泛，只禁止非法征集委托书，并不限制征集者的资格。除了董事会、股东可以征集外，其他包括债权人、公司职工在内的公司利益相关人都可以成为征集的主体，甚至连非股东都可以征集，在征集行为实施时也不再区分他们持股数量的多少和持股时间的长短。这样的做法值得我们思考与借鉴，即不宜对于征集主体资格作严格规定。

综上所述，结合我国资本市场实践，《公司法》关于股东权征集主体资格的规定应该放宽限制，征集主体包括上市公司股东、董事会、独立董事或者依照法律、行政法规或者国务院证券监督管理机构的规定设立的投资者保护机构（以下简称"投资者保护机构"）。公司章程可以对于股东持股数量和持股时间做出特别规定。

在此值得关注的一点是，在世界银行发布的全球营商环境DB2019调

---

① 伏军：《论投票代理权制度与股权结构的关系》，载于《金融法苑》2004年总第59辑。

查表明，中国上市公司董事履行保护投资者利益职责的调查得分很低，10 分仅得了 1 分，说明我们公司董事并未真正站在中小股东利益立场上①，如果其作为股东权征集主体必须严格限制，信息披露可以要求其在征集的时候具体阐述征集提案和表决的内容与目的及违反承诺的违约赔偿责任。

现有规定缺乏对董事会和独立董事作为征集人滥用代理权征集行为的规制。从以往我国征集投票权实践来看，如以股权激励计划为例，独立董事和董事会是征集投票权的主流，如证监会《上市公司股权激励管理办法（2018 修正版）》第十四条规定，上市公司召开股东大会审议股权激励计划时，独立董事应当就股权激励计划向所有的股东征集委托投票权。在我国，公司董事会的绝大多数成员（包括独立董事）实质上都是大股东、控股股东、实际控制人利益的代表，鉴于此，董事会、独立董事都有可能会滥用征集人地位，为大股东、实际控制人谋取控制权和其他不当利益，也有可能成为未拥有管理权的股东扰乱公司正常运转程序的工具。所以，除了应对股东滥用代理权征集进行规制以外，《公司法》《证券法》也应当对董事会、独立董事的代理权征集行为进行规制，设定其代理权征集的严苛条件。

总之，股东权代理征集尽管存在滥用或者股东代理权争夺②的情况，但是我们应该鼓励竞争，不能因为少数别有用心者就一叶障目、因噎废食，市场就需要竞争，针对非法案件可以诉诸行政、司法途径救济，而不是在商事主体进行商事行为前设置过多障碍，因此对于中小股东作为征集主体时，不应在立法中直接做出持股数量限制，可以给予公司自治

---

① 周友苏：《证券法新论》，法律出版社 2020 年版，第 110 页。
② 代理权争夺是指由某个公司的不同股东组成的不同利益集团，通过争夺股票委托表决权即投票权以获得对董事会的控制权，从而达到更换公司管理者或改变公司战略目的的行为，是持有异议的股东（往往是有影响力的大股东）与公司管理层或现公司实际控制者之间争夺公司控制权的一种方式。代理权争夺的原因往往是持有异议的股东对公司的经营状况或发展战略不满，而自身又没有足够的资本通过购并公司的股权来获得公司控制权，因而选择征集委托表决权的低成本公司控制权争夺方式。"代理权征集"在美国被称为"委托书竞争"（proxycontests）或"委托书大战"（proxyfights），在韩国被称为"表决权代理行使之劝诱"，在中国台湾地区则被称为"征求委托书"，这些说法没有本质上的区别，只是翻译及表述习惯不同而已。

空间，允许在公司章程中加以规定，同时鉴于我国目前董事履职现状，对于董事作为征集主体可以严苛其信义义务，并规定相应的民事责任。

三、股东权代理征集申报条件设计

股东权代理征集申报是指征集人数或者其他情形达到一定程度必须向证券监管机构申报获得批准，该申报属于程序性事项，由证监会制定操作指引一类的规范性文件比较合适。

我国目前于1993年颁布的《股票发行与交易管理暂行规定》第六十五条指出，以二十五人为基准，少于二十五人不必申报，超过二十五人必须申报。

出于效率与公平的衡量，各国表决权代理征集免受监管的界限不同，美国法律认为十人以下的征集行为规模甚小，属私下征集而非公开征集范畴，因而被置于监管的范围之外，而我国法律对此规定的人数为二十五人。一般而言，美国公司的股权分布较中国而言更为分散，所以理想状态下一人所拥有的股权将更少，加上美国完善的信息披露和集团诉讼制度，为何美国对于征集行为的人数豁免限制低于中国？主要原因是：美国有完善的信息披露制。而我国缺乏美国的表决权信托和双层股权等制度使得投票权转移，方法的单一使得限制不得不放宽。另外，部分行业仍存在国有股一股独大情形，也使得剩余股东股份比重很小。

我国从征集人数角度具体规定征集申报制度，存在商榷之处是没有对征集到的表决权数量的规定，股东大会是以表决权数量来决定大会议案的通过与否而不是股东人数决定的，所以该规定应该修改，除了人数之外，应当再加上表决权占比。具体而言，二十五人以下并且征集所得的表决权不足全部股东可表决权的5%的征集行为可免受监管申报。因为大股东之间的强强联手很有可能会比成百个小股东的联合有着更大的影响。如果仅依据人数来划定监管豁免的界限，则极有可能产生制度漏洞，而表决权占比的加入使得豁免制度更为科学。当然5%的这个数字界限并非定论，可再经过专家学者论证决定。此外，免申报不是指可以完全地脱离法律管辖，只是征集人不需要向有关部门就表决权代理征集进行信息披露等诸多步骤。

总之，人数与表决权占比相结合的双重标准，是表决权代理征集的申报条件，也是自由与秩序的博弈结果①。

四、征集公告中信息披露制度设计

征集公告信息披露属于程序性事项，由证监会制定操作指引一类的规范性文件比较合适。在此着重阐述信息披露重大意义与制度设计。

（一）股东权代理信息披露的重要意义

在新《证券法》实施的背景下，上市公司股东表决权代理征集制度成为当前《公司法》及相关部门法规立法工作重点，主要是建立和完善非对抗性征集，即以信息披露义务为核心，关注征集行为界定、披露标准衡量与违法征集的股东诉讼等问题。鉴于信息披露在代理权争夺中的重要性，英国、美国两国皆对此作了详细规定。美国法律规定，管理层及竞争参与者必须至少在请求开始 5 日内向证券交易所公布特定信息。包括参与者的身份和背景以及他们在公司中的股权信息、有关财务安排、参与其他代理权争夺，以及与公司达成的将来由公司雇用方面的谅解的信息等。信息披露要求及时、准确，而目前我国证券市场存在大量的信息披露滞后、披露不准确甚至虚假披露的问题。2000 年"胜利股份的代理权之争"即暴露了这一问题②。从竞争过程中发生事件的实际时间及其公告时间的对比来看，无论"通百慧"通过竞拍取得股份还是胜邦企业通过非流通股的协议转让，信息披露严重滞后，目的是掩盖控股权争夺这一实质问题。又如 2011 年 6 月振兴生化股份有限公司的（000403）股东王秀爱在投票权征集过程中，王秀爱对于影响委托人是否授权的重大

---

① 戴振华：《股东表决权代理征集制度的法律构建》，载于《河北企业》2015 年第 7 期。
② 益智：《中国上市公司代理权之争的案例分析》，载于《商业经济与管理》2004 年第 11 期。

信息均未披露，严重违反信息披露义务，例如，未披露"针对股东大会议案的主张，王秀爱本人推荐的四位董事和三位监事候选人的基本情况以及本人与四位董事候选人之间的关系"①。可见，在以往的征集投票权实践中，虽然形式上也在进行信息披露，但是信息披露并不规范，主要存在以下问题：首先，对于信息披露的信息范围和材料内容没有明确规定，导致监管缺乏标准，降低了信息披露活动的公信力；我国现存的规则只是笼统地规定了投票权征集人负有信息披露的义务，但却没有这方面的具体规定。由于这样笼统的规定不具有可操作性，因此我国应尽快颁布具体的投票权征集信息披露的具体规定，可以以证监会的名义或以部门规章的形式颁布。其次，未具体规定信息披露的标准、方式及程序，导致出现多样的实践操作。最后，只是笼统地规定了征集代理权违法的损害赔偿责任，但对违法进行征集信息披露是否应承担此种赔偿责任并不清楚。无责任即无约束，没有对违法进行征集信息披露的法律责任进行规定，在事实上也就变相为征集人违法征集行为开了"绿灯"，征集人就更有可能滥用代理权征集，以达到自己的不正当目的。可见，《证券法》第九十条第2款仅原则性地要求披露征集文件，不利于制约征集人对代理权征集的滥用。

（二）具体制度设计

股东权征集中的具体信息披露制度包括内容、格式和程序三个方面。

1. 信息披露的内容

信息披露的内容即在面对不同情形时应当披露哪些事项。对此美国的委托书征集规则在笼统规定信息披露材料的类型必须包括投票委托说明书、投票委托表格、信息说明等，在此基础上又将具体要求区别为一般披露事项和有关选举董事时的信息披露事项。一般披露事项内容比较复杂，其中有6种必填事项需经股东会召开的日期、时间、地点；委托

---

① 董新义：《论上市公司股东代理权征集滥用的规制——以新〈证券法〉第90条为对象》，载于《财经法学》2020年第3期。

书是否可以撤销；反对股东的股份收购请求权；代表谁征集委托书及谁承担相关费用表决事项；与特定人的利害关系；享有表决权的股份及持有人情况。另外，还有公司的并购和解散事项、公司章程、细则和相关文件的制定与修改等 15 项内容是征集人可以选择披露的，并在有关选举董事时的信息披露增加了特别规定：征集人必须向证券持有人提供年度报告，报告应当包括公司财务报表、公司业务经营情形等资料（我们可以借鉴参考设计）。

2. 信息披露的格式

关于信息披露的格式主要体现在对投票委托表格的设计上。股东权征集委托书表格必须包含被委托人、委托书授权的期限和委托书事由等三个基本内容，确保股东有表达正反意见的机会，并能依据自己内心的真实意思做出合乎情理的选择。如果涉及公司董事选举，还应当列举所有董事候选人的名单，为股东给每一个董事候选人投票并提供一种合适的方式。最后要留出一定的空间以便于代理人落款和签署授权的日期①。我国可通过证监会制定股东权征集操作指引规定，征集人通过向被征集人发送可以记明对股东大会各个目的事项赞成与否的委任状进行征集。这是为了尽可能反映股东明示的意思，防止委任状制度成为经营者控制股东大会的手段。

3. 信息披露的程序

在程序上关于信息披露的要求主要是发送征集委托书前征集者必须履行的义务。征集人必须将委托书、委托说明书及其他材料交给证监会审查，审查必须在一定期限完成。若发现存在问题需要修改的，将意见返还给征集人，征集人根据意见做必要的修改，修改之后再送证监会审查。

五、瑕疵征集的法律救济

股东权代理瑕疵征集主要表现为信息披露存在虚假记载、误导性陈

---

① 陈诚：《上市公司委托书征集法律制度研究》，西南大学学位论文，2009 年 4 月。

述和重大遗漏，或者征集人违反征集公告的承诺，未能勤勉尽责履行征集后正确及时行使股东提案权、表决权等。

在美国，征集人存在虚假或误导性陈述，并给被征集人造成损失时，法院通常有3种判决方式：颁布禁止令（即对披露进行纠正）、指令重新投票（即撤销已完成的交易）和判决损害赔偿。以下结合我国实际，主要从司法、行政两个层面进行相关制度设计①。

（一）司法救济：设计征集行为保全和提起公司决议无效和撤销诉讼制度

1. 行为保全

征集人尚未行使征集的股东权，被征集人可向法院申请行为保全，即人民法院依职权或者依申请禁止征集人行使征集的股东权，根据适用阶段的不同可以分为诉前保全和诉中保全。对于诉前保全，申请人应当提供担保，不提供担保的，法院裁定驳回申请。对于诉中保全，申请人可以提供担保，申请人没有提出申请的，人民法院在必要时也可以裁定采取行为保全措施，行为保全的解除条件是要求征集人更正错误，补救违法行为。

2. 提起公司决议瑕疵之诉

征集人已经行使征集的股东权，但征集人违法公开征集股东权，被征集人应根据其违反披露规则或者其他征集规则的程度，决定是否提起决议瑕疵及何种瑕疵之诉。（1）股东大会对征集议案以外的议案进行表决，被征集人可直接起诉决议无效或不成立；（2）征集人未按照被征集人的意愿进行表决且公司明知的，被征集人可直接起诉撤销决议；（3）征集程序只有轻微瑕疵，且不影响决议的作出或者征集人未按照被征集人的意愿进行表决，但公司非故意或重大过失不知情的，则决议仍然有效，被征集人只能请求征集人承担损害赔偿责任。

---

① 至于其他层面，如加强公司监事会对于滥用征集代理权的监督是公司法内部监督，证监会等有关单位完善信息披露制度属于立法层面加强管理，本文不做阐述。

（二）行政救济：主要包括证券监管机关的调查处理措施

1. 证券监管机构针对股东权征集过程中违法行为的处理

在公开征集股东提案权、投票权的公告中如果出现虚假陈述或是利用征集投票权通过不利于股东的股东会决议，中小股东可以请求证券监管机关介入调查。如果征集人未勤勉尽责，其所制作、出具的文件有虚假记载、误导性陈述或重大遗漏，监管机关应责令其限期改正或做出说明，严重的可以取消此次征集活动。如果在征集过程中，股东发现征集人可能利用公开征集投票权制度通过不合理的股东会决议，而绝大部分中小股东因为信息不对称和缺乏专业知识等原因没有发现或意识到该股东会决议可能存在的问题，那么证券监管机关在收到中小股东的申请及材料后，应对此进行调查，是否存在征集欺诈情况的存在，可以责令征集人和公司对此做出解释说明。如果调查发现存在征集欺诈的现象，证券监管机关应及时叫停征集活动，并给予征集人警告、撤销董事、独立董事等职务的处罚。

2. 证券监管机构针对股东权违法征集完成后的处理

尽管征集人已经征集到股东权，但是如果被征集人在其行权前后，发现股东大会议案与征集公告书所指的股东大会通知中所记载的事项不同，或是发现股东实际目的与征集信息披露的目的不同，证券监管机构可以依据当事人申请介入调查，发现确实存在征集欺诈行为，可以及时叫停股东大会，或是对已经通过的股东大会决议做出认定为违法的行政处罚，被征集人依据处理结果来提起确认股东会决议无效或撤销股东会决议诉讼。

六、结论

本文通过参考国内外有关股东权征集代理的立法经验和研究成果，结合我国多层次资本市场特点，提出以《公司法》《证券法》为主导设计股东提案权、表决权等权利代理征集制度，同时辅之以证监会等证券监管部门的部门规章对于具体股东权代理征集操作细则加以规范，从而形成我国股东权代理征集制度系统化和实务化，科学、精准利用该制度，更好地保护我国广大中小投资者的合法权益。

具体制度可作如下设计：

(1)《公司法》第一百零六条修改为：

第一款　股东可以委托代理人出席股东大会会议，代理人应当向公司提交股东授权委托书，并在授权范围内行使表决权。

第二款　上市公司持有百分之一以上有表决权股份的股东、董事会、独立董事或者依照法律、行政法规或者国务院证券监督管理机构的规定设立的投资者保护机构（以下简称"投资者保护机构"），可以作为征集人，自行或者委托证券公司、证券服务机构，公开请求上市公司股东委托其代为出席股东大会，并代为行使提案权、表决权等股东权利。公司章程对股东持票数量、持股时间另有限制，依照公司章程的规定。董事会、独立董事作为征集人的附加条件或者另有信息披露义务与相应民事责任规定的，依照证监会规章和公司章程规定，公司章程不得违背证监会的强制性规定。

第三款　依照前款规定征集股东权利的，征集人应当披露征集文件，上市公司应当予以配合。

另外，《公司法》可以在法律责任部分设计股东权瑕疵征集的法律后果。

(2) 证监会制定有关上市公司股东权征集条件申报规定与操作指引。如征集条件申报规定，股票持有人可以授权他人代理行使其同意权或者投票权。但是，任何人在征集二十五人以上且征集所得的表决权超过全部股东可表决权的5%以上的同意权或者投票权时，应当遵守证监会有关信息披露和作出报告的规定。

市场化债转股法律激励机制研究

周之田[*]

摘要：市场化债转股是国家面对复杂的国内外经济形势，为降低社会杠杆率、完善法人治理及促进直接融资而推出的一项重要举措。而债转股存在的利益失衡问题则严重限制了其可持续发展及社会功能的发挥，亟须扭转命令控制范式下的机械治理惯性，激发参与主体的内部动力。法律激励理论提供了丰富的政策框架，通过调整制度设计为债转股提供深层次的发展动力，从主体、融资、财税、行权及责任等方面入手，构建多元、可选择的激励机制，实现利益分配由非均衡到均衡的演化，促进债转股可持续发展。

关键词：债转股；法律激励；利益均衡；合法性机制

一、市场化债转股概述

债转股（debt-to-equity swap）是企业重组的一种方式，本可以发生于任何主体之间，指将债权人的债权转为债务公司股权的重组方式。但在我国，"债转股"具有特殊的政策语境，一般情况下其特指银行债权转股权[①]。

---

[*] 周之田（1996年生），山东淄博人，法学硕士，供职于中国人民银行济南分行，研究方向为金融法。本文仅代表作者个人观点，与所在单位无关。

[①] 因此，本文中的"市场化债转股"指市场化的银行债权转股权，"债转股"亦指银行债转股。这种简称方式亦与《关于市场化银行债权转股权的指导意见》等多个规范性文件相一致，后文不再特作说明。

债转股是我国具有重要意义的政策工具。主要有四项政策目的：第一，降低社会杠杆率。我国以间接融资为主的企业融资特点使得资产负债表的扩张往往带来杠杆率的升高，带来金融风险，而市场化债转股将企业负债转为资本，在缓解企业债务压力的同时，降低社会杠杆率。第二，充实企业资本。我国企业注资不足的问题早已有之，注资不足将形成"注资不足综合征"，包括薄弱的法人治理结构、内部人控制及"软预算约束"和"风险偏好过强"①，市场化债转股通过充实资本，能够加强企业的预算约束及风险控制。第三，完善法人治理。债转股引入新的股本参与方能够丰富股权结构，改善公司治理，尤其是改善国有企业的法人治理体系②。第四，推动资本市场发展。解决我国间接融资与直接融资结构失衡的问题，根本的还是在于发展多层次的资金融通渠道，尤其是股本融资渠道。债转股"由债转股"的模式丰富了企业的股本融资方式，一定程度上促进了直接融资市场的发育。

但是，市场化债转股面临发展的困境存在于两方面。第一，市场化债转股规模增长缓慢。据中国人民银行披露的数据，截至2019年末，市场化债转股总投资规模为1.4万亿元③，相较于我国实体经济部门高企的杠杆率及债务规模，我国债转股整体签约规模与落地规模尚处于中低水平。至2019年第二季度末，债转股10015亿元的总投资额中，属于2018年7月定向降准后的新增部分达到6000亿元④，占比高达60%，体现出商业银行及实施机构对市场化债转股参与积极性较低，对定向降准等政策性资金具有依赖性。第二，债转股市场化运作不足。在债转股资金募集、转股投资、投后管理及股权退出四个流程中，不同程度存在市场化不足的问题。主要包括市场化资金募集渠道狭窄，出售债权或增资入股

---

① 周小川：《关于债转股的几个问题》，载于《经济社会体制比较》1999年第6期，第1~9页。
② 周之田：《市场化债转股的问题分析与制度构建——以债权人和股东权益保护为视角》，载于《南方金融》2020年第2期，第57~63页。
③ 中国人民银行金融稳定分析小组：《中国金融稳定报告2020》，中国金融出版社2020年版，第21页。
④ 中国人民银行金融稳定分析小组：《中国金融稳定报告2019》，中国金融出版社2019年版，第43页。

的价格不能反映资产市场价格，债转股实施机构参与公司经营管理程度普遍不足，以及债转股实践中存在"明股实债"问题，存在签订"对赌协议"等方式以刚性回购托底等。

二、市场化债转股困局的本质：利益失衡的现实结果

市场化债转股是一种市场交易行为，由市场主体在进行成本—收益衡量后作出经济决策，从我国债转股市场的情况来看，存在相当程度的债转股需求，而供给持续偏低的原因，应归结到利益分配方面。即债转股出现上述困局，是制度设计中利益失衡的现实结果。

（一）公共—私人利益失衡

市场化债转股实践具有多样性，由此导致其利益失衡也有不同的情况与种类，具有复杂性。从不同的角度看，同一种现象可能既是某一对利益失衡的表现，也是另一种利益失衡的表征，一种利益对于某类主体或行为过多，而同时对另一类主体或行为过少的情况。

1. 债转股中存在"动力替代"问题

债转股本身是企业重组的一种形式，不涉及公共利益，该种行为本身也属于纯粹的商业合约。但是实践中，债转股具有的降低社会杠杆率、完善法人治理及促进直接融资的作用，使其发挥出更多的社会价值，因此被赋予更多的政策属性，并作为重要工作由多部门协同推进。该种安排发挥了行政权的能动性，但是却在一定程度上导致内生的本源性矛盾，即市场主体的商业行为与社会的公共目标之间的冲突，根本上即个人与社会之间的利益异质性。

在公权力推进的背景下，权利及行为自主性带来的主体激励作用逐渐消退，参与人的积极性出现动力源上的"真空"，导致市场化债转股出现普遍性的参与意愿消退。在市场化债转股的推进中，政府主导力量的介入造成了推动力的"替代"，原市场参与方由推动转为追随状态。该种现象即为公共—私人利益的失衡。在不改变社会利益优先及继续追求社

会目标实现的立场下，就必须对利益分配状况进行调整，增加债转股参与主体的利益获得感，激发其参与债转股的积极性，使其参与行为符合"商业行为"的根本原则——有利可图。

2. 市场化债转股中存在正外部性问题

外部性与"动力替代"问题一体两面，如果说"动力替代"是从社会学角度进行的分析，那么外部性则是对公共—私人利益失衡问题经济学角度的阐述。但是二者又具有一定的不同，"动力替代"主要是指公权力介入导致的动力衰退，而外部性则指债转股作为一项交易本身存在的市场失灵现象。债转股的交易活动给社会带来了收益，因此政府希望在更大规模上推进债转股，而债转股作为一种交易本身存在既定的供给与需求关系，存在市场上供需平衡的均衡数量。债转股因其正外部性具有了高于其商业价值的社会价值（社会价值＝商业价值＋外部利益），推高了其社会需求，产生了高于市场均衡的社会期待的最优量，即"正外部性使市场生产的数量小于社会合意的数量"①。因此，在存在正外部性的领域，社会需求总是高于市场上的出清数量，出现社会角度出发的"供不应求"，这是公共—私人利益失衡导致的市场无效率。解决该问题，需要通过对正外部性的交易进行补贴，提高私人利益来使外部性内部化，刺激市场主体提高供给数量。

（二）成本—收益利益失衡

对投入与产出进行估算和衡量，是任何一个理性市场主体做出经济决策时都要考虑的具体经济得失。如果一项交易的成本大于收益，则市场主体必须从其他方面寻找支撑该项交易的正当性，否则该笔交易便不应实施。市场化债转股存在投入与产出不相匹配的问题，导致银行、债转股实施机构及债务企业存在成本—收益利益失衡的问题，该种失衡是市场化债转股困境与现实问题的主要经济原因。

---

① 格里高利·曼昆：《经济学原理（微观经济学分册）》，北京大学出版社2015年版，第215页。

1. 债转股交易成本高昂

对银行及债转股实施机构而言，无论是买债转股式还是入股还债式债转股，都需要大量资金投入，且债转股的整体拟转股规模往往在数十亿至百亿级别，资金消耗量巨大。由银行投资设立的金融资产投资公司消耗银行数百亿资本及留存收益，但是债转股项目的高投入及长周期快速消耗了实施机构的自有资本，为银行带来较大资本压力。从机会成本的角度看，由于资本充足率及资产负债管理等要求，从银行的自有资本关系到风险资产的规模，其将资本花费在债转股中带来的机会成本，不只是等额贷款的减少，而是限制了数倍放大后的资产扩张，因此债转股交易对银行而言成本高昂，其对收益率有更高的期待具有经济上的合理性。

对债务企业而言，其成本主要集中在两个方面。其一为债权评估及转股定价较高，银行及实施机构往往以接近债权金额的价格转为股权，动辄百亿元的资金在较大程度上稀释了债务企业的股份，在有些情况下甚至可能引起控制权变化。其二为由于债务企业在债转股谈判中处于弱势地位，出现了引入战略投资者同时签署"对赌协议"的情况。如远兴能源债转股中，"对赌协议"约定，若三年持股期间归母净利润低于约定数额或出现资产损失、利润损失超过15%的重大不利事件，则债务企业应按照入股资金以6.2%的年利率计算得出的价格进行股权回购操作[①]。在这种情况下，债务企业必须在短期内提高盈利状况并维持股利分配，否则将面临不定时的股权回购要求，给企业经营带来巨大风险。

2. 债转股收益持续偏低

市场化债转股主要产生三方面的收益来源，即持股期间的股利分配、股权退出时的资本溢价，以及对公司现金流的剩余索取权。理论上说，营收正常的公司股东的收益率应当高于债权收益率，这也是债转股交易得以推行的内在原因，但是参与债转股的企业往往存在财务状况恶化、债务负担较重的问题，公司盈利能力及再生产能力受债务压力及经济环境所至，经营状况不容乐观，故作为股东的实施机构可以分得的股利在

---

① 徐东燕：《远兴能源市场化债转股的案例研究》，江西财经大学学位论文，2020年。

与债权收益相近或低于债权收益的区间浮动，未能达到普通市场化股权投资的平均水平。此外，在股权折价及转股定价市场化方面的缺失，导致债权及股权定价呈现虚高态势，进一步压缩了股权的升值空间。另外，对转股企业而言，投资者注重"短期利益"而轻视"发展利益"，缺乏参与公司建设及推动公司发展的意愿，且对公司经营状况波动的容忍度较低，难以给予公司改革调整的时间，最终结果只能是以不低于债务融资的成本暂时缓解资金压力，无益于公司发展。

3. 债转股中的风险问题

风险是指某种损失发生的可能性，企业在生产经营中致力于通过消除风险或风险转嫁的方式将风险降至最低。相较于股权投资，债权债务关系是一种硬约束，债权人享有固定的收益和本金返还请求权，在有的情况下还享有担保。在市场化债转股中，当债权人选择将享有的债权转为股权，其所承担的风险将显著上升。因此，抛弃债权的硬约束，承担股权退出的不确定性风险是参与债转股需要付出的成本。金融机构及其实施机构的风险偏好普遍较弱，存在两种方式抵消高风险的不利影响，一是与风险匹配的高收益，二是通过改变交易结构将风险弱化或转嫁。在债转股收益难以提高的情况下，实施机构选择降低交易中的风险使其与中低收益相匹配，表现在：债转优先股并约定股利及退出条件，以及签订"对赌协议"将股权债权化，以此获取刚性退出的契约性权利等。

而对于债务企业而言，债转股除了在约定收益的情况下给企业带来经营压力及不定时股权回购的风险外，主要为公司管理权、控制权的变动风险。

（三）规制—保护利益失衡

1. 债转股规制体系的经济成本

经济管制应用于市场，对市场一方的控制都会对另一方产生相应的影响，进而改变市场均衡①。人们普遍相信政府管制会实现社会经济目

---

① ［美］丹尼尔·史普博，余晖等译：《管制与市场》，格致出版社，上海三联书店2008年版，第2页。

标,似乎管制是没有成本的,然而除去行政执法的费用,管制仍具有经济成本。当管制给生产者施加过多义务,则会导致供给下降,市场出清数量下移,即均衡数量的下降,市场上的债转股交易就会减少(至少是限制了其增长)。因此针对债转股的规制措施限制了其市场交易的潜在范围,根据交易范围被排除的大小可以评估规制的全面经济成本。

由于商业银行及保险公司、信托机构等银行及非银行金融机构的深度参与,债转股采取"审慎监管、逐步放开"的探索原则,至今仍保持较为严格的监管方式。在实施机构方面,发起设立金融资产投资公司的最低实缴注册资本为 100 亿元,且需由商业银行作为主要股东发起后经银保监会批准方能持牌经营;保险机构需设立专门实施机构从事市场化债转股,证券、信托等其他金融机构仅能以发行资管产品的方式投资债转股。在资金来源方面,债转股主要有四项资金来源,分别为实施机构自有资金、银行理财资金、保险资金及募集资金,银行理财及保险资金都承受"穿透式监管"的压力而受到限制,以及对私募基金合格投资人总体上仍坚持较高财务要求。在金融机构管理方面,《金融资产投资公司管理办法》对金融资产投资公司的业务范围和业务规则及风险管理等进行了详细规定,以"白名单"式进行逐项授权;在商业银行的资本管理中,根据《商业银行资本管理办法(试行)》,银行专门实施机构需要进行穿透式并表管理,对于银行集团被动持有的股权,需以两年内 400%、两年后 1250% 的风险权重计算资本充足率①,监管考核压力较大。

2. 债权人和股东权益保护的不足

权利具有激励作用,能够刺激权利人为追求自身利益充分利用权利内容,提高行为效率,确保某一领域中权利的实现能够有效激发该领域中行为人的动力,具有重要意义。然而在市场化债转股中,存在债权人和股东权益保护的不足,主要为债权债务约束关系软化导致债权受到损害,以及产权约束关系软化导致债转股实施机构无法享有真实充分的股东权益②。

---

① 李健:《市场化债转股的运作模式、实施困境与改革路径研究》,载于《金融监管研究》2018 年第 7 期,第 16~32 页。
② 周之田:《市场化债转股的问题分析与制度构建——以债权人和股东权益保护为视角》,载于《南方金融》2020 年第 2 期,第 57~63 页。

市场化债转股中的债权损害主要指债转股后股权无法及时退出或无法以市场化价格退出，导致沉淀为不良资产或被企业打折回购的情况。作为商业决策的股权投资具有商业风险，但是基于退出渠道不完善及受到不当行政干预而导致的债权损害则应认为属于权利保护的缺失。此外，债务企业尤其是国有企业退出渠道不完善亦是债权保护不足的体现，国有企业由于涉及国有控制权及国有资产计价的问题，不仅退出渠道狭窄，而且转股定价及股权转让价格难以实现市场化，容易导致债转股中的逆向选择问题。

股权代表着对企业的剩余索取权，亦代表着对企业的所有权利，因此股东权利缺失即为债转股中产权约束关系软化的问题。债转股的实质属性在于经营权的让渡（至少为部分让渡），通过引入战略投资者完善公司治理、建立债务约束，通过改善公司经营状况分享利润，继而在公司估值提升后分享股权溢价。然而在债转股实践中董事、监事、高级管理人员派驻率不高，实施机构真实充分的股东权利难以实现，真实充分的股东权利缺失导致债转股实施机构处于既非债权人又非所有人的尴尬地位，被动成为相对弱势的财务投资人，不利于债转股市场的发展。

三、市场化债转股法律激励机制的提出：利益均衡的法律手段

市场化债转股与法律激励的结合是以利益分配为抓手的市场化、法治化制度构建，能够更好地适应社会主义市场经济环境，推动债转股可持续发展。本文在介绍法律激励理论机理的基础上，旨在说明三个主要问题：其一为法律激励机制与市场化债转股的内在契合性；其二为以法律激励机制调整债转股交易的必要性；其三为法律激励机制与市场化债转股相结合的可行性。

（一）经济法中法律激励理论的机理分析

法律调整人的行为，而法律对行为的功能主要表现为对行为本身的

激励和行为背后利益的调控①。法律激励就是通过法律对不同行为的所得利益进行调整以实现一定目的，激励的起点、途径与结果均与利益息息相关，因而利益理论为引入法律激励机制解决债转股中的利益失衡问题搭建了桥梁。法律激励机制通过利益的不同搭配实现激励效果，通过调整利益分配，实现由"非均衡"到"均衡"的转变。

法律对个体行为的激励功能，是以法律追求的法律秩序为目的的，通过法律使个体受到鼓励去实施符合法律希冀的行为，塑造社会关系模式，达致预期的法律效果②。法律激励通过满足人类需求的方式引导人类行为，通过给予收益、赋予权利、精神奖励、社会意识等方式激励人们行为合规，达到立法目的。

经济法中的法律激励理论是法律激励理论在经济法领域的具体化，其从主体规制法律制度、市场秩序规制法律制度、宏观经济调控和可持续发展法律制度、社会分配法律制度四大方面③阐发，上述方面的激励手段为给予收益、赋予权利、精神奖励、社会意识等。经济法为法律激励理论提供了丰富的政策框架，通过调整制度设计为债转股提供深层次的发展动力，这是经济法相比于其他部门法在法律激励方面具有的独特作用。

（二）法律激励机制与市场化债转股的内在契合性

法律激励机制与市场化债转股具有内在契合性。法律激励机制虽然是一种公共规制工具，但是其通过调节利益分配进而影响市场行为，而债转股虽作为一种商业交易行为，但是其具有较强的政策属性，因此法律激励机制蕴含的市场化特点及市场化债转股的公共性特点使二者能够以利益理论为桥梁实现沟通，具有相互结合的内在基础。

1. 法律激励机制是契合债转股公共利益性的调整手段

债转股具有公共利益性。市场化债转股是一项集合多重政策考虑的

---

① 付子堂：《法律功能论》，中国政法大学出版社1999年版，第68页。
② 付子堂：《法律的行为激励功能论析》，载于《法律科学》1999年第6期，第21~28页。
③ 李昌麒：《经济法学》第5版，中国政法大学出版社2017年版，第1~6页。

措施，具有降低实体经济部门杠杆率、充实企业资本、完善法人治理及推动直接融资的功能。《关于市场化银行债权转股权的指导意见》（以下简称《指导意见》）指出，"在当前形势下开展市场化债转股，是稳增长、促改革、调结构、防风险的重要结合点"，使其有了愈加重要的公共利益性，因此，债转股具有的公共利益性为法律激励的介入提供了合理动因。《指导意见》亦指出，市场化债转股应遵循"市场运作，政策引导"的原则。法律激励机制是行使国家权力的表现，其主要用于增益公共利益，使用以法律激励为代表的国家干预手段规范市场化债转股的发展以满足社会需要，具有正当性。

2. 法律激励机制是促进债转股发展的市场化方式

调整债转股行为的国家行为具有多样性，而法律激励机制是其中具有市场化特点的规制方式。市场是一种有效配置社会资源的利益机制，其通过此价格决定利益获取量的关键要素并组织资源流动。而法律激励机制就是以调整利益分配情况为己任的，通过给予收益、精神奖励、社会意识等方式加强正激励客体的利益，通过惩戒减少负激励客体的利益。

市场化债转股是债转股各方主体的商业行为，法律激励机制调整利益分配格局使债转股交易更加"有利可图"，正是契合了商业行为的根本逻辑。法律激励机制利用市场机制调整市场主体的行为，通过制度重构及行政力量的运用改变交易的成本—收益情况，刺激市场主体参与债转股，从而以较低的行政成本收获较好的政策效果。因此，法律激励机制的手段及作用均具有市场化特点，法律激励机制是促进债转股发展的市场化方式。

（三）市场化债转股法律激励机制的必要性

1. 法律激励机制是解决动力替代问题的必然要求

前文提出，债转股中存在"动力替代"问题，动力替代的出现将发展债转股的压力转移到行政部门承担，相关部门推出一系列刺激措施，如中国人民银行2018年定向降准0.5个半分点，释放7000亿元资金用以支持市场化债转股等①,然而由行政部门支撑市场行为成本高昂且缺乏可持续性,必须以恰当地方式补充债转股发展的市场动力,才能使债转股持续而有效地进行。

动力可以分为物质动力、精神动力与信息动力。物质动力包括物质奖励、补贴等增加收益的行为,精神动力包括精神奖励及思维意识两个层面,精神奖励可以与物质奖励相互补充,思维意识一旦形成将产生深层次的推动力量,具有不可小觑的作用。此外,获取信息所构成的反馈对组织的行为及发展具有刺激、推动作用。法律激励机制对债转股发展动力的补充以物质动力与精神动力为主,以信息动力为辅,使市场化债转股参与主体得到有效的动力补充。首先,法律激励赋予权利、减免义务、减免责任、增加收益、减少成本②等方式直接增加了相关主体的物质利益,并有效增强了债转股的经济效果,刺激参与主体在更广范围内参与转股经济活动。其次,法律激励还包括以获取荣誉为代表的精神嘉奖,以及以社会心理认同为代表的思维意识层面的精神激励。最后,在信息动力方面,法律激励机制致力于缓解信息偏在(即缓解信息不对称),构建竞争性的价格机制,市场化的交易机制,使供需两方同步掌握新信息。由此可见,市场化债转股的法律激励机制能够以具体措施充实物质动力、精神动力与信息动力,通过盘活存量动力及注入新动力的方式促进债转股市场持续发展。

2. 法律激励机制是探索实现利益平衡的有效手段

市场化债转股困局的本质是利益失衡的现实结果,因而恢复利益平衡状态、调整利益分配状态是推动债转股可持续发展的必由之路。利益调整方式包括私力与公力两种基本方式,以协商与暴力为代表的私力方式包含更多偶然性与脆弱性,而公力方式则提供更为安全的利益调整方式,由法律激励机制与立法、司法共同构成。其中法律激励兼具灵活性与权威性,是综合收益最高的调整方式。

---

① 《央行:将定向降准 0.5 个百分点 可释放资金约 7000 亿》,中国新闻网,2018 年 6 月 24 日。
② 胡元聪:《我国法律激励的类型化分析》,载于《法商研究》2013 年第 4 期,第 36~45 页。

经济学家奥尔森指出，搭便车是集体行动的深刻困难①。集体行动的结果通常是公众利益，参与者的边际成本高于其边际收益，因而是非效率的，其认为解决方式包括两种：一是每个参与者的贡献可以被观察记录并按贡献分配，二是建立便捷有效的监督机制。市场化债转股中存在搭便车问题，导致公共利益与私人利益之间的失衡。经济法中的法律激励机制运用国家干预的思想，将宏观调控与微观损益相结合，宏观上运用金融法律制度、产业法律制度、社会责任制度等，微观上运用价格法律制度、财税法律制度等进行调整，实现"按贡献分配"，缓解债转股中的搭便车行为，是探索实现利益平衡的有效手段。

3. 法律激励机制是规范债转股发展的法治化方式

规范及促进债转股的发展亦有多种方式，包括行政指导行为②、干预行为等样态复杂、公开或非公开的多种形式，而法律激励机制则是规范债转股发展众多途径中符合法治化原则的尝试。

法律激励机制通过法律法规或其他规范性文件的方式表现出来，具有较好的安定性。行政机关应当遵循既定规则，市场主体亦能够据此形成较为稳定的市场预期。采取法律激励机制来规范债转股发展有利于避免非公开的行政干预，采取法治化的方式保障债转股的市场化属性。另外，法律激励机制作为规范债转股发展的法治化方式，内含债权及股东权利保护的要义。法律激励制度探索法治化的行权激励机制，将经营权的让渡作为市场化债转股的实质属性，有效保障债转股参与各方的法律权利，提高实施机构履职尽责的能力与意愿，保障债权人和股东权益。

（四）市场化债转股法律激励机制的可行性

可行性是指利用现有资源和条件实现预期目标的程度，在经济法视阈下讨论法律激励机制，其可运用的现有资源和条件即经济法的能动范围；而实现激励效果的手段，除了物质激励与精神激励等常见做法，本

---

① ［美］曼瑟·奥尔森，陈郁等译：《集体行动的逻辑：公共物品与集团理论》，格致出版社2018年版，第16页。

② 类似于行政指导行为，但又不同于传统行政指导行为。

文提出并重点阐述合法性机制在激励机制中的运用，该种机制的有效性同样是市场化债转股法律激励可行性的重要组成部分。

1. 经济法中法律激励理论的能动性

经济法是国家干预之法，调整需要国家干预的经济关系。干预是经济法最突出的属性，其本身基于市场失灵与政府失灵的双重失灵之上，带有强烈的能动底蕴。具体到经济法中法律激励理论的能动范围，其与经济法本身的调整范围及手段具有重合性。经济法中对经济进行调整、干预的权力以一定非系统化的方式散见于经济法律法规，但该国家发挥主观能动的权力的外延仍可由两方面进行界定：第一，市场失灵之处就是经济法干预的逻辑起点；第二，经济法的重要功能在于弥补民法的局限。由此，经济法的能动性至少包括主体规制权、市场秩序规制权、宏观调控权及社会分配调控权四个方面①。此外，本文认为法律激励在包纳上述四种权力之外，还应当包括利用社会学原理进行社会调整的能动性，这共同构成了经济法中法律激励理论的能动范围。

2. 法律激励理论中合法性机制的运用

组织社会学理论认为，"合法性"（legitimacy）机制是指一种通过诱致或压力使组织采纳特定组织结构或实施特定行为的观念力量②。组织机构是在多重压力下进行活动的，社会中的制度规范、文化期待、观念制度等对组织发挥着重要影响，具有强大的约束力量。社会的制度环境对组织的行为具有塑造作用，违反合法性的社会期待将受到其他个体的疏远与抛弃，无法得到社会承认及资源交往。合法性机制在生活中有较为常见的例子，如企业的社会责任、企业信誉、社会对企业的公益期待及环保等，组织在诱导及压力下接受已被社会认可的具有合法性的形式和做法，是合法性机制的作用。这是一种无形的观念力量，相比于实在法的硬性要求，合法性机制反而更能得到组织的重视与追求。

市场化债转股法律激励机制运用合法性机制，主要表现在社会观念

---

① 李昌麒主编：《经济法学》，法律出版社2016年版，第104~108页。
② 周雪光：《组织社会学十讲》，社会科学文献出版社2018年版，第74页。

领域，包括但不限于社会责任等。法律激励机制引导一种社会期待，同时也在组织之间形成一种共通氛围，在债转股中更多地关注其社会作用，并在社会目标的实现中达到企业自我实现的满足。合法性机制来自对社会现象的总结，其并不是虚无的，组织参与债转股经过有效的引导可以凝聚为与国家共同促进的关系，在货币收益之外得到社会承认、自我实现层面的满足，可以有效补偿物质激励的不足。当然，合法性机制的运用也非孤立的，其可以与物质激励与精神激励相结合，给予荣誉性质的物质奖励等，都将收获超过同等程度的物质激励的激励效果。

四、市场化债转股法律激励机制的总体要求

（一）市场化债转股法律激励机制的激励目标

激励目标是激励机制实施后一定时期内想要达到的预期成果或标准。市场化债转股法律激励机制的激励目标由预期成果与标准两部分构成，预期成果是市场化债转股法律激励机制取得成效、成绩的范围，是一个"广度"问题，而标准则是市场化债转股法律激励机制解决现实问题的质量，是一个"深度"问题。

1. 市场化债转股法律激励机制的预期成果

预期成果主要为对标债转股现实主要问题的解决，包括市场化债转股规模增长缓慢、债转股市场化运作不足及市场化债转股发展不均衡的问题。法律激励机制的实施应当刺激债转股投资规模增长，提高实施机构参与积极性，系统性扩大债转股资金来源，继续实现转股规模的稳步增长，有力化解我国实体部门杠杆率过高的问题。此外，法治化的法律激励机制将提高债转股市场化水平，在"募、投、管、退"四个阶段贯彻竞争性原则，减少市场管制及不合理的约束性限制，提高市场供给与市场均衡数量，充分发掘市场化债转股的潜在交易范围，进一步完善债转股市场。

2. 市场化债转股法律激励机制的"三性"标准

市场化债转股法律激励机制的激励目标还包括激励机制实施后应达到的标准，法律激励机制本身就有助于克服行政行为的短期性而实现激

励对象的可持续发展，因此其标准至少应包括三个方面：内在引导性、自我实现性与长效维持性。该"三性"是法律激励机制市场化特点的突出表现，与债转股交易的市场化特点相契合。

（1）内在引导性。内在引导性与外力指导性相对应，是指债务企业、实施机构及公众参与市场化债转股各阶段的行为因受法律激励的作用是主观积极的，而非刻板地在外部压力下完成既定要求。法律激励机制通过对利益分配情况进行调整，激发参与主体内滋能动性，通过自利行为参与债转股市场，与此同时，法律激励制度设计通过对不同行为设定不同利益阈值，在债转股"募投管退"全阶段的各类行为中产生利益引导，如鼓励债务企业参与、实施机构行权、公众融资等。内在引导是边际成本较低的社会控制方式，初始利益格局得到基本建构后，随着参与主体的增加，边际成本呈现递减态势，依靠参与主体的内生动力推动债转股市场发展，由"动力替代"实现"动力回调"。

（2）自我实现性。法律的发展实践表明，法律正逐渐从以经济增长和效益为中心，到以社会与人的发展为中心的嬗变①。自我实现性是人本主义原则的具体体现，关注组织与个人在参与经济活动中心理层面的获得感与满足感，其包括社会贡献与自我认同两部分。社会贡献即市场化债转股参与主体对债转股降低社会杠杆率、完善法人治理及促进直接融资的社会效果的知情与参与感；自我认同即市场化债转股参与主体在工作中投入与收益的比例性，更进一步讲即为正义回报的获得感，其投入与收益成比例即为符合正义回报，非正义即为违反投入与收益的某种比例。市场化债转股的法律激励机制一方面应当通过具体方式确保相关主体社会贡献的被认可与可感知，如精神嘉奖等；另一方面，其亦应当确保债转股参与主体工作的正义性回馈，这既包括调整利益分配的物质获得，也包括通过"合法性机制"得到的社会承认等。

（3）长效维持性。随着社会分工的日益深化，复杂的社会分工带来不同的利益诉求和价值取向，更加需要完善的系统设计和普遍的规则体

---

① ［美］伯纳德·施瓦茨，王军译：《美国法律史》，法律出版社2007年版，第22页。

系。我国现行市场化债转股治理模式存在利益失衡状态，债转股市场在初期增长后陷入后继乏力的瓶颈期，亟须加强法律激励的制度厚度，以实现长效维持性。市场化债转股的法律激励机制应当扭转机械治理惯性，激发参与主体的深层次动力，实现行政主导撤出后的自发性、自给性，真正实现"市场化"债转股，实现债转股市场优化发展的长效维持。

（二）市场化债转股法律激励机制的激励对象

激励对象即激励行为的受众及客体，是激励发挥作用的指向与最终落脚点，是债转股法律激励结构的基础构成。市场化债转股法律激励机制的激励对象主要由债转股的交易方组成，另外还包括社会公众及政府的维度。

1. 市场化债转股中对债务企业的激励

债转股对债务企业是成本高昂的债务消除方式，但是对于杠杆率偏高、流动性紧张的企业而言，债转股又是减轻债务负担恢复经营活力的理想选择，因而债转股对债务企业而言是一项兼具利弊的企业重组方式。然而我国债转股交易存在成本收益的失衡，包括债权评估及转股定价过高、"对赌协议"及明股实债现象等，导致债务企业负担过重，难以达到改善经营状况的目的。因此，市场化债转股法律激励机制将债务企业作为激励对象，通过引入市场化竞价方式完善定价机制，规定"对赌协议"及明股实债现象，鼓励实施机构长期持股并参与公司治理，通过分享企业发展红利获取收益；并健全市场化股权退出机制，提高资本利得。对债务企业的激励以"减负"为核心，主要围绕降低债务企业参与债转股的财务成本展开，但是，法律激励机制更加强调真实充分的股东权利的实现，企业经营权的让渡是债务企业必须担负的成本。

2. 市场化债转股中对银行及实施机构的激励

银行为债转股中的债权人，而实施机构既包括由商业银行作为主要股东发起设立的金融资产投资公司，也包括保险机构设立的专门实施机构以及证券、信托等其他金融机构发行的债转股资管产品。对银行及实施机构进行激励是市场化债转股法律激励机制的核心激励对象，债转股市场供给与需求均存在一定问题，但是主要还是供给方面的问题。银行及实施机构合规成本过高，限制了市场的潜在交易范围，导致市场均衡数量下移。此外，债转股成本投入过高、风险较大、收益较低等问题的存在制约着债转股规模的扩大，债权及股东权益保护不足损害了银行及实施机构的权利。对此，市场化债转股法律激励机制以利益均衡为原则，优化法律激励结构、扩展法律激励路径，从主体、融资、行权、财税等四个方面构建法律激励制度体系，综合运用物质激励、精神激励以及合法性机制等方式，实现利益分配上的相对均衡。

3. 市场化债转股中对社会公众的激励

债转股主要有实施机构自有资金、银行理财资金、保险资金及募集资金四项资金来源，而募集资金又包括私募股权投资基金、债转股投资计划及债转股专项债券等，社会公众作为债转股激励机制的对象主要是由资金募集对象的角度进行考察。由于资本管理考核及金融监管等的存在，金融机构使用自有资金及理财资金的成本较为高昂，用以进行债转股投资必然推高预期收益率，而募集资金则存在较为宽泛的收益阈值，以及对公司经营状况较高的容忍度，有利于实现债转股的良性发展。法律激励机制对社会公众的激励主要通过增加收益的方式促进其参与，包括开发新的债权资本化产品、税收激励等。

4. 市场化债转股中对政府的激励

如前所述，市场化债转股中对政府的激励主要是以避免不当行政干预为目的的，不当政府干预表面上是一个政府行为的问题，但实际上是导致债权损害与股东权利缺失等问题的重要原因。因此，建设法治化与市场化的债转股市场有必要构建约束和完善政府行为的法律激励机制，这一方面要求完善债转股中政府不当行为的责任制度，另一方面要求疏通国家干预的合法手段和渠道，有"堵"有"疏"，将政府干预债转股的意愿与干预法治化结合起来，探索建立兼顾羁束与自由的政府行为激励机制。

（三）市场化债转股法律激励机制的激励方式

法律之治的最高境界，在于通过具有"强制力"的法律规则或规范，实现"非强制性"的法律激励①。法律激励机制的激励方式由法律规范固定在法律文本中，通过其灵活运用调整人们行为，实现社会可持续发展。

激励可分为外附激励与内滋激励两种②，在市场化债转股法律激励机制中兼具外附激励与内滋激励，外附激励是以在激励工具的数量及规模上为主的激励方式，包括融资激励、价格激励、财税激励等物质激励方式，也包括嘉奖、评价等精神激励方式，还包括禁止、惩罚、问责等负激励形态。

内滋激励利用组织及个人内心的精神动力，在市场化债转股法律激励机制中主要利用组织社会学原理进行激励，包括合法性机制、组织趋同原理等，通过强化企业社会责任观念，使债转股参与方得到自我实现，这主要包括社会贡献的共识与自我认同的感知力量，亦即义务感与认同感。社会贡献的共识能够起到凝聚社会力量的作用，使人们能够自觉地参与社会建设及社会目标的完成中，我国历来重视爱国、敬业、奉献的通识教育，强化集体主义的心理认同，这为市场化债转股内滋激励的实施奠定了良好的社会基础。如果说社会贡献是集体主义的心理延续，那么自我认同则是个人主义的实现。个人主义强调人本身就是生活的目的，以自我为中心对社会现象、个人行为进行评价，个人主义与市场经济息息相关，理性经济人假设是市场运行的基础，因此，法律激励机制不应尝试压制个人利益，而应加强引导与利用，将个人利益与社会利益结合起来，市场化债转股激励机制强调参与主体投入与收益的比例性，应通过社会认同、经济回报等多种方式加强主体获得感，增强自我实现性，使社会利益与个人利益在共存与相容的基础上得到合理的优化。

五、市场化债转股法律激励机制的具体构建

正确使用激励法能够有效调整组织及个人的行为，实现社会和谐发

---

① 丰霏：《法律治理中的激励模式》，载于《法制与社会发展》2012年第2期，第151~160页。

② 外附激励方式既包括肯定、奖赏等正激励，又包括压力、约束等负激励，内滋激励属于主体自身产生的发自内心的自觉精神力量，如认同感和义务感等。资料来源：付子堂：《法律的行为激励功能论析》，载于《法律科学》1999年第6期，第21~28页。

展。然而法律激励规制的优化设计并不一定能产生良好的激励效应，规制工具的选择与运用会直接影响激励性法律规制的实施效果①，因此必须基于市场化债转股的特点与运行方式，立足其难点与困境，以解决公共—私人、规制—保护、成本—收益三对利益失衡为核心，构建选择性的、多样化激励机制。对此，本文从主体激励、融资激励、财税激励、行权激励及责任激励等五个方面搭建债转股法律激励的制度体系。

（一）遵循适度干预的主体激励机制

1. 适度放宽银行及实施机构的监管要求

债转股采取"审慎监管、逐步放开"的探索原则，至今仍保持较为严格的监管方式。在准入阶段，债转股实施机构的设立存在发起股东及注册资本的要求；在资本管理方面，"穿透式监管"格外重视金融机构的流动性指标，监管考核压力较大。

本文认为，考察国际债转股实践，债转股作为一种企业重组方式具有强烈的市场属性，银行债转股是不良资产处置的一项细分市场，我国本轮债转股秉持市场选择原则，应进一步放开市场、放宽银行及实施机构的监管要求。一方面，债转股实施机构应逐步实行开放竞争制度，由大型金融机构有序放宽至不同种类及规模的金融机构，再逐步放宽至各类市场主体。在"买债转股"类债转股中，银行将其债权出售给具体实施机构的行为作为其自主决策，应将对实施机构的评估交由银行进行判断，开放竞争的实施机构将为债权出售提供更多选择，有利于对债权进行市场定价，达到银行恢复贷款的目的，并减少银行折价出售债权的顾虑。同时，市场化的实施机构对追求股权投资的高收益将具有更高的行权积极性，有利于改善公司治理，更好地实现真实充分的股东权利。此外，尽可能使债转股实施机构的类型多元化，也有利于丰富资金来源②。

---

① 岳彩申：《民间借贷的激励性法律规制》，载于《中国社会科学》2013年第10期，第121~139页。

② 娄飞鹏：《商业银行不良贷款债转股的历史经验及实施建议》，载于《西南金融》2016年第6期，第52~56页。

另一方面，应结合债转股特点进行有针对性的资本管理。现行资本管理行为并未就债转股进行特别设计，而又在市场准入中设定较高门槛且仅对资本管理严格的大型金融机构开放，存在张弛性矛盾。应区分正常类、关注类及不良类债权债转股，对正常类及关注类的债权转股降低投资风险权重并延长资本处置期限，进行分类规制。

2. 建立健全债转股社会责任与评价制度

追求互认与互恰是人类的一种本能，因此人们重视他人对自身的评价。人们需要规则以对世界进行基本判断，避免纯主观化的倾向，而评价机制则是有效的手段。组织生存于社会的制度环境中，广为人们接受的社会规范、文化期待、观念期待等形成与实体法律并存的规则框架，组织就是在制度环境的多重压力下活动的①。企业社会责任是民众对企业的观念期待，是在企业追求利润的目的之外增加的一重道德义务与法律义务，违反社会责任将会带来道德上的否定评价，以及由制度环境形成的"理性神话"②氛围下的对异己者的排斥效应。该种排斥效应使违反企业社会责任的组织被其他组织疏离，不仅受到道义上的惩罚，还将因此减少交易机会。社会责任不仅是一种社会义务，而且逐渐演化为企业形象的一部分，积极履行社会责任的企业能够收获良好的正面评价及商誉，甚至在竞争性企业之间社会责任的贡献情况亦成为企业竞争的一部分。

经济学者通过实证研究发现，强制压力、规范压力和模仿压力是影响社会责任信息披露意愿和质量的制度根源③，披露环境对公司社会责任信息披露有显著影响④，因此必须建立社会责任激励机制以促进企业债转股社会责任的履行，这主要包括债转股专项社会责任披露制度、社会责

---

① 周雪光：《组织社会学十讲》，社会科学文献出版社2003年版，第72页。
② 社会学家约翰·迈耶的新制度主义理论提出"理性神话"（rational myth），指制度环境不是以人为凿刻的形式出现，而是形成一种被神化的东西，使大家不得不接受。理性神话形成制度环境强加于组织之上的客观效果，产生组织趋同性等现象。
③ 杨汉明、吴丹红：《企业社会责任信息披露的制度动因及路径选择——基于'制度同形'的分析框架》，载于《中南财经政法大学学报》2015年第1期，第55~62页。
④ 沈洪涛：《公司特征与公司社会责任信息披露——来自我国上市公司的经验证据》，载于《会计研究》2007年第3期，第9~16页。

任认证制度以及行业协会参与制度。

首先,建立债转股专项披露制度。出台社会责任报告已成为以上市公司为代表的大中型企业组织体进行非财务信息披露的重要方式,对增进利益相关方及公众对企业的了解发挥了积极作用。债转股实施机构应以适当方式对企业履行社会责任的情况进行披露,其中债转股本身就属于社会责任的组成部分,企业应在社会责任披露制度下建立债转股披露子部分,将该报告作为企业记载其参与、运营债转股全过程的平台。其主要内容应包括转股规模、债务企业的基本情况及行业、财务情况等的分析,并对债转股资金募集、转股投资、投后管理及股权退出的全过程进行披露。信息公开能够起到激励作用,有利于促进债转股的规范发展。其次,我国应探索社会责任认证制度。SA8000是全球首个道德规范国际标准,亦是社会责任认证标准,但其主要是针对企业的劳工权利保护情况进行评估,具有一定片面性。探索建立社会责任认证制度应包括企业社会责任的履行情况及发展路线图、反贿赂及反洗钱内部控制制度,以及环保及资源节约等方面,同时也应当包括根据行业属性设置的专项社会贡献评分机制,如银行及实施机构的债转股实施情况等。最后,应做好社会自组织机构参与制度。社会自组织机制参与制度就是为社会责任与评价机制提供组织保障,社会自组织机构的作用越大,社会就会越健全。债转股中银行及实施机构可以利用现有行业协会等自治组织建立债转股分会,承担督促会员进行债转股专项披露、参与探索社会责任认证制度中债转股行业的评估方式等,有关研究机构、民间团体可以发布《企业社会责任蓝皮书》等形式,以科学的方式对我国企业履行社会责任的情况进行评估。

(二)构建综合有效的融资激励机制

融资即为取得资产而集资所采取的货币手段,债转股有实施机构自有资金、银行理财资金、保险资金及募集资金四项主要资金来源,募集资金是其中最具发展潜力的募集渠道,募集资金的潜在范围与债转股市场规模相匹配,且有帮助改善公司治理及提高直接融资比重的作用。

1. 确立私募股权投资基金作为债转股的主要实施方式

确立私募股权投资基金作为债转股的主要实施方式,即鼓励、引导债转股实施机构通过设立私募股权投资基金作为债转股的实施方式,通过设立私募股权基金募集资金,发挥私募基金对公司治理的积极作用,并接受私募基金投资者的监督,在扩大资金来源的同时提高公司治理及债转股运作的市场化水平。国务院《关于市场化银行债权转股权的指导意见》(以下简称《债转股指导意见》)指出,支持实施机构与私募股权投资基金等股权投资机构之间开展合作;银保监会制定的《金融资产投资公司管理办法(试行)》(以下简称《管理办法》)亦有规定,债转股实施机构可以成立附属机构并设立私募股权投资基金,面向合格投资者募集资金实施债转股。这些规定为私募股权投资基金方式实施债转股提供了法律依据。本文认为,债转股实施机构实施债转股,应形成以私募股权投资基金为主的债转股实施方式,此举既有利于吸收社会资金,扩大资金来源,又能够通过引导外部有效力量的进入提高公司治理水平。

就股权投资基金本身的优势来说,股权投资基金属于机构投资者,多项经济学实证研究表明,机构投资者与公司治理水平呈正相关[1]。具体来讲,机构投资者由于本身的商业化属性和回报率要求,在公司治理中积极地参与控制权竞争有利于资源的公平分配,形成对大股东和原控制人的制衡,抑制大股东对公司的"掏空"。并且,机构投资者的趋利性与市场化属性较强,在公司治理中往往推动企业的绩效制度建设,能够显著增强企业薪酬机制对业绩的敏感性,改善企业的经营状况。另外,就上市公司来讲,机构投资者对上市公司的信息公开具有监督作用,此外

---

[1] 多位学者运用建模等工具对此假设进行了证明,如王琨、肖星(2005),王永海(2007),高雷(2008),张敏、姜付秀(2010),吴先聪(2012)等。资料来源:周天勇:《债转股的流程机理与运行风险》,载于《经济研究》2000年第1期,第22~29页。薄仙慧、吴联生:《国有控股与机构投资者的治理效应:盈余管理视角》,载于《经济研究》2009年第2期,第81~91页。高雷、张杰:《公司治理、机构投资者与盈余管理》,载于《会计研究》2008年第9期,第64~72页。张敏、姜付秀:《机构投资者、企业产权与薪酬契约》,载于《世界经济》2010年第8期,第43~58页。吴先聪:《政府干预、机构持股与公司业绩》,载于《管理评论》2012年第10期,第38~48页。王锟、肖星:《机构投资者持股与关联方占用的实证研究》,载于《南开管理评论》2005年第3期,第27~33页。

还能够有效监督盈余管理等行为，提高上市公司的合规属性。

2. 推进"债转股混合单元"在募集资金过程中的使用

2020 年 5 月，银保监会发布《关于金融资产投资公司开展资产管理业务有关事项的通知》，明确提出"以非公开方式向合格投资者发行债转股投资计划"，进一步扩大了债转股的募集资金来源；2020 年 9 月，《中国银保监会办公厅关于保险资金投资债转股投资计划有关事项的通知》出台，对险资投资债转股投资计划进行了准许与规范。但是，债转股投资计划仍是私募性质的，且单人单只投资计划的投资不得低于 300 万元，对投资者设定了较高的适当性标准，主要面向机构投资者募资。本文认为，债转股突破融资瓶颈实现融资的可持续发展，有必要探索相对自由的社会资金募集方式，尤其是使用公开方式募集资金作为对私募股权投资基金方式的补充，此举是扩大资金来源和继续扩大债转股规模的方法，以实现降低社会杠杆率及促进直接投资的重要途径。

公募基金规模大、投资相对稳健，一般而言规模越大，获取长期脱离其业绩基准的超额收益越低，长期来看公募基金的收益趋近其所投资市场的平均收益。本文认为，以公募基金方式投资市场化债转股可以将"债转股混合单元"模式作为其资产组合方式。"债转股混合单元"即投资资产成比例组合，在每一份出售的基金份额所对应的投资中，可以包括转股资产、置换债务、新增授信，在转股资产中应当包括普通股及优先股，以及不同债权人债权的交叉实施，和正常类、关注类、不良类债权等多种资产质量的搭配。具体而言，首先，转股资产参考债转股投资计划的规定应不低于债转股投资计划净资产的 60%。债转股投资搭配普通股及优先股两种类别股，普通股为基金介入债务企业公司治理提供权力支持以及股利分配收益，优先股的契约性可以保证在债务企业经营状况不明朗时确保投资基金获取一定保底收益。其次，作为一种公开发售的基金产品，应当将多元投资原则与债转股的目的结合起来，配置不同资产质量、债务主体，统筹收益与风险，并应进行债转股的交叉实施以加强债转股各环节的市场化属性。最后，将综合债转股（投贷联动）引入"债转股混合单元"，充分发挥金融资产投资公司与银行间的紧密关系，将对债务企业的债务置换、新增授信写入协议书，股债并行的投资模式有利于加强对贷款者信息的了解与把控，"一项资产更为完全的信息可以通过减少风险来提高其价值"①，并进一步为债务企业补充流动性，改善企业经营状况。

（三）健全公平合理的财税激励机制

法律的强制性仅能对维系社会秩序起到基础作用，法治社会应当充分发挥规则的诱致能力②。财税激励机制是法律激励机制中物质激励的重要组成部分，直接给付收益或减免支出，对激励对象有较为直接的作用。

税收影响市场结果。经济学研究表明，对买者征税和对卖者征税的税收归宿是相同的③，在新的市场均衡状态下二者实现了税收分担，因此在市场化债转股中对参与方征收的税收具有叠加效应，加之债转股中本身存在的"重复征税"问题，致使债转股领域税负负担过重、税收痛感较强，抑制了债转股交易的进行。根据《关于企业债重组业务企业所得税处理若干问题规定》及《企业会计准则第12号——债务重组》等规范的规定，债转股交易应分解为债务清偿及股权投资两部分进行征税，在折价债转股中对债务企业确认为收益的部分纳入应纳税所得额；在债权债务的公允价值与账面价值一致的情况下应比照非货币性资产交换有关会计处理④。由此可见，债转股存在非规范意义上的各环节的"重复征税"，将债转股交易一分为二的税收处理方式虽然清晰地划分了其交易过程，但是纳税人因承担税负导致的经济福利的减少超过税收收益，引起无谓损失，从总体上减少了社会福利，仍旧是不经济的。此外，债转股还在一定程度上削弱了债务企业利息抵税的作用⑤，在减少债务负担的同

---

① ［美］弗雷德里克·S. 米什金：《货币金融学》，机械工业出版社2019年版，第121页。
② 徐玖玖：《公私合作制PPP项目法律激励机制的制度重估及其优化》，载于《商业研究》2019年第6期，第139~152页。
③ 罗伯特·S. 平狄克、丹尼尔·L. 鲁宾费尔德：《微观经济学》，中国人民大学出版社2019年版，第277~287页。
④ 纪宏奎、赵辉：《债转股的财税处理》，载于《税收征纳》2018年第1期，第31~32页。
⑤ 根据《中华人民共和国企业所得税法实施条例》第三十八条规定，非金融企业向金融企业借款的利息支出、金融企业的各项存款利息支出和同业拆借利息支出、企业经批准发行债券的利息支出；负债的利息费用支出可以在税前扣除。

时提高了税款支出,使债转股承担了较高的税收成本。市场化债转股法律激励机制探索建立公平合理的税收激励机制,重点是减少各环节的分别征税,降低债转股交易的税负水平,如优惠税率、退税制度等。

提供补贴是使债转股外部性内在化的重要方式。外部性内在化能够通过改变利益分配的方式使行为人考虑以及感知到其行为的外部效应,以刺激提高债转股供给,缩小社会最优量与均衡数量之间的差距。资金募集阶段,可采用财政贴息等方式进行支持,如《市场化银行债权转股权专项债券发行指引》规定鼓励地方政府对债转股专项债券进行贴息等政策支持。在转股投资阶段进行补贴与奖励,侧重奖励民营企业债转股、发展前景好但资产较轻的企业的债转股,以缓解债转股市场国有企业与民营企业发展不均衡、大型企业与中小企业发展不均衡的问题。在公司治理阶段,对于积极履行股东责任,能够长期持股的实施机构及其关联方予以奖励,该奖励应是有区分度的,应根据参与公司治理的情况确定标准;在股权退出阶段,给予一次性退出补贴,尤其侧重资本利得较低、债转股各交易流程收益偏低或为负的情况。总体而言,市场化债转股作为一种商业交易,在财税政策方面仍应以"退、减"为主,政府补贴的"加、补"仅为能动地发挥引导作用,并且在补贴过程中应注意其中的道德风险问题,健全监督及核验机制,确保补贴申领的真实性及必要性。

(四) 探索法治化的行权激励机制

企业存在所有权及经营权两个分划,公司治理则是建构在企业"所有权层次"上的一门科学[①]。考探市场化债转股现状,存在实施机构行权意愿及能力不足的问题,债务企业的法人治理未能得到有效完善,内部人控制、软预算约束等情况仍持续存在。因此,有必要以解决行权意愿及能力不足问题为核心探索法治化的行权激励机制。

1. 建立债转股长期持股激励机制

(1) 债转股长期持股的理论必要及实践准备。分业经营是我国金融

---

① 朱长春:《公司治理标准》,清华大学出版社 2014 年版,第 12 页。

业的基本原则,《中华人民共和国商业银行法》亦确认商业银行不得向非银行金融机构和企业投资,因而一般认为银行债转股必须缩短持股期限,仅以恢复贷款为目的进行有限制的短期持股。但是短期持股带来一系列问题,银行及实施机构过度追求短期经济效益的提高,使用"对赌协议""明股实债"等方式从时间与主体方面转移还款压力,或使用综合债转股继续扩大企业授信,保证企业的短期流动性,但是对企业长期的经营战略、公司内部控制制度缺乏参与意愿,债务企业极有可能在债转股结束后背负更沉重的债务负担。因而,将债转股作为一种降低杠杆率的社会政策,希望其发挥完善法人治理、促进直接投资的作用,而非被动的银行资产保全方式,必须将企业长期发展利益纳入债转股的利益结构。从规范与实践层面对我国债转股进行审视,我国债转股的实施主体呈现出更为显著的多元化特点,除银行系的金融资产投资公司外,保险系债转股实施机构逐步建立,信托、证券、基金管理等非银金融机构通过发行资管产品参与债转股,而金融资产投资公司亦向社会资本及外资开放入股,债转股投资计划等私募基金规模不断增长,债转股实施主体的多元化带来更为清晰的独立倾向,逐渐自成一体,因而从商业银行分业经营角度对债转股持股的限制已不具有现实基础,此种现象可视为债转股长期持股的实践准备。债转股长期持股是在我国经济发展形势下债转股服务经济发展大局的必然要求,是突破债转股发展瓶颈、解决债转股诸多现实问题的"牛鼻子"。

(2) 鼓励债转股实施机构发挥战略投资者作用。证监会在 2020 年 3 月的《发行监管问答——关于上市公司非公开发行股票引入战略投资者有关事项的监管要求》[①] 中提出,战略投资者是"愿意长期持有较大比例股份,认真履行相应职责,委派董事实际参与公司治理,提升其公司治理水平"的投资者。债转股包括但不限于上市公司非公发行,但是该战略投资者概念具有借鉴意义。考察我国债转股实践,债转股实施机构对自身定位多为"财务投资者"而非"战略投资者",缺乏与债务企业

---

① 2020 年 3 月 20 日,证监会发布《发行监管问答——关于上市公司非公开发行股票引入战略投资者有关事项的监管要求》。

"利益与共"的发展意识,增加了债务企业内部的冲突性及分离性,进一步降低了企业经营效率。而向战略投资者身份的转换,要求实施机构深度参与公司治理,切实帮助企业制定增长战略,进行后期债务安排和杠杆率控制规划,帮助企业健全法人治理,恢复企业活力。

2. 债转股中独立董事与职业经理人制度的构建

债转股长期持股激励机制的顺利推行,需要加强债转股实施机构行使实质性股东权利的能力,独立董事与职业经理人制度的构建旨在解决实施机构缺乏专业优势与比较优势的问题。应当认识到,通过债转股改善公司治理,重点是改善国有企业的法人治理体系,这一目的在《降杠杆意见》中得到确认①。债转股实践亦表明,公司治理缺失问题在民营企业和国有企业中都不同程度地存在,但是考察控制权争夺对管理层的约束程度,民营企业对于债转股实施机构介入的接纳程度在理论和现实上都远高于国有企业,在控制权争夺上民营企业的债转股相对有效地使用了市场化的手段。因此,在债转股中引入独立董事与职业经理人制度更应以国有企业的经营权让渡为重点。

(1)独立董事制度的普及。独立董事的独立性表现在三个方面:一是独立于大股东;二是独立于经营者;三是独立于公司的利益相关者②。独立董事不代表任何一方的利益,能够在董事会表决中发挥"关键一票"的作用,以达到平衡双方的目的。探索债转股中独立董事与职业经理人制度的构建,应普及独立董事制度,且人数应当与非独立董事按照能够相互制衡的原则进行配置。董事会包括国有股东代表、债转股实施机构代表、其他非国有股份代表三类主体,其决议至少需要半数以上董事同意,在国有股东代表与非国有股东代表的博弈中,独立董事应当成为做出董事会决议的"关键票",才能有效避免"一股独大"导致的中小股东利益剥夺问题。在国有独资企业债转股中,非独立董事的配置也将使董

---

① 《国务院关于积极稳妥降低企业杠杆率的意见》总体要求中"助推供给侧结构性改革,助推国有企业改革深化";主要途径中"推动混合所有制改革,鼓励国有企业通过出让股份、增资扩股、合资合作等方式引入民营资本"等均有体现。

② 叶祥松、曹宗平:《推行独立董事制度,完善法人治理结构》,载于《求是》2002年第16期,第30~31页。

事会至少形成三方力量（国有股东代表、债转股实施机构代表、独立董事），并在其中扮演关键角色，有效助推国有企业改革深化。该种董事会结构有利于提供股东冲突的平台，为不同股东的利益诉求提供表达机制，并将冲突控制在董事会范围内，在有效制衡双方力量的基础上最大程度维护公司效率。

（2）职业经理人制度的引入。在债转股企业中提高独立董事的普及性，可以有效平衡债转股实施机构与其他股东的力量，形成制衡机制；而引入职业经理人制度则主要是基于提高效率的考虑，二者共同构成了"独立董事＋职业经理人"的制度设计。具体而言，以债转股为契机引入并普及职业经理人制度，由专业化、市场化的职业经理人负责公司的运营，同时董事会加入独立董事的制衡机制，形成经理层实权化的结果。这种做法将在一定程度上破除传统企业缺乏活力的积弊，提高企业效率。在有独立董事制衡机制的条件下，职业经理人由董事会任命，重点在于尽职改善公司经营状况，完善财务约束等内部控制制度，债转股实施机构及关联方分享公司运作专业化后的股利及资本溢价红利，有利于完善法人治理，促进债转股的长效发展。

（五）兼顾羁束与效率的责任激励机制

责任是法律激励机制的重要组成部分，这既包括负激励概念下以追究责任的方式对行为进行规制，也包括以对责任追究及承担的规则进行调整所产生的正激励效果。而在债转股领域，兼顾羁束与效率的责任激励机制，包括债转股"尽职免责"机制及政府行为的激励机制两部分。

1. 完善债转股中的"尽职免责"机制

尽职（due diligence），即"恪尽职守"或"谨慎处理"，是指金融从业人员在其工作职责内尽其所能地完成任务，尽到一个"合理的""谨慎的"人应尽的义务[①]。金融机构因其风险防范的特殊性，需要对经办人员

---

① 陈雪红、程子圻：《小微信贷尽职免责问题研究》，载于《金融理论与实践》2019年第7期，第34~38页。

施以较重的风险防范义务及责任，但是也带来权责不对等、打击积极性等问题。

完善债转股"尽职免责"机制需要建立"有限追责"制度。有限追责包括有限时间、有限原因、有限责任三个方面。有限时间即设定债转股交易亏损的追责期限，由于人是有限理性的，能够预见并进行商业判断的区间是有限度的，金融从业人员难以对超出预期的风险担负决策责任，仅应对其尽职预见的风险承担责任，由组织体对长期风险承担总体责任。有限原因即达到恪尽职守及谨慎处理标准的交易行为应建立免责机制，金融机构结合风险控制及执业规范制定并公示交易规则，已经尽职的交易行为则不应进行责任追究，应合理地将商业风险在组织及个人之间进行分担。有限责任即从业人员承担责任应在一定阈值范围内，超出部分不承担责任。就责任承担方式而言，考虑到债转股的规模性，债转股中的责任承担应当以非财产处罚为主而以财产处罚为辅；就责任承担范围而言，应使用合理的定额罚款而非比例罚款，企业作为债转股交易的主要收益方应按照收益风险均衡原则承担交易风险，而不能轻易将责任转移到职工身上。

完善债转股"尽职免责"机制需要建立公正的程序。程序是结果正当性的来源，也是制度建立的合法性基础。债转股"尽职免责"机制需要经过工会或职工代表会议等形式进行民主讨论，最大化实现权责匹配；另外，责任追究亦应当建立异议机制，由尽职评价（问责）委员会作出决定，定期对问责及免责情形进行公示公告。

2. 构建债转股中政府行为的法律激励机制

管制研究的对象不仅包括管制下市场的均衡，也包括行政之过程①。债转股过程中产生的债权损害、股权退出困难等问题，有些属于商业风险，但也有相当数量与不当政府行为有关，许多不合要求的企业债权被转为股权，一些本可以催收的债权也加入债转股之中；另外，部分情况下也存在政府的不当干预亦影响了实施机构及关联方的股东行权。因此，

---

① ［美］丹尼尔·史普博，余晖等译：《管制与市场》，格致出版社2008年版，第25页。

想要解决债权损害、公司治理参与缺失等现实问题，构建针对政府行为的法律激励机制同样是关键一环。

债转股中的政府行为，除了少部分有法律依据属于具体行政行为外，多为政府自我赋权下的干预行为。要改变这种状况，一方面要完善债转股中政府不当行为的责任制度，另一方面要疏通国家干预的合法手段和渠道，有"堵"有"疏"，将政府干预债转股的意愿与干预法治化结合起来。法律激励中的正激励鼓励行为的实施，负激励抑制行为的出现，从以下两方面提出建议。

地方政府对发展经济具有较高的热情，客观上对促成债转股具有了高于其法定义务的强烈意愿，而企业债转股的目标与地方政府公共治理目标往往是不一致的，这种错配导致了政府的撮合容易造成不当干预，容易侵犯企业经营管理的自主权。从正激励的角度看，政府应当改变以权力压制受体企业促使其遵循给定方案的思维定式，改为运用多种法律激励方式引导受体企业参与到债转股中来。激励的具体形式可以包括权利模式、奖励模式与助力模式等①。地方政府可以通过行政立法等形式将债转股的激励固定下来，替代"以权代法"的不当干预行为。从负激励的角度看，关键在于完善债转股中政府不当行为的责任制度。债转股中的政府行为多不具有强制力，而是以谈话、建议等方式开展的，又由于在行政职权范围外，不满足行政指导行为的构成要件，故而可以称为"类行政指导行为"。这类行为由于不属于具体行政行为，不具有可诉性，故而难以进行规制。长远来说，我国应当完善对不当行政行为的责任追究机制，保护市场主体的权利，从法律的层面建构制度。但是从比较现实的角度看，可行的方式是具体化为个人责任，在侵犯企业权利造成严重后果时，以"滥用职权""违规干涉企业经营"等可非难的原因对直接负责的主管人员及其他直接责任人员进行行政或者党内纪律处分，通过对个人的处分进行负激励，减少此类行为的发生。

---

① 丰霏：《法律治理中的激励模式》，载于《法制与社会发展》2012年第2期，第151~160页。其中：助力模式是指，法律制度为激励行为主体的行为发生而设置相应的辅助机制，为行为主体的行为创造条件，帮助其实施法律制度所期望的行为。

金融控股公司内部信息共享的正当性与监管路径

李善民*

摘要：在人工智能、区块链、云计算、大数据技术迅速发展的背景下，金融与科技结合亦进化到智能金融阶段，混业经营大势所趋，金控公司如雨后春笋，内部信息共享因其本身所具有的正当性，应选择合适的监管路径予以监管，在确保金融信息安全的前提下实现金融创新发展。首先，由监管部门细化信息监管规范，由金控公司统一内控并设置专员，其次，将具有信息共享利益的金融公司作为责任主体，签订信息利益共同体协议，在共同体协议的模式下，将信息分类与责任主体相结合，既便利金控公司的内部信息共享，又最大程度确保金融信息安全。最后，积极培育信息合规市场，实行信息合规督导并认证的制度模式，建立健全信息泄露举报奖励机制、溯源机制及泄露赔偿制度，形成金融信息安全的公共监督体系，全面提升我国金融信息安全水平，以实现金控公司在内部信息共享中的价值冲突平衡。

关键词：金融控股公司；内部信息共享；信息利益共同体协议；合规认证

在人工智能、区块链、云计算、大数据技术①迅速发展的背景下，金

---

* 李善民，男，中央财经大学法学院硕士研究生，研究方向为公司与金融法。
① 部分人士将人工智能、区块链、云计算、大数据简称：ABCD，称智能世界是"ABCD+"的未来世界。

融混业经营似乎成为大势所趋。一方面，金融消费者（以下简称"用户"）希望有能够满足自己多样化需求的金融超市存在；另一方面，金融产品经营者希望将支付、银行存贷、证券投资、保险、信托资管、征信等多种业务融合起来实现一体化运营①以发挥协同作用，增加利润。传统金融机构相继开展一体化运营，非传统金融机构也通过投资控股等多种方式形成一个对两个或两个以上不同业务类型的金融机构拥有实质控制权的金融控股公司，本文将两种公司统称为"金控公司"。据不完全统计，目前我国现有77家②金控公司，其中较为知名的有平安集团、中信集团、中国人寿保险集团以及互联网金控公司"蚂蚁金服③"。此外，拥有全金融牌照的四大全国性资管公司虽然一直被要求回归主业，逐步剥离非不良资产业务，但在业务层面也属金控公司④。

监管层注意到金控公司的迅速发展，制定《金融控股公司监督管理试行办法》（以下简称"管理办法"）于2020年11月1日起正式施行。这对规范金控公司行为和防范系统性风险具有重要作用，但管理办法对金控公司内部信息共享的监管与规范仍有不足。如管理办法第三章"公司治理与协同效应"中的第22条⑤和第23条⑥，虽然规定了金控公司可

---

① 资料来源：北京金融控股集团有限公司官网内容：北京金控集团定位于打造牌照齐全、资源协同、业务联动、防控有效的国内一流金融控股平台，努力做强做优做大首都金融产业，为首都经济和社会发展提供有力支撑。北京金控集团整合市属金融要素，统筹银行、信托、投行证券、资管、保险及基金等多种金融服务，通过统一建立内部风险防控体系，统一掌握各金融机构统计数据，统一规划完善金融基础设施，统一提升经营管理规范要求，推动金融业务交叉创新（官网内容对此已作更新与修改，可见相关原创文章：融资中国：《地方政府金控平台的规划与发展》，搜狐网，2020年8月26日）。

② 任庄主：《一文读懂金融控股集团》，资产界官方微信公众号，2020年9月15日。

③ 袁康：《互联网金融控股公司不正当关联交易的法律规制》，载于《证券法律评论》2017年第0期，第480~490页。

④ 颜苏、王刚：《大数据条件下金融控股公司消费者金融隐私权保护研究》，载于《中国银行业》2018年第11期，第103~105页。

⑤ 第22条：金融控股公司与其所控股机构之间、其所控股机构之间在开展业务协同，共享客户信息、销售队伍、信息技术系统、运营后台、营业场所等资源时，不得损害客户权益，应当依法明确风险承担主体，防止风险责任不清、交叉传染及利益冲突。

⑥ 第23条：金融控股公司及其所控股机构在集团内部共享客户信息时，应当确保依法合规、风险可控并经客户书面授权或同意，防止客户信息被不当使用。金融控股公司所控股机构在提供综合化金融服务时，应当尊重客户知情权和选择权。

以共享客户信息，但过于模糊。诸如金控公司内部如何共享信息，共享信息的范围和界限，是否需要用户明确授权，倘若需要授权，须采用何种形式获取授权等问题，管理办法均未明确。

郭树清在 2020 年 12 月 8 日新加坡金融科技节中也指出部分公司利用市场优势，过度采集、使用企业和个人数据，甚至盗卖数据，严重侵犯了企业利益和个人隐私①。信息和数据在数字经济发展过程中尤为重要，伴随监管部门正在研究制定金融数据安全保护条例，构建更加有效的保护机制以防止数据泄露和滥用，针对金控公司内部信息共享，有进一步研究与细化的必要。

一、金控公司内部信息共享的当前现状

法学作为社会科学之一，研究应立足于社会现实。法学研究过程中，也应先了解社会，再了解法律②。金控公司内部信息共享的研究与细化，应首先了解金控公司目前已公开隐私政策中的信息共享政策，而后选择部分具有代表性的金控公司提供的产品或服务，深入了解金控公司是如何获取用户授权并在金控公司内部进行信息共享，最后在上述基础上，试提部分有针对性的解决方案，为金融数据安全保护条例的制定予以一定参考。

（一）金控公司网页公示的共享政策

此次研究将我国金控公司分为四大类，分别为金融体系下的金控公司 17 家、具有央企背景的金控公司 7 家、具有国企背景的金控公司 17 家以及其他 36 家。观察对象涵盖各个类别，选取其中共计 130 个③公司网站为样本，查找阅读网站中的隐私政策或其他相关内容，结果如下。

---

① 郭树清：《郭树清发声：关注新型"大而不能倒"风险，一些科技公司过度利用企业和个人数据，将制定相应条例》，证券时报网，2020 年 12 月 8 日。
② 熊秉元：《法的经济解释：法律人的倚天屠龙》，东方出版社 2017 年版，第 3 页。
③ 既包含金控公司的网站，也包含其组成部分的网站。

1. 总体情况

(1) 隐私政策公开占比低。

130个网站中，约80个网站没有公开与信息共享相关的任何内容。对内部信息共享做出部分说明并公开的网站，约50个，仅占样本总数的38%[①]，尚不足半数。其中，成立于2018年的北京金融控股集团有限公司，信息数据保护的理念也未能与时俱进，其网页公开内容中，同样不存在与"隐私政策"相关的任何界面。以上种种，可见一斑，金控公司对内部信息共享问题的重视程度严重不足。

(2) 公开位置不一、名称不同、不易查询阅读。

50个对内部信息共享做出部分说明并公开的网站中，信息共享政策的链接位置各不相同，难以查询。

位置不一的另一层含义是指信息共享政策被涵盖在不同的政策内容中，如"隐私政策""隐私声明""免责声明""隐私权声明""隐私权条款""法律声明"等，命名不一。

其中，免责声明内容多为强调本网站中的部分言论不代表公司立场，极少数网站中的免责声明提及信息传输与共享方面的内容，如"本网站跳转第三方的链接，本公司不负法律责任"，诸如此类字样，而关于金控公司内部信息共享政策的说明则少之又少。因隐私政策公开位置不一，名称不同，整体呈现出一种不易查询、不易阅读的尴尬局面。

2. 具体问题

(1) 隐私政策内容简繁不一。

部分金控公司[②]公开的隐私政策极为简略，而部分金控公司出具的隐私政策则内容极为庞杂，事无巨细，对于阅读该政策的一般金融用户而言，难以在相对较短的时间内获取其中重点信息，以致匆忙勾选签署该

[①] 此次实证研究，通过肉眼可见的方式遍历网页内可能包含"隐私政策"的特定链接进行点击查询。而一般用户，多以使用网页相关服务为重点，少有用户会刻意查找网页中的"隐私政策"进行点击查看。故，此次实证研究中，合理注意的态度高于一般用户，故此结果占比是有效的。其逻辑：刻意收集资料的学者，尚且难查询到隐私政策，对于一般的消费者，又怎能知道隐私政策中对于金控公司内部信息共享是如何声明的呢？

[②] 资料来源：五矿国际信托有限公司网站。

政策或默示同意，究其实质，是金控公司对用户知情权与自主决定权的变相侵害。

（2）默示签署（变相强制签署）现象普遍。

部分网页的隐私政策中明确表明"阁下进入本网站及其任何网页，即已同意下列条款①"。致使用户使用该公司的产品或服务，即视为同意"隐私政策"的全部内容。而在此之前，网页并未进行任何突出提示或隐私政策的同意选项键，便单方面声明用户已同意公司的隐私政策，其本质是剥夺用户知情权与自主决定权。

（3）共享前是否需用户授权，情形不一。

除法律及监管要求之外，内部信息共享前是否需要用户的明确授权，情形不一。而倘若不需要用户授权，是否具有其他的限制措施。根据网页隐私政策，主要有以下几种情形：

第一，无须授权。

"我行可能将您的个人资料转交我行的成员机构，但会在法律许可的范围内进行。"② 在此条款之前无"用户明确同意或授权"的条款内容对内部信息共享予以限制。即金控公司是否对外共享信息完全由公司自主决定。

第二，以用户不反对为前提③。

第三，以用户明确同意为前提。

如京东金融④隐私政策："明确同意或属于共享、转让、公开披露个人信息时事先征得授权同意的例外。"

第四，用户可提出终止要求。

如交通银行施罗德⑤隐私政策："倘若浏览者提出要求，本公司将停止把浏览者的个人可识别数据用于直接营销用途。"部分网站将此条款与上述 A 情形配合使用，即在金控公司具有自主决定是否共享用户信息的

---

① ⑤ 资料来源：交银施罗德网站。
② 资料来源：中国工商银行网站。
③ 资料来源：交通银行股份有限公司香港分行网站。
④ 资料来源：京东金融网站。

前提下，用户可以提出终止要求。

（4）共享原则不明、界限模糊。

除法律及监管要求之外，金控公司内部信息共享的界限一般有以下几种情形：

一是隐私政策中未明确共享原则与界限。

二是金控公司内部信息共享仅限于直接营销。

我国金控公司的某些香港组成部分在其隐私政策中，采用"直接促销（营销）原则"[1]。

三是金控公司对内部信息共享仅作出原则性说明，如：商业合理评估、业务需要、目的必要、数据必要。

在将信息提供给第三方前，相关服务提供方将尽商业上合理的努力评估该第三方收集信息的合法性、正当性、必要性[2]（蚂蚁集团）。

出于合法、正当、必要、特定、明确的目的共享您的个人信息，并且只会共享提供服务所必要的个人信息[3]（京东金融）。

（5）共享主体不清。

部分已公开的隐私政策，或对信息接收方只字不提，仅表明"信息共享或公开"；部分隐私政策中表明向本单位以外的第三方共享信息，但并未明确第三方是指哪些单位；部分隐私政策中是通过概念解释的方式明确第三方单位，比如支付宝（第三方包括我们的关联公司、合作金融机构以及其他合作伙伴）、建行集团（本政策所称"建行集团"是指中国建设银行股份有限公司及其直接或间接控股的公司，以及中国建设银行股份有限公司直接或间接作为其单一最大股东的公司。）；极少数金控公司在隐私政策没有明确说明的前提下，可以通过网页内其他内容推断出隐私政策中的"第三方"包含哪些单位。

此外，部分隐私政策内容混淆集团内外相关主体，集团内关联公司、相关服务方尚未明确，第三方的含义亦未明确，导致内部信息共享难以

---

[1] 资料来源：交通银行股份有限公司香港分行网站。
[2] 资料来源：蚂蚁集团：蚂蚁集团隐私权政策，发布时间 2018 年 6 月 22 日。
[3] 资料来源：京东金融网站。

厘清相关责任主体。

根据金控公司目前已公开的隐私政策，无法明确用户的个人信息数据可能共享至哪些公司主体，但可以预见的是，事后追责将更加困难。

(6) 共享后的主体限制不清与目的限制不明。

第一，部分隐私政策中明确表明，信息共享后，信息接收方或受隐私政策约束，或受信息共享方与信息接收方签订的隐私保密协议约束。但也有部分隐私政策只是简要表明"我们将要求第三方对您的信息采取保护措施，并且严格遵守相关法律法规与监管要求①"。还有部分隐私政策对此只字未提，未进行任何说明。倘若信息接收方不受制约，个人信息安全将无法得到应有的保障。

第二，信息接收方处理信息的目的是否予以限制，隐私政策对此规定各不相同。部分隐私政策对此简要提及，部分隐私政策明确表明："我们的关联公司如要改变个人信息的处理目的，将再次征求您的授权同意。"

(7) 信息是否分类以及具体类别不统一。

金控公司已公开的隐私政策显示，金控公司内部信息共享的对象表述极为模糊，笼统表述为信息共享或公开，而并不明确信息属于哪一种类，也无信息内容示例。部分隐私政策中，将信息做"一般信息"与"敏感信息"的分类，并制定不同的共享流程和标准。比如建行集团旗下的"建信期货"隐私政策作如下规定："如业务需要对外共享或转让您的个人信息，我们会向您告知共享或转让个人信息的目的、数据接收方的类型，并征得您的授权同意。涉及敏感信息的，我们还会告知敏感信息的类型、数据接收方的身份和数据安全能力，并征得您的明示授权同意②"。

此外，在进行信息分类的隐私政策中，各隐私政策的分类标准也不尽相同，如上文建信期货与京东金融的信息分类二者之间便存有差异，有进一步规制之必要。

---

① 资料来源：网商银行网站。
② 资料来源：建信期货网站。

（8）隐私政策效力不明。

隐私政策的效力是仅限于展示该隐私政策的网页（平台），或是可扩展至出具该政策的金融公司，抑或是约束本公司所属的整个金控公司集团，不得而知，大部分隐私政策对此均未予以明确。仅部分隐私政策根据其表现形式及其内容，可推定该隐私政策的效力应扩展至出具该隐私政策的金融公司，极少数隐私政策可推定为该公司所属的整个金控公司集团（如中国平安①）。倘若隐私政策的约束力含糊不清，仅下表面功夫，何谈个人信息的有效保护。

隐私政策效力不明，除上述对金控公司内部的约束力以外，还包含隐私政策在金控公司与用户之间的效力问题②，目前尚无定论。此外，监管机关能否依据金控公司自行制定并公布的隐私政策对其作出监管处罚，亦无定论。

（9）注销或终止共享尚未明确。

部分隐私政策中对用户注销及申请终止信息共享予以提及，如京东金融及南方基金隐私政策均包含销户的相关内容；交通银行施罗德及交通银行香港分行隐私政策中提及终止共享。但仍有大量的隐私政策对注销和终止共享的相关内容未做任何说明。

（10）更新频繁与推送延迟。

金控公司所发布的隐私政策更新频繁，推送不及时，还有很大可以改进的空间。以蚂蚁金控集团的隐私政策为例，支付宝 App 中的隐私政策显示发布日期为 2020 年 8 月 14 日，于 2020 年 9 月 13 日生效。而支付宝网站中的隐私政策首先难以查询，其次变更频繁。蚂蚁集团的隐私政策是在 2018 年 6 月 22 日发布，于 2018 年 7 月 21 日生效。芝麻信用数据安全及隐私权保护政策于 2019 年 1 月 6 日公布，于 2019 年 1 月 13 日生效。

---

① 中国平安集团的隐私政策采用统一公示网址，据此推断，集团内均适用同一隐私政策约束。
② 王叶刚：《论网络隐私政策的效力——以个人信息保护为中心》，载于《比较法研究》2020 年第 1 期，第 120~134 页。

隐私政策是对用户信息知情权的基本保护，对其进行的任何更新应在第一时间向用户推送。倘若金控公司内部各组成部分没有认真对待隐私政策的更新与发布，极易出现彼此内容衔接不当的情形，何谈用户个人的信息数据保护。

3. 其他发现

（1）地域差别对待。

同一金控公司内部，业务类似的中国香港公司和大陆公司，在隐私政策方面，存在地域差别对待的情形。在隐私政策的公示与否，以及公示界面与公示内容等方面均存有差别。在本次所选取样本中，香港地区国际版网页几乎毫无例外均在网页尾部，大同小异的区域范围内，设有"隐私政策"的超链接，对隐私政策均已进行较为完善详细的公开与说明。与之形成鲜明对比的是，同一金控公司中，在中国（不含港澳台地区）开展类似业务的公司主页尚未做到如此，或内容较简洁，或根本不存在隐私政策入口。

同一金控公司内隐私政策尚未做到完全统一，而伴随着金融国际化趋势的进一步加强，更难以想象与人身关联度极高的个人信息数据，究竟以怎样的形式在金控公司内各服务器之间进行着信息共享与传输。由此亦可见，我国对个人信息保护和金控公司内部信息共享的监管尚有很大的提升空间。

（2）对外提供、共享、转让与委托处理究竟有无区别。

部分隐私政策通过"对外提供数据"将相关政策笼统说明，在部分较为完善的隐私政策中，以京东金融和南方基金为例，是将"共享"和"转让"分开进行政策说明。如京东金融以"如何委托处理、共享、转让、公开披露您的个人信息"为标题，进行分别说明。在"转让"条款下，内容大同小异，转让的前提无非是：明确同意、法律要求、合并或收购①。

---

① 如转让：我们不会将您的个人信息转让给任何公司、组织和个人，但以下情况除外：第一，在获得您的明确同意后，我们会向其他方转让您的个人信息；第二，根据适用的法律法规、法律程序的要求、强制性的行政或司法要求所必需的情况进行提供；第三，在涉及合并、收购或破产清算时，如涉及个人信息转让，我们会在要求新的持有您个人信息的公司、组织继续受本政策的约束，否则我们将要求该公司、组织重新向您征求授权同意。

共享和转让这两种形式，区别在于原信息持有方是否继续保留信息数据，但对于用户而言，均是将具有身份识别性的重要信息传输至原信息持有方以外的商业主体，对于信息这种可复制的数据而言，若用户始终使用本产品，则没有影响。但随着个人信息与数据保护的日益完善，以及日后可能存在数据可携带权，在进行隐私政策以及相关细则编制时，有必要将共享与转让分别设置，而非笼统于"对外提供"下进行说明。对于"委托处理"，需要强调信息数据处理结束后，受托方须及时将处理结果、原始数据和过程数据一同转移至作为委托方的原信息持有方。除法律另有规定外，受托方须及时对委托业务中的数据信息予以删除。

(3) 统一隐私政策的链接地址与公示内容。

金控公司下所有的隐私政策均链接跳转至集团层面唯一对应的网站，将更加便利于隐私政策的统一、更新、公示与推送。目前采用此种方式的有平安集团和腾讯公司，可为其他金控公司或者监管政策的制定提供一种思路。值得一提的是，即便腾讯公司具有统一的"腾讯隐私保护平台"，但与此同时也开发了集团网页中的"隐私政策"界面，二者关系及在集团内的效力，难以分辨，尚可进一步改进与提升。

(4) 信息共享分成。

金控公司在隐私政策的信息共享框架下，极少提及利润分成或金钱回报。样本调查中，华泰（证券）国际网站的隐私政策中涉及向资料当事人给予金钱或其他财产作为回报。条文如下："华泰国际可能就向上文第（4）项所述其他人士提供资料而取得金钱或其他财产作为回报，而当要求按上文第（4）项所述取得资料当事人同意或不反对时，华泰国际将通知资料当事人其是否就向其他人士提供资料而取得任何金钱或其他财产作为回报。"但此处指"信息共享分成"，目前还仅是一项原则性宣示，并无具体操作规范，还需进一步细化。

(5) 链接跳转下的审查与注意义务。

金控公司网站内的链接跳转（与之类似的还有 App 场景中的链接跳转），若跳转到毫无关联的第三方，网站主体是否有审查和注意义务；若链接跳转到同一金控公司的其他主体网站（App），是否遵守本公司已经公示的隐私政策条款,或者遵守金控公司公示的隐私政策条款,均未向用户进行充分明确的提示与说明,仅部分公司隐私条款中对此作出了免责说明。

如中信保诚①做出如下说明:"当相关服务提供商以页面跳转至服务商页面等第三方接入的方式向您提供服务时,相应的服务提供商将直接与您达成相应的个人信息授权使用许可,该等由服务提供商直接收集的个人信息并非我们向其共享的个人信息范围。""我们与该等第三方网站、应用程序、产品和服务提供者在法律规定和双方约定的范围内各自向您承担独立的个人信息保护责任。"如五矿国际信托有限公司②做出如下说明:"本网站到第三方网站的链接仅作为一种方便服务提供给您,如果使用这些链接,您将离开本网站。任何链接网站均有可能收集与您有关的个人身份识别信息,五矿信托特别提示您任何链接网站向您收集个人信息的行为均与五矿信托无关,五矿信托将不对其信息收集行为承担任何责任,对于您向任何链接网站提供的任何信息,五矿信托也不做任何保密和合理使用的承诺。链接至五矿信托的第三方网站的信息惯例并不在此隐私声明范围之内。"

(6)隐私政策条款模板化。

通过实证阅读大量隐私条款发现,简单的隐私条款过于简单,复杂的隐私条款大同小异,存在明显模板化现象。通过百度搜索,已然存在隐私条款模板。

(7)统一用户登录是否有必要。

目前金控公司组成部分之间的用户登录尚未实现完全统一,其中已部分统一的主要有平安一账通等账户。若金控公司内部组成部分可以在法律允许的范围内实现信息共享,是否可以进一步尝试探索用户登录的统一认证,在金控公司集团层级上实现身份互信,以确保用户登录信息与隐私安全。

---

① 资料来源:中信保诚隐私政策网址。
② 资料来源:五矿国际信托有限公司网站。

4. 小结

在查询阅读金控公司网页中的隐私政策或其他相关部分的基础上，对其总体情况概括为"隐私政策公开占比低，公开位置不一、名称不同、不易查询阅读"，与金控公司内部信息共享关联度较高的问题总结概括为10项"具体问题"，将调查过程中发现的与金控公司内部信息共享关联度相对较低的其他问题总结概括为7项"其他发现"，并在本文第四部分予以回应。

（二）金控公司 App 公示的共享政策

根据以上结果选择部分有代表性的产品进行 App 测试，与网页隐私政策相比较，主要差异及不足如下。

1. 公开占比高，位置较为固定

金控公司所开发的 App，用户在其首次注册使用过程中，多在注册页面中下部分提示并要求用户勾选《服务条款》与《隐私政策》。用户在日常登录使用 App 时，一般可在设置界面中的"关于"项下查阅开发主体所公示的"隐私条款"，相对于金控公司的网页公示而言，App 中隐私政策公开占比高，位置较为固定。

2. 强制勾选情形普遍

注册过程中，大部分 App 变相强制用户勾选《服务条款》与《隐私政策》，未勾选相应条款则无法进入 App 应用以正常使用相关服务。

选取样本中仅平安口袋银行 App 用户可在未勾选《隐私政策》的情形下，进入应用界面进行相应操作以使用部分服务。

此情形极为普遍且由来已久，根据《移动应用（App）数据安全与个人信息保护白皮书（2019年）》显示，超过九成的 App 都已具备隐私政策且内容丰富，但是其中超过半数 App 在用户首次登录时向用户默示隐私政策，导致隐私政策难以起到告知作用。63.1% 的 App 通过"登录/注册即表示同意隐私政策"的方式强制用户同意，且未提供拒绝选项，用户若想继续使用只能被动同意隐私政策，严重侵犯了用户自主选择权①。

---

① 中国信通院：《移动应用（App）数据安全与个人信息保护白皮书（2019年）》，第12页。

3. 更新及时但不知细节

相比网页而言，App 中的隐私政策可以实现及时推送与更新，但与第一次注册时大同小异，用户没有选择的权利，强制勾选，否则无法使用。

如招行"掌上生活"App 更新隐私政策时提示：

为了更好地保障您的个人权益，我们更新了《掌上生活用户隐私权政策》，针对权限获取使用情况，新增系统权限说明，您可以点击《掌上生活用户隐私权政策》"我们如何收集您的个人信息"查看。针对 SDK 获取使用个人信息的情况，更新了第三方 SDK 说明，您可点击《掌上生活用户隐私权政策》文末的《关于掌上生活 App 调用第三方 SDK 的使用说明》查看。我们非常重视您的个人信息和隐私保护，在使用我们的产品前，……提示下方有"不同意"和"同意"两个按键。

若点击"不同意"，则弹出"掌上生活将严格按照上述协议及政策为您提供服务，如您不同意我们的协议及政策，则无法继续使用我们的产品。"可以点击"继续退出"和"我知道了"。

点击"继续退出"则退出 App 应用。点击"我知道了"则关闭该提示，返还上一级提示，即提示下方有"不同意"和"同意"两个按键。若依旧点击"不同意"则再次进入上述提示，除非点击"同意"，否则无法使用该 App 的任何服务。

同时，更新推送仅显示最新政策或作简要说明，用户并不知哪些具体条款有所改动，是否会影响用户自身信息权益。

4. App 应用跳转易区分，链接跳转难区分

相比网页而言，App 跳转时用户能够有明显感知，但相关 App 中的内置链接，用户反而更加难以分辨链接内的内容是本 App 开发商所提供，或其他公司所提供。

此外，App 跳转时是否进行信息共享，非相关专业用户对此难识别与测试。链接跳转时，部分应用需要用户输入信息以继续使用，部分情形下可自行读取 App 信息继续使用，部分情形下需要用户勾选同意读取 App 中的用户信息后继续使用。

5. "经个人同意"在 App 中的具体体现

(1) 用户注册账户或使用某些服务时,变相强制要求用户勾选《隐私政策》,部分隐私条款中出现"一旦授权不可取消"等用词用语。

(2) 用户使用某些服务时,跳转至授权界面,对于"用户名、性别、手机号……"默认勾选,且不得取消,只有授权才可以进一步使用相关服务。

(3) 填写某些关键信息时,"﹡"符标红,必须填写或勾选,通过此种形式获取用户同意。

二、金控公司内部信息共享的价值冲突与正当性

(一) 金控公司内部信息共享的价值冲突

在法律规则与价值体系的关系上存在一结论:法律规则就是价值体系,不同的法律是不同价值体系的表达,不存在不表达价值体系的法律,问题只是在于监管层所选择或制定的法律规范,表达着何种价值体系①。对金控公司内部信息共享所进行的有关规制,作为金融法的一部分,应当体现怎样的价值体系,以及在众多价值中,应做怎样的价值选择,不可匆忙下结论,须先厘清这背后的价值冲突。

金融法所追求的绝非单一价值,而是效率、安全与公平等多种价值,根据邢会强教授所提出的金融法"三足定理",金融法主要需要在效率、安全与公平三种价值之间寻求平衡②。其中,金融安全与金融效率似乎存在着先天的矛盾,强调金融安全便需要加强对金融市场的管制,致使金融市场主体的积极性和创造性受到束缚,最终进一步导致金融效率降低。而强调金融效率,将难以避免弱化对金融市场的监管和控制,容易产生市场失灵的问题,再加上金融市场中的金融主体有滥用金融创新的倾向,

---

① 谢晖:《论法律价值与制度修辞》,载于《河南大学学报(社会科学版)》2017 年第 57 期,第 1~27 页。

② 邢会强:《金融危机治乱循环与金融法的改进路径——金融法中"三足定理"的提出》,载于《法学评论》2010 年第 5 期,第 46~53 页。

创新是金融与生俱来的特性，但同时以创新为名规避监管、实现监管套利的行为也见诸报端[①]，没有监管的金融创新终将致使金融风险累积而引发市场波动甚至崩溃，最终也将危及金融市场的安全与稳定。协调金融安全与金融效率这两者之间的关系，化解或者缓和这组矛盾便成为金融法制领域需要重点研究的一大课题[②]。

金融安全和金融效率一直是金融领域试着调和的两大利益冲突。曾经金融体制改革时主要有两大目标，一是防止金融系统性风险，即安全性目标，二是增进金融体系的市场效率，即效益性目标[③]。如今金控公司内部信息共享所体现的各种利益冲突，殊途同归，仍是安全和效率这二者冲突的翻版。与以往略有不同的是，在金控公司内部信息共享范畴下的（金融）安全的含义有所扩大，并非仅限金融领域内的安全价值，亦有社会层面的信息安全范畴，也有个人信息安全背后的隐私安全含义，也包含用户信息所涵盖的人格尊严价值。

一方面，对金控公司一方而言，金控公司希望能够将多种金融业务融合起来，提高信息的使用价值和促进本集团各项金融业务的高效运转，希望通过更全面、更迅速和更多渠道的方式实现用户信息内部共享，发挥金控公司的业务协同作用和经营规模优势，以降低获客成本，进一步提高利润，实现其商业利益，以及促进金融创新的发展。即金控公司在内部信息共享活动中存有通过信息共享增加营业利润的商业利益需求和信息自由的价值追求，亦属于金融效率价值追求的组成部分。

另一方面，对用户而言，用户既希望金控公司提高各种金融创新产品以满足其多样化的金融产品需求，又希望金控公司注重用户金融信息的保护而非随意共享、转让和传输包含其个人信息的数据。监管层在关注到金控公司迅速发展的同时，也更加注重用户知情权和用户个人金融

[①] 张桦：《金融司法理念的嬗变：从形式主义到实质主义——兼论〈全国法院民商事审判工作会议纪要〉的创新》，载于《经济法论坛》2020年第24卷第1期，第90~104页。

[②] 冯果：《金融法的"三足定理"及中国金融法制的变革》，载于《法学》2011年第9期，第93~101页。

[③] 刘晓勇：《监管者的视角：金融体制改革三十年回顾与展望》，载于《经济社会体制比较》2008年第4期。

信息的保护。与金控公司不同，用户和监管层更关注金融安全和信息数据中所包含的人格尊严。

金控公司的内部信息共享活动便须在以上两种价值（金融效率与金融安全或称之为信息自由与信息安全、信息自由和用户隐私权知情权）之间寻找一个既不妨碍金融创新与发展，又可以保护用户知情权、隐私权从而维护人格尊严的平衡点。

关于金控公司内部信息共享背后的价值或利益冲突，还有多位学者进行过论述与探讨。颜苏、王刚[①]认为，金控公司利用自己的经营优势、规模经济和范围经济，降低自身的企业成本，但与此同时，难免侵害或削弱消费者的知情权，引发消费者金融隐私权保护和个人数据保护问题。这两大方面，不可偏废，促进金融创新，扩大金融机构服务范围提升效率的同时，以数据安全为主的金融隐私保护同样重要，即促进金融业创新与发展和加强金融隐私权保护，同步进行，两手都要抓，两手都要硬。李祝用、李星[②]认为在实务层面，存在客户数据共享与个人信息保护二者之间的利益冲突；在价值层面，是信息自由与维护人格尊严之间的冲突。同时指出信息自由已经被《联合国公民权利与政治权利公约》确认为宪法权利，作为基本权利应当受到保护。何颖从蚂蚁花呗采用关系人施压性催收和P2P平台中的信息孤岛现象出发，从两方面讨论并得出结论：需要平衡金融业经营者的信息共享和消费者的隐私权益冲突，应在允许信息共享的同时保护消费者的基本隐私权利[③]。李玉辉、张华和张宝中则认为，既要促进金融创新的发展，也要保护好金融消费者的隐私信息[④]。

---

① 颜苏、王刚：《大数据条件下金融控股公司消费者金融隐私权保护研究》，载于《中国银行业》2018年第11期，第103~105页。颜苏：《金融控股公司框架下数据共享的法律规制》，载于《法学杂志》2019年第40期，第61~70页。

② 李祝用、李星：《大数据时代金融集团客户数据共享与个人信息保护的冲突与平衡》，《新时代大数据法治峰会——大数据、新增长点、新动能、新秩序论文集》，中国政法大学互联网金融法律研究院，中国政法大学互联网金融法律研究院，2017年，第24页。

③ 何颖：《数据共享背景下的金融隐私保护》，载于《互联网金融法律评论》2018年第2期，第19~29页。

④ 李玉辉、张华、张宝中：《数据画像领域个人金融信息保护问题及其对策研究》，载于《西南金融》2019年第2期，第83~89页。

尽管目前对于金控公司内部信息共享背后的价值冲突与选择尚无定论，但可以肯定的是，用户对个人信息的知情权与隐私权，既不可以在金融创新发展的过程中被忽视，也不可以成为金融创新发展的障碍。此外，内部信息共享在经济效益、社会价值和用户受益这三个方面具有其正当性，故，不可因个人信息的过度保护而妨碍金控公司内部信息共享以致阻碍金融业的发展和创新。

（二）金控公司内部信息共享的正当性

如上文所述，安全并不是人类所追求的唯一价值，除此以外还有自由、效率、平等、公正、秩序等价值目标[①]。在目前尚未完善监管规则的背景下，金控公司的内部信息共享活动，虽存在侵犯用户知情权和隐私权的可能，但即便如此，仍要勇敢尝试赋予金控公司在内部信息共享方面一定的发挥空间。毫不讳言，这是因为金控公司内部信息共享在经济效益、社会价值和用户受益三个方面，经过本利分析及利益衡量，完全有可能实现利大于弊的监管效果。在此基础上，辅以监管规则的及时更新和完善，完全可以将金控公司内部信息共享活动的不利影响，降低至最低限度，乃至消除。

1. 金控公司内部信息共享所带来的经济效益

在经济效益层面，内部信息共享可以使金控公司降低成本、增加效益。

首先，金控公司通过内部信息共享，可以最大程度上发挥自身的组织优势及各组成部分之间的协同效应，避免金控公司内部各组成部分对用户信息数据的重复收集与处理分析，从而减少不必要的经营成本。

其次，金控公司内部通过信息共享可以对海量规模、多个维度、实时高效的客户信息，实现更加精准的信息数据分析和深度挖掘高价值信息，进一步实现金控公司和用户之间的供需精准匹配。一方面可以改善自身经营，提高服务水平和经营效益，另一方面也可以促进整个金融领

---

① 邢会强：《相对安全理念下规范互联网金融的法律模式与路径》，载于《法学》2017年第12期，第22~28页。

域的金融产品创新与开发。

此外，许可认为，金控公司存在的唯一理由就是为了公司内部彼此间能够获得协同效应①。而"协同"是有多方面和深层次的，既包括管理层面上和营销层面上的协同，也包括业务层面、信息技术和品牌层面上的协同。在用户信息数据层面，毋庸置疑的是，客户的身份信息及在此基础上形成的行为数据，已经成为金控公司的关键生产要素和重要资产，数据使用的非竞争性和数据共享的低成本是金控公司数据协同中的重要一环。也正基于此，金控公司可以在大数据时代对动态多变的信息及时处理与分析，才有 1+1>2 的协同效应。

德勤中国在最新出的一份银行数字化转型报告中指出：数据作为全新的企业核心资源，辅以"规模化×超级个性化"的数据分析能力，将帮助企业洞察更深刻的需求，需求带动更广域和跨界的业务场景，场景又进一步推动数据的指数级积累，最终形成具备平台双边效应的"数据飞轮"模式。由客户和平台两端构成的"数据飞轮"，最初需要在各个环节投入巨大的努力，以启动数据巨轮。随着持续运转的加快，平台双边效应将积累起惊人的动能，最终将"数据飞轮"推上自主进化，良性成长的轨道②。总之，金控公司内部信息共享在经济效益层面，可以使其降低成本、增加效益。

2. 金控公司内部信息共享所具有的社会价值

在社会价值层面，内部信息共享能够帮助金控公司及整个金融领域降低金融风险，提高金融效率和促进金融产品创新。

首先，金融和风险须臾不可分离。金融风险包括信用风险、操作风险和跨市场、跨行业的系统性风险。其中，信用风险是金融业面临的最主要风险，其根源于金融机构与其交易对手之间的信息不对称③。而且由

---

① 许可：《个人金融信息保护与数据协同：金融控股公司的选择》，载于《银行家》2019年第7期，第133~135页。

② 数字化转型服务平台网站：《德勤中国：银行数字化转型的内核迎来新变化》，2021年3月1日。

③ 许可、尹振涛：《金融数据开放流通共享》，载于《中国金融》2019年第4期，第89~90页。

这种信息不对称所带来的信用风险可能引发在此基础上的系统性风险。金控公司内部信息共享可以使金控公司在银行、保险、证券等多个维度识别消费者的信用水平，最大程度上减少信息不对称，提高金控公司的信用风险识别能力，从而降低信用风险。

其次，金融的本质是货币融通，金融发展水平取决于货币融通的效率水平。金控公司完全可以通过内部信息共享，对大量实时动态的非结构化信息进行精准分析，直击用户产品需求，感知用户痛点，进而实现金控公司产品供求的精准匹配，在提高金控公司自身效益的同时也提升了金融运作的效率，亦可促进社会资源配置效率的提升。

最后，真正的创新一定是来自产品使用中的用户潜在需求，金融创新的最大源泉无疑也是通过精准的数据分析得到的用户潜在需求。金控公司内部信息倘若无法共享，产品经理将难以明晰用户需求，假设的用户需求便犹如空中楼阁，大多经不起用户检验，导致金控公司的金融创新举步维艰，难上加难，甚至造成更为严重的后果，即有可能削弱我国金融企业在金融全球化潮流下的竞争力。

考虑到金控公司内部信息共享，在社会价值层面，可以降低金融领域的信息风险，增加金融配置资源的效率以及促进更多的金融产品创新，再加上金控公司的发展不仅需要实现本土市场防守，也需要在国际金融市场上积极开拓发展，我国可借鉴部分国外金融监管理念，将"效率与竞争"作为金控公司监管立法的重要基准，予以金控公司一定的内部信息共享发挥空间①。

3. 金控公司内部信息共享最终可使用户受益

在用户受益层面，金控公司内部信息共享可以正反馈至用户端，实现双赢。

首先，金控公司通过内部信息共享得以实现金融产品服务的"一站式"提供，这不仅降低了金控公司的获客成本，也大幅降低了用户寻求

---

① 许可、尹振涛：《金融数据开放流通共享》，载于《中国金融》2019 年第 4 期，第 89～90 页。

所需服务的交易成本。在金控公司内部信息共享的过程中,并非金控公司单方面获益,而是创设了一种金控公司和用户双赢的局面。

其次,内部信息共享使得金控公司降低成本、增加效益,金控公司便可配置更多研发资源,以促进自身金融产品的创新、更新迭代和提高自身服务水准。在用户层面,金控公司予以产品研发更多地资源支持,资源使用得当的情况下,用户的产品体验将获得进一步的提升和完善。

最后,金控公司内部信息共享能够降低自身金融风险,提高资源配置效率,促进金融产品的更新迭代以及满足用户需求的产品创新,在市场有效运转的前提下,金融领域的系统性风险得以有效控制,金融资源的配置效率也可进一步提高,而广大用户作为金融市场中的参与者,可以获得风险更低、效率更高的金融产品以供自身选择。这对整个金融市场的发展是极为有利的,凡此种种,又将进一步正反馈至用户端。

金控公司内部信息共享尽管存有潜在风险,但不可否认的是,内部信息共享在经济效益、社会价值和用户受益三个方面,存有其正当性。不可因个人信息的过度保护而妨碍金控公司内部信息共享以致阻碍金融业的发展和创新,要平衡好个人金融信息安全和金融创新发展的双重需求,应在允许金控公司内部信息共享的同时注重用户基本隐私权利的保护。

三、国内外对金融信息的监管情况

1927 年因"图尔尼"案所开创的"金融隐私权"[1],保密和安全保障便成为以银行业为核心的金融行业个人数据保护的核心规则[2]。此后,金融隐私信息的保护及监管得到各个国家的重视。金控公司的迅速发展及内部信息共享的需要,在一定程度上突破了这一核心规则,国内外均出

---

[1] 许可:《个人金融信息保护与数据协同:金融控股公司的选择》,载于《银行家》2019 年第 7 期,第 133~135 页。

[2] 颜苏:《金融控股公司框架下数据共享的法律规制》,载于《法学杂志》2019 年第 2 期,第 61~70 页。

台不同保护程度的监管文件予以规制。

（一）国内监管

中国人民银行于2011年制定出台《人民银行关于银行业金融机构做好个人金融信息保护工作的通知》首次提出了"个人金融信息"的概念①，据此构建起我国个人金融信息安全权②。该通知第四条明确规定，银行业金融机构使用个人金融信息时，应符合该信息的目的，并不得向本金融机构以外的其他机构和个人提供金融信息。例外条件是为个人办理相关业务所必须且经个人书面授权或同意。据此，银行机构使用信息须符合特定目的，且在经个人书面授权或同意前，不得对外提供个人金融信息。

在此之后，我国于2013年修订《消费者权益保护法》时，其中有29条明确了消费者个人信息保护的基本框架③。2015年，国务院办公厅印发《关于加强金融消费者权益保护工作的指导意见》同样关注到金融消费者权益的问题，首先，在金融消费者的基本权利明确了"信息安全权"，明确规定金融机构应当采取有效措施加强对第三方合作机构的管理，明确双方权利义务关系，严格防控金融消费者信息泄露风险，保障金融消费者的信息安全④。同时该意见指出，要积极推进金融消费者权益保护工作相关立法的基础性工作，研究相关的特别立法⑤。应注意，虽然该意见要求加强对第三方合作机构的管理，但实质上是对以往不得向第三方共享信息的一种突破。其次，该意见虽然将个人金融信息保护上升到权利高度，但仍有不足，没有涉及修改权及删除权的相关规定。

---

①④ 何颖：《数据共享背景下的金融隐私保护》，载于《东南大学学报（哲学社会科学版）》2017年第1期，第85~91，144页。

② 颜苏：《金融控股公司框架下数据共享的法律规制》，载于《法学杂志》2019年第2期，第61~70页。

③ 许可：《个人金融信息保护与数据协同：金融控股公司的选择》，载于《银行家》2019年第7期，第133~135页。

⑤ 颜苏、王刚：《大数据条件下金融控股公司消费者金融隐私权保护研究》，载于《中国银行业》2018年第11期，第103~105页。

有学者指出，中国人民银行需要在《金控公司管理办法》中对数据共享问题予以明确回应，数据共享的范围、条件和目的，以及隐私政策的制定与披露，须进一步明确①。显然，已经公布的管理办法，尚不足以达到此标准。

（二）国外监管

国外对金控公司内部信息共享也制定了部分监管规范，可为国内金控公司内部信息共享监管规范的制定或更新予以一定的参考和借鉴价值。

国际各国均在立法中规定了知情同意原则，欧洲委员会制定了《个人数据处理中的个人保护公约》，首次提出保护个人数据的相关内容，并于2012年进行修订，明确规定了合法的数据处理活动应具备的前提条件，即得到数据主体的同意或者由明确的法律条文予以规定。经济合作与发展组织于20世纪80年代颁布并实施《隐私保护和个人数据跨境流通指南》，明确规定了收集限制以及个人参与原则，明确数据主体的知情与同意的权利内容、数据控制者的告知义务②。该组织2013年通过的《保护个人数据隐私及跨界数据流通指南的修订建议》提出的"目的特定（purpose specification principle）"原则，要求数据收集者必须明确数据的使用目的，倘若数据使用目的发生变化，应及时予以说明③。

欧盟议会《通用数据保护条例》（以下简称GDPR）在第五条也同样提出"目的限制（purpose limitation）"原则，数据收集与处理需要以特定、明确及合法的目的为前提，否则不得进行④。同时，该条例排除"缺省同意"，要求收集和使用信息的一方在申请这种"同意"时，要将其明确清晰地与其他事项区分开来⑤。GDPR对合法性原则也进行了规定，要求企业内部应当设置数据控制者（a data controller），具体负责个人数据

---

①③④ 颜苏：《金融控股公司框架下数据共享的法律规制》，载于《法学杂志》2019年第2期，第61~70页。

② 李博、郭凤丽：《论知情同意原则在个人金融信息保护中的适用性》，载于《山西农经》2019年第22期，第135~136页。

⑤ 何颖：《数据共享背景下的金融隐私保护》，载于《东南大学学报（哲学社会科学版）》2017年第1期，第91页。

的处理及运用,并与本国的监管机关(supervisory authority)接触,以保障其收集、利用用户个人信息的合法性①。《美国联邦贸易委员会正当信息通则》同样对选择或同意原则予以明确规定,用户具有两种类型的选择或同意机制可供选择。虽然目前多个国家均对将同意视作信息处理活动的合法性原则基本表示认同,但也应认识到并不能将同意视作判断信息处理合法性的唯一标准,可适当突破知情同意的标准。

美国早期是金融混业经营,但是1929年的经济大危机使得金融体系也遭受重创。随后,1933年著名的《银行法》确立了分业经营的模式,即商业银行和投资银行分业经营。但是之后情况也在不断发生变化,混业经营的步伐一直在向前推进,1956年《银行控股公司法》可谓向前进了一步,至1999年《金融服务现代化法》出台,确立了以金融控股公司为经营模式的混业经营体系②。

美国于1999年制定《金融服务现代法》时,便已经意识到金控公司可以通过交叉销售获取经济利益,与此同时也对客户金融信息隐私构成威胁③。于是立法者用第5章专章规定了有关金融隐私保护的问题,且条文适用于所有金融机构④。但最终结果,金融界在立法游说中取得胜利,该法案仅赋予消费者选择放弃权,除非消费者明确告知银行不同意其向非关联第三方披露自己的信息,便视为消费者同意银行可以向非关联第三方披露信息。而且这种限制还是存在与非关联第三方之间,对于关联公司,可不受此限制。

世界银行于2017年制定发布的《金融消费者保护良好做法》中,对金融隐私权提出了三项要求,分别是:合法的收集、使用个人数据和客

---

① 王叶刚:《论网络隐私政策的效力——以个人信息保护为中心》,载于《比较法研究》2020年第1期,第120~134页。

② [美]乔纳森·R.梅斯、杰弗里·P.米勒、理查德·斯科特·卡内尔:《银行法》第三版,中信出版社2003年版,第46页。颜苏:《金融控股公司框架下数据共享的法律规制》,载于《法学杂志》2019年第2期,第61~70页。

③ 颜苏、王刚:《大数据条件下金融控股公司消费者金融隐私权保护研究》,载于《中国银行业》2018年第11期,第105页。

④ 何颖:《数据共享背景下的金融隐私保护》,载于《东南大学学报(哲学社会科学版)》2017年第1期,第144页。

户信息的保密和安全、客户信息共享①。

2015年，开放银行的计划在英国竞争和市场委员会主导下开始，成立了开放银行工作组，工作组于2016年对外发布《开放银行框架标准》。开放银行并非新设立的银行类型，而是一种新型业务模式和经营理念。从用户金融信息共享角度而言，开放银行是通过一定的计算机技术手段将自行收集储存的用户信息共享传输至第三方主体，其结果是将传统的客户—银行的服务模式转变成客户—银行—第三方—客户的服务模式。这一模式在欧盟随后通过的《第二代支付服务法令》（以下简称"PSD2"）中亦得到确认，PSD2要求欧洲银行向第三方机构开放支付接口②，在用户授权情况下，要求欧洲银行应当向第三方共享用户信息③，PSD2不仅使得非银行公司有机会在支付业务上与银行竞争，也为用户提供了更多的金融产品和服务的选择机会④。不容忽视的是，PSD2虽然敦促银行向第三方共享信息，但也引入强客户认证（SCA）机制，作为保护用户信息的关键板块⑤。

一方面，自2018年以来的"开放银行"金融变革引爆全球；另一方面，GDPR也对隐私信息数据作出了最完善、最严格的保护规定。GDPR在企业和用户两个方面都做了详细规定。在企业部分，首先是要求企业在收集用户个人信息之前，必须以简洁、透明且易懂的形式，清晰和平白的语言，向用户明确说明将收集用户的哪些信息，如何存储，如何使用以及企业的联系方式。即使用模糊易混淆语句的隐私政策将不再被允许。其次是GDPR的处罚力度非常高，高到引起所有公司予以重视，每次违反条例最高处罚金额为公司年度营业额的4%，不足2000万欧元按2000万欧元处罚。此等处罚力度对于大多规模较小的公司，是灭顶之灾。

---

① 颜苏：《金融控股公司框架下数据共享的法律规制》，载于《法学杂志》2019年第2期，第61~70页。
② 邢会强：《大数据时代个人金融信息的保护与利用》，载于《东方法学》2021年第1期。
③ 赵吟：《开放银行模式下个人数据共享的法律规制》，载于《现代法学》2020年第3期，第138~150页。
④ 资料来源：九方通逊网站：《欧盟支付服务修订法案第二版PSD2，正式生效推行》。
⑤ 《什么是PSD2下的强客户认证（SCA）》，互联网分析沙龙网，2019年9月4日。

在用户部分，GDPR 明确规定了用户享有数据访问权、被遗忘权、限制处理权、数据携带权等权利。随着 GDPR 的批准施行，绝大多数公司及时对隐私政策进行更新与推送，部分公司另行开发欧洲版应用或直接关停欧洲服务①，同时也因"信息、交流与模式的透明性"规定，大量网站要以更频繁、更明显的方式向用户征询信息收集的许可。如 PayPal 网页底部明确显示："如果您继续浏览，我们将使用 cookies 使我们的网站正常工作，提高性能并定制您的体验。如果您接受，我们还将使用 cookies 来个性化广告。管理您的 cookies。"（If you continue to browse, we'll use cookies that make our site work, improve performance and customise your experience. If you accept, we'll also use cookies to personalise ads. Manage your cookies）。GDPR 虽然直接施行范围限于欧洲，但全球化是数字经济的内在基因，部分公司已经意识到，与其把 GDPR 的标准仅实践在欧洲，反倒不如将 GDPR 级别的隐私对待政策应用到所有运营地区②。

根据中兴通讯数据保护合规部及数据法盟联合发布的《GDPR 执法案例精选白皮书》③ 显示，GDPR 自生效以来，监管机构、数据主体和数据控制者三大主体对数据保护的重视程度不断提升，欧盟成员国法律框架逐渐统一，处罚力度加大，监管机构间的合作机制逐渐成熟，用户个人权利意识逐步提高，企业合规投入逐渐增加。根据执法案件处罚依据数量分布图可见，案件主要集中在"缺乏数据处理合法性基础、缺乏保障信息安全的技术和组织措施、违反数据处理基本原则"等方面。在违反数据处理基本原则方面，主要有：完整性和保密性原则，以及其他诸如合法、公平、透明原则，数据最小范围原则，目的限制等原则。白皮书在 GDPR 合规启示中的遵守数据处理基本原则部分，明确指出使用"同意"作为合法性基础的局限性，"同意"首先需要符合自愿、自由要求，双方地位不平等将导致同意因欠缺自愿要素而失去效力。其次"同意"

---

① 《如欧盟数据保护条例生效 小米智能灯 Yeelight 不满足 GDPR 将停止服务》，TechTree，2018 年 5 月 24 日。
② 《关于 GDPR 你需要了解的一切》，少数派网，2018 年 5 月 30 日。
③ 中兴通讯数据保护合规部及数据法盟：《GDPR 执法案例精选白皮书》，第 2~4 页、第 7 页、第 13~18 页。

还需符合明确、具体要求，针对不同的处理行为、处理目的获取相应的"同意"。相关企业还应履行完整性和保密性原则，须采取充分保障信息安全的技术和组织措施，履行数据泄露响应义务，保存数据泄露处理日志，委托第三方进行结果验收，及时报告数据泄露事件，这均对我国金控公司内部信息共享监管规范的制定与完善提供了借鉴价值。

正如本文第二部分中提到的，金控公司内部信息共享天然是一对矛盾的结合体，内部信息共享如果得不到较好的监管，容易产生信息泄露、信息滥用的信息风险，若严格禁止金控公司内部信息共享，则导致金控公司无法发挥数据协同作用，无法及时感知用户产品需求和痛点，难以促进金融产品的更新、发展与创新，置于全球金融一体化的大背景下，我国金控公司难以与发挥数据协同作用的国际金融公司相抗衡。国内及国际对金控公司内部信息共享的监管也一直处于左右摇摆的状态，一方面通过PSD2防止信息孤岛、敦促数据共享，另一方面也通过GDPR严格保护用户信息安全，严格控制和打击信息滥用和泄露的信息风险和情形。

四、金控公司内部信息共享的监管路径

我国对于金控公司内部信息共享的监管问题，一不能全方位限制，二不能完全放开，需要寻找一个平衡点，既促进金控公司的良性发展，也不侵害用户的信息知情权和控制权。

（一）监管部门定规范、金控公司设专员遵规范

监管部门细化信息监管规范，金控公司统一内控并设置专员，二者缺一不可。

银保监会于2021年1月29日发布的2021年第一份行政处罚决定书[①]，因目前并无其他更为明确具体的监管规范以用作处罚依据，只得将《中

---

① 中国银行保险监督管理委员会网站。

华人民共和国银行业监督管理法》第二十一条①、第四十六条②第五项和相关审慎经营规则作为处罚依据，对中国农业银行股份有限公司数据管理与泄露风险和信息系统漏洞的违法违规事实作出行政处罚。

国家对个人隐私信息的保护日益重视，金融信息监管愈加深化。中国人民银行作为金融业信息保护部门，更是积极统筹推进金融信息保护，提高信息保护水平，维护国家及公民的金融信息安全。与此同时，各类金融企业的数据化转型③工作也在逐步推进，公民个人信息的保护意识也有明显提升。而金控公司管理办法仅要求金控公司共享客户信息时应确保依法合规、风险可控、明确风险承担主体和防止风险责任不清、交叉传染及利益冲突。条文内容含糊不明，可操作性不强，有必要进一步细化信息监管规范。

信息监管规范的细化非一日之功，但根据本文第一部分，监管规范应对监管部门的职责予以明确，包括以下内容：监督公司建立信息保护制度，对信息保护不当的问题随机抽检并惩处，对信息违法泄露或非法分享传输等情形予以追责，对各公司隐私政策制定及披露进行抽检与惩处，以消除目前隐私政策不公示、难查找、内容参差不齐等乱象，从而提升我国信息保护水平，维护公民信息安全。同时，监管规范也应明确信息数据对外提供、共享、转让与委托处理之间的区别与监管重点；也应明确规定金控公司的审查义务和提醒保护义务，辅以保护链接跳转下或应用切换下的金融信息安全；对金控公司隐私政策的公开作出强制性

---

① 第二十一条　银行业金融机构的审慎经营规则，由法律、行政法规规定，也可以由国务院银行业监督管理机构依照法律、行政法规制定。前款规定的审慎经营规则，包括风险管理、内部控制、资本充足率、资产质量、损失准备金、风险集中、关联交易、资产流动性等内容。银行业金融机构应当严格遵守审慎经营规则。

② 第四十六条　银行业金融机构有下列情形之一，由国务院银行业监督管理机构责令改正，并处二十万元以上五十万元以下罚款；情节特别严重或者逾期不改正的，可以责令停业整顿或者吊销其经营许可证；构成犯罪的，依法追究刑事责任：（一）未经任职资格审查任命董事、高级管理人员的；（二）拒绝或者阻碍非现场监管或者现场检查的；（三）提供虚假的或者隐瞒重要事实的报表、报告等文件、资料的；（四）未按照规定进行信息披露的；（五）严重违反审慎经营规则的；（六）拒绝执行本法第三十七条规定的措施的。

③ 国务院国有资产监督管理委员会：《关于加快推进国有企业数字化转型工作的通知》系列解读之一：总体篇。数字化转型服务平台网站。

规定，要求金控公司所运营的网页、App 和经营场所内，必须包含用户可轻松访问和阅读的隐私政策链接或相关材料。

监管层也应及时制定并出台隐私政策的内容框架及格式，要求金控公司公开的隐私政策必须明确而清楚地指明：用户可根据业务需要选择是否签署本隐私政策、指明用户对内部信息共享的授权方式、指明内部信息共享的原则和界限、指明内部信息共享的主体范围、指明信息共享后的主体限制和目的限制、依据相关规范对用户信息做出明确分类、指明隐私政策的约束效力、指明用户注销的流程或用户终止授权的途径、指明隐私政策的更新与推送的有效方式等内容。此外，严格禁止金控公司通过各种形式变相强制用户签署不必要的隐私政策条款，以发挥隐私政策在用户金融信息保护过程中应有的正向作用。

我国在统一信息安全监管和细化信息监管规范的前提下，可适当借鉴欧盟数据条例中企业设置数据控制者的规定及部分公司的实践做法，要求金控公司建立完备的信息保护制度，编制并披露合法合规的隐私政策，配合主管部门做好用户金融信息保护工作，及时设立个人信息保护专职部门和个人信息保护专员[①]，依据国家行政主管部门出台的相关文件，负责金控公司的用户金融信息安全工作。

金控公司的个人信息保护专职部门，（与外部信息合规公司一同，见本小节第四部分）负责事项包括但不限于：集中负责有关内部信息共享的隐私政策制定与发布、制定金控公司的内部信息共享标准流程、记录内部信息共享台账、对信息共享情况及时汇总并向相关用户予以公布、配合公司制定内部信息共享架构，并及时分析与化解信息风险等内容。以上事项应根据公司业务实际，在最低成本、最好效果的前提下，制定工作细则。

其中隐私政策的披露内容主要包括：明确金控公司内部共享信息的公司主体、信息利益共同体协议的具体内容、依据国家相关规范对个人信息进行分类、内部信息共享的具体内容及必要目的、内部信息共享的

---

① 如京东设立个人信息保护专职部门和个人信息保护专员。

具体方式及情形、信息利益共同体承诺为信息风险或信息泄露承担全部责任、特别隐私条款①等内容。

尽管目前有关隐私政策的具体效力，是合同还是企业自律规则，尚有一定争议，但隐私政策的统一制定与公开，统一披露，按一定周期向用户或者在统一的官方网站上定期对外公开披露信息（包含但不限于共享、转让、委托处理等情形）的汇总情况。可以在一定程度上提高金控公司对用户个人金融信息的重视程度，同时也可在一定程度上构成金控公司内部信息共享违规的处理依据。进而消除目前隐私政策公开占比低、金控公司组成部分之间隐私政策不统一、更新不及时、推送延迟、内部信息共享主体不清等问题。

隐私政策示例：本金融控股公司，为实现"数据分析、产品研发及提升用户服务体验……"等目的，金控公司组成部分中以下公司："……"对全部用户信息享有内部信息共享的权利。信息共享方式及情形具体如下："……"为保障用户信息安全，特对用户个人信息作如下分类：……含敏感类、非敏感类。

除第一款所列公司外，其他商业主体若存在信息共享的业务需求，须与金控公司签订《信息利益共同体协议》（协议内容见于本隐私政策附件），方可共享金控公司所储存的用户非敏感类信息。《信息利益共同体协议》签订后应于首次信息共享前向所有用户公开并推送。

用户敏感类信息共享须以用户知情并明确同意为前提。

信息利益共同体承诺为因信息共享所造成的信息风险及危害后果承担连带赔偿责任。

（二）信息利益共同体协议

信息共享这一行为必有其责任主体来实际实施。实行统一隐私政策的金控公司，由金控公司个人信息保护专职部门统一协调制定，并将金

---

① 此内容系借鉴审计报告中的关键审计事项，以防隐私条款模板化严重，有必要增设特别隐私条款，要求金控公司根据特有业务或特别考虑而自行编写此内容。

控公司内进行信息共享的公司基本信息、信息共享的目的与用途、可能出现的共享情形列表并公示，及时更新，以此增加了其违法违规成本，提高金控公司整体的信息管理合规意识。

大数据环境下，个人数据的资产属性正在不断强化①。在此基础上，考虑到金融创新发展的需要、权利义务相对等以及合理平衡等原则，可以适当减少内部信息共享的前提限制，扩大共享的信息范围，以扩大金控公司内部信息共享的权利②。但这种权利扩大是有限度的，而非不分主体不分信息种类内容的信息共享权利扩大。

划分集团内外，明确责任主体是减少信息共享限制，适当扩大信息共享权利的前提。考虑到并非金控公司内所有组成部分均有信息共享的业务需要，即金控公司主动公开的隐私政策并非全部内容适用于金控公司的全体组成部分。隐私政策对内部信息的共享主体，应作出适当限制③，并向所有用户公开告知。为更便于划分集团内外，明确责任主体，现提出"信息利益共同体协议"模式。

"信息利益共同体协议④（以下简称'共同体协议'）"模式下，自隐私政策发布生效之日起，金控公司隐私政策中所列公司，可共享用户信息的全部内容，所列公司与金控公司主体便成为信息利益共同体，无须

---

① 王忠：《大数据时代个人数据交易许可机制研究》，载于《理论月刊》2015年第6期，第131~135页。

② 此处所述"权利"，其内容是金控公司组成部分对所收集处理后的信息予以传输共享，是一种财产利益。金控公司对信息的传输共享实际是获取了用户个人信息的部分财产利益，这也是日后条件允许时对信息数据红利进行分成的前提。尽管目前学界对信息数据的权利内容及性质，尚有部分争议，但"个人信息权既包括人格权，又包括财产权，对于其人格权部分，可采取人格权的保护方法；对于其财产权部分，可采取财产权的保护方法。"已无争议。资料来源：邢会强：《大数据交易背景下个人信息财产权的分配与实现机制》，载于《法学评论》2019年第6期，第98~110页。少数情形下，金控公司因共享部分信息涉及用户人身利益，则需要赋予不同程度的共享前提限制，以下所述"权利"同义。也即因此，下文分为"非敏感类"和"敏感类"。前者不包含或包含少量人身权含义。

③ 此处"限制"：日常业务无须共享用户信息的金控公司组成主体，不应列于隐私政策中，亦不对此信息共享承担责任。

④ 非双方主体协议，而是多方主体协议，如集团公司A与其他公司B签订该协议，其内容实为共同向用户承担信息保护义务，而非双方互负权利义务，再其他公司C欲加入此数据利益共同体时，须与A和B三者共同达成合意，其原因在于信息可复制存储，参与该共同体的任何一方，均应对信息负有责任。

签订共同体协议。但并非金控公司所有组成部分的信息安全设备或技术均处于同一水平，也并非所有组成部分均具有共享用户敏感信息的业务需求，该部分不天然与金控公司成为信息利益共同体，仅因业务需求或其他目的，可在隐私政策发布后，与其签订共同体协议，共享其储存的非敏感类信息及个人识别信息。其他敏感类信息须用户知情并同意后方可共享。若该组成部分因业务调整致使日常业务中共享敏感类信息的需求量增大，需与金控公司协商修改隐私政策并更新发布，由用户签署后，该组成部分在共享用户敏感类信息时便无须经用户特许同意。

即倘若部分公司虽从属于金控公司，但未遵从集团统一隐私政策或未列入集团信息共享公司名单中，则不得享有前述内部信息共享权利的适当扩大。与集团外部第三方公司在信息共享方面，同等待遇。

以上两者若与金控公司整体存在长期信息共享的业务需要，可以在信息合规公司的见证条件下，通过与金控公司层面签署《信息利益共同体协议》，在此协议下，各方主体一旦出现任何信息违规违法情形，一同接受行政处罚，并向被侵权人承担连带赔偿责任。因此，协议的签署需要信息合规公司予以见证，签署后的协议交由金控公司个人信息保护专职部门进行备案，并通过网页或其他合法形式向用户公众告知协议主要内容，包括主体基本情况，信息共享目的和范围。而后享有非敏感类信息在信息共享角度与金控公司内信息共享同等程度的权利适度扩大。

签署共同体协议的形式，本质是在扩大金控公司内部信息共享权利的场景下，要求金控公司承担更多的选任义务，审慎选择具有信息保护资质与能力的内部组成部分或者外部其他公司。作为金控公司，只有在明确下属公司或者外部其他公司具有信息保护能力或资质的前提下，才有冒险签署本信息利益共同体协议的可能，而金控公司内的组成部分，因同属一个集团，有了解内控并辅助建立相关机制的便利条件，更容易结合成为信息利益共同体。

通过信息利益共同体协议的形式，使得用户放弃部分隐私信息权利的同时也将确保信息安全的责任转移至金控公司，由具有专业技术的信息合规公司予以评级并认证，由具有技术优势、财力优势的金控公司实际负责，由国家监管部门予以事后追责惩治。与此同时，也有利于外部其他公司借助金控公司人力资源、技术资源与相关制度建立起符合法律和监管要求的信息保护内控制度与流程，在促进信息保护的前提下实现部分信息共享。

（三）信息分类与责任主体相结合

信息具有人身性与财产性的双重性质，敏感性越强的个人信息所涵盖的人身性更强，财产性更弱；而经过算法加工处理后的预测性个人信息，其人身性则更弱，财产性更强；经过算法匿名化处理且无法还原的匿名化信息数据，仅表征一定的群体性特征，因此不再具有人身性，仅涵盖一定的财产性。

金控公司内部信息共享中的信息有必要以信息性质为标准对信息进行分类，从而采取不同的规制策略，同时辅以上述责任主体的分类管理，二者相结合，既保护了用户的隐私权免受侵害，又最大限度满足了金控公司内部信息共享的商业需求。因此，参考邢会强老师对个人金融信息所做的分类，可将金控公司内部共享的信息做以下分类：匿名化信息、个人身份信息、预测个人信息、个人财务信息、非财务信息。后四类信息均以个人身份信息中的个人标识信息为识别基础，其中个人财务信息与非财务信息中的敏感性信息隐私性同等重要，结合对三个信息共享主体分类（集团内公司、信息利益共同体公司、非共同体公司）做出表1。

表1　　　　　　金融控股公司内部共享信息分类表格

信息分类	金控公司隐私政策所列公司	信息利益共同体公司	非共同体公司
匿名化信息	无限制	无限制	无限制
个人身份信息	无限制	无限制	知情同意
预测个人信息	无限制	无限制	知情默认同意

续表

信息分类		金控公司隐私政策所列公司	信息利益共同体公司	非共同体公司
非财务信息	非敏感性信息	无限制	无限制	知情默认同意
	敏感性信息	无限制	知情同意	知情同意
个人财务信息		无限制	知情同意	知情同意

注：（1）表格中的"无限制"是在符合上述监管要求并及时公示相关隐私政策或协议前提下，用户首次使用服务签署隐私政策时满足概括性"知情同意"标准后，不再另行限制。集团内公司可共享全部类型信息，信息利益共同体公司之间可以共享全部非敏感性信息，经过匿名处理的匿名化信息在符合相关法律、法规的前提下可通过数据交易等各种方式或途径在任何公司之间流转。（2）在非共同体公司之间，个人身份信息的共享意味着用户信息在该公司数据库实现个人实名信息从零到一的跨越，须满足"知情同意"的标准，敏感性信息（包括财务信息中的和非财务信息中的）在非集团内公司之间进行信息共享，因人身性极强，亦须满足"知情同意"的标准。（3）预测个人信息是处理、分析所形成的反映特定个人某些情况的信息，在不包含用户敏感信息的前提下，因公司在其分析处理过程中付出一定成本，具有财产性质，故，在用户未明确拒绝的前提下，视为默许共享。非敏感性信息因其人身性关联度低，且用户提交部分信息时实属用户自愿，故在用户未明确拒绝的前提下，视为默许共享。

（四）培育信息合规市场并实行信息合规认证

随着数字经济的发展，金控公司数字化转型势不可挡。内部信息共享既是数字化转型中的关键一环，也是数字化转型的必然结果。数据信息技术专业性极强，管理者不知细节，执行者不受控制。金控公司在开发内部信息共享系统时，应积极引入市场化服务主体参与内部信息共享系统的设计与研发，以提高自身信息系统的安全性与稳定性。将数字化转型的具体工作交由市场主体来提供服务，同等价格下信息安全质量高的服务商[1]终将由市场予以验证，将系统漏洞限制在可控范围内，并进一步培育信息合规市场，辅助包括金控公司在内的各类企业实现数字化转型平稳过渡。

数据交易与证券交易有很强的共通性，证券市场的很多成熟制度都可以为信息监管提供借鉴[2]。由行政主管部门亲自监督惩治信息保护不力

---

[1] 目前提供企业信息安全服务的公司主要有爱加密、几维安全、梆梆安全等公司。
[2] 邢会强：《大数据交易背景下个人信息财产权的分配与实现机制》，载于《法学评论》2019年第6期，第98~110页。

的金控公司存有一定难度和风险。反而不如仿照上市公司督导制度，以及现有的企业隐私与数据治理合规认证实践，在信息安全与治理方面，也参照设置类似制度。

以国家监管为前提，由监管部门认可的第三方（隐私）信息合规认证公司（组织）实际督导，由金控公司专职部门人员配合上述合规认证公司，以国家监管制度为依据，建立金控公司内部信息共享机制，获得合规认证后，可从事信息收集与处理的相关业务，并由督导（认证）公司及时将相关情况予以公示，确保金控公司内部信息共享在合法合规的路径上运行，是最为有效的解决途径。

以 TrustArc① 为例，首先由监管部门发布《信息安全督导工作指引》，TrustArc 依据督导工作指引自行拟订督导工作细则，经监管部门认可后，以此细则作为督导工作准则，以规范所承接的金控公司信息合规认证业务。督导过程中，金控公司得以建立合法合规的信息保护流程，根据国家监管要求制定并在相应位置披露其隐私政策，全面提升我国金融信息保护水平，确保金融信息安全。

（五）建立信息泄露举报奖励机制、溯源机制及泄露赔偿制度

即使如上文所述，引入信息合规市场服务并实行信息合规认证，但在信息泄露侵害用户权利的情形下，用户自身主张权利或维权很难起到一定效果。为此有必要建立信息泄露举报奖励机制、溯源机制和信息泄露赔偿制度。

目前，南京市消费者协会已经成立"金融消费维权专业委员会②"，也有学者主张建立基金组织③专职负责数据保护或数据共享分成。应积极

---

① 一家隐私合规科技公司。
② 金磊：《南京消费者协会金融消费维权专业委员会成立》，载于《南京晨报》，2020年7月20日。南京市消费者协会"金融消费维权专业委员会"正式成立。15名来自金融监管部门、金融行业、高校、法律界的专家受聘作为委员上岗，并同步设立金融消费维权服务站。
③ 邢会强：《大数据时代个人金融信息的保护与利用》，载于《东方法学》2021年第1期。未来可能建立的与信息保护、数据信息分成相关的基金组织，因其具有信息或数据的专业知识，更易察觉到其中存在的信息泄露漏洞。

探索建立信息泄露举报奖励机制、溯源机制及泄露赔偿制度，由相关的维权委员会或基金组织、信息合规公司、数据信息从业人员及自然人用户等对金控公司的信息泄露行为进行举报，监管部门对此进行立案、审查及处罚，使得社会监督有效发挥震慑作用，建立健全金融信息安全的公共监督体系，提高信息泄露的违法犯罪成本，降低行政监管部门的监管成本，以确保金融信息安全。

据赛门铁克《年度互联网安全威胁报告》指出，互联网数据黑市中专职于网络诈骗的黑色产业大军高达 160 万人，在黑市中流通的用户资料则高达 6 亿条。行业内测算，每年我国因黑产相关造成的经济损失近千亿元①。在 FreeBuf 论坛②搜索数据黑市，其规模之庞大，令人瞠目结舌。信息泄露举报机制的建立值得肯定，但这无疑也触碰到某些群体的巨大利益，倘若没有一定的举报奖励机制，很难使其发挥作用，应尝试探索建立举报奖励机制，严厉打击信息违法犯罪。

同时，溯源机制也是在个人金融信息泄露事件发生时，通过溯源迅速地找到泄露源，并进行堵漏、惩罚等一系列减少个人金融信息泄露危害的制度设计③。

此外，借鉴资本市场虚假披露民事赔偿制度，既然赋予金控公司一定的信息共享便利，金控公司应当以合法合规的信息共享方式进行金融业务的运营与创新，而不得非法共享或泄露，一旦有违法违规情形发生，除监管机关予以一定行政处罚以外，也应赋予受损用户民事赔偿请求权。探索建立信息泄露数据库，如"Have I Been Pwned④"网站，对信息非法共享或泄露的情形予以保存，用户可自行查询，在一定时效内予以用户民事赔偿请求权。

由专业的基金组织、信息安全服务主体或信息合规公司，成为监督金控公司信息共享行为的第三只眼，企业在第三只眼的监督之下，一旦

---

① 资料来源：爱加密网站。
② 资料来源：FreeBuf 论坛网站。
③ 王忠：《大数据时代个人数据交易许可机制研究》，载于《理论月刊》2015 年第 6 期，第 131~135 页。
④ 此网站可用于查询自己邮箱地址的具体泄露情况。

出现违法违规情形便需行政主管部门及时惩处，罚款罚金也可成为未来数据红利分成或者补偿部分受损用户的资金来源。

（六）其他

本文第一部分所列问题，其中大部分主要通过上述"监管部门细化信息监管规范，金控公司统一内控并设置专员、信息利益共同体协议、信息分类与责任主体相结合、培育信息合规市场并实行信息合规认证制度模式以及信息泄露举报奖励机制、溯源机制、泄露赔偿制度的建立"等监管路径或可实现所列问题的系统化解决。其中，"信息利益共同体协议"与"信息分类与责任主体相结合"是在完善用户控制与拒绝权的前提下对知情同意机制的适当突破，有关用户控制权和拒绝权的完善及知情同意机制的突破界限，尚须进一步严谨论证。此外，关于"地域差别对待"，通过细化监管规范及统一内控，提高国内监管水平，积极开展信息保护工作的交流与沟通，或可解决。关于"信息共享分成"，虽然目前已有公司隐私政策中对此进行说明，但如何分成尚需一定的市场基础、社会基础以及规则探讨。关于"用户登录有无统一必要"，目前虽已经突破技术难题，但有关用户识别码的控制权如何配置，亦须进一步探讨。

五、结语

当下，人工智能、区块链、云计算、大数据技术日新月异，金融业务与相关技术深度融合，混业经营似乎已成大势，金控公司迅速发展，金控公司内部信息共享日益普遍。以金控公司已公开的隐私政策为观察对象，整理问题数十条，我国金控公司对用户信息安全的重视程度严重不足。金控公司内部信息共享的背后是金融效率与用户隐私保护之争，但考虑到经济效益、社会价值和用户受益三个方面的正当性，应平衡好金融信息安全和金融创新发展的双重需求。适逢金融数据安全保护条例研究制定之际，结合国外监管经验和我国实际，试提部分解决路径。以国家加强监管和细化信息监管规范为前提，金控公司统一内控并设置专员，构建信息利益共同体协议模式，将信息分类与责任主体相结合，引入信息安全合规市场化服务，并经过信息合规认证，建立起信息泄露举报奖励机制、溯源机制和泄露赔偿制度，严厉打击信息滥用和泄露的违规违法犯罪情形，通过以上多种机制互相结合和共同作用，从而全面提升我国金融信息保护水平，确保金融信息安全。

我国上市公司自愿性信息披露法律规制研究

马　松*

摘要： 在我国注册制改革的大背景下，信息披露制度是改革的核心内容，注册制的关键在于将企业准入的决定权交还市场，这也就意味着市场需要更多真实、准确、完整、有效、充分的企业信息，高质量的信息现已成为现代化资本市场得以稳定运行的"血液"。目前我国证券市场上自愿披露的信息趋于"丰富"，但我国自愿性信息披露法律规制却显得无力，无论是在法律层面抑或是监管层面仍有不合理之处，应当从制度、监管、公司自律等三个维度完善自愿性信息披露法律规制体系建设。首先，要加强顶层设计完善基本制度，尤其是明确违法自愿信息披露的民事责任。其次，要创新监管模式。构建政府监管与自律监管相结合的监管模式，真正发挥自律监管的市场作用。最后，上市公司要建章立制规范自愿性信息披露行为。

关键词： "重大性"标准；自愿性信息披露；民事责任；"安全港"规则

在证券市场中，自愿信息披露是信息披露制度的重要组成部分。不可否认的是，强制信息披露与自愿信息披露相结合、互补方才构建一套完整的证券市场信息披露制度体系。但目前，与强制性信息披露制度相

---

* 马松（1995年生），男，河北邯郸人，中共北京市海淀区纪律检查委员会、海淀区监察委员会，研究方向为公司与金融法。

比,我国对自愿性信息披露的规定大多为原则性规定。《中华人民共和国证券法》(以下简称《证券法》)第八十四条首次在法律层面规定了自愿披露制度。该法律规定与证券监督管理机构、证券交易所制定的规范性文件共同构成了我国证券市场自愿性信息披露的规则体系。

在注册制改革的大背景下,自愿性信息披露可以充分、合理地反映企业价值,不论是对于上市公司抑或是对于证券市场、投资者而言,市场参与各方均期望有效的证券市场。随着互联网时代及大数据、数字经济时代的到来,再小的信息放在互联网上都可谓放在了聚光灯及放大镜下,信息传递的充分性、广泛性都得到极大提升。在如此背景下,上市公司一方面乐于披露信息,使得市场更加认知企业价值。但另一方面,我国对自愿性信息披露法律规制的内容极不完善,选择性信息披露、"蹭热点"式信息披露等不当的自愿性信息披露行为频发。

若对自愿性信息披露设置过于刚性的要求,对信息披露者苛以过于严格的信息披露义务,虽可最大限度地阻碍披露义务人违法违规披露信息,保护市场及投资者利益,但过于刚性的规范要求及严格的信息披露责任定会造成披露义务人自愿披露信息的积极性不高。若对自愿性信息披露的监管较为宽松且缺少对信息披露义务人必要适宜的权益保护时,势必会引发违法违规自愿性信息披露事件频发。

故本文的主要研究目的是完善自愿性信息披露制度,注册制改革的核心即为信息披露,也只有寻求严厉打击违法违规自愿信息披露与激励上市公司主动自愿披露信息之间的利益平衡点,方能使得信息披露在注册制改革进程中真正地发挥核心作用。

一、我国自愿性信息披露的现状及问题

信息披露制度又称信息公开制度,是以公开信息作为规范对象且由原则、规则等一系列法律规范联合而成的法律制度范畴[①]。具体到我国证

---

① 周友苏:《证券法新论》,法律出版社2020年版,第313页。

券市场而言，狭义的信息披露制度是指市场参与者在发行、上市等一系列市场行为中，依照法律法规、证券监督管理机构及证券交易所等有关主体的规定，以一定方式向证券市场各方公开、披露或提交与证券有关的信息而形成的一系列行为规范的总称①。

（一）注册制背景下的自愿性信息披露制度

资本市场是信息驱动的市场，有效的信息传递是资本市场充分发挥资源配置功能的重要保证之一②。故证券市场存在的基础就是涌流不止的信息，信息披露制度也被认为是证券市场的灵魂。从某种意义上来说，证券就是一种信息产品，尤其对于注册发行的证券，更可谓高信息化产品③。与此同时，信息不对称在资本市场是一种客观存在④，"是资本市场的基本属性"⑤。因此，信息披露制度已被确立为资本市场的一项基础且必要的制度，要求信息拥有者在一定程度上公开其掌握的全部或部分相关信息。美国学者路易斯·布兰代斯早在1914年就在其著作中称信息披露是"医治社会和企业弊病的良药，犹如太阳是最佳的消毒剂，犹如电灯是最有效的警察⑥"。

随着我国证券市场的不断规范化发展，我国已初步建立了在形式上较为完整的信息披露制度体系。在市场发展初期，信息披露是以监管为导向，这也是核准制背景下的内生要求。在如今证券市场不断法治化和趋于成熟的阶段，我国证券发行注册制正在稳步推进，注册制可谓是靠信息披露来支撑的一种发行审核制度。于信息披露制度而言，注册制与核准制均要求信息披露要保证"真实性、准确性、完整性"，但两者之间

---

① 吕富强：《信息披露的法律透视》，人民法院出版社2000年版，第8页。
② 毛新述、王斌、林长泉、王楠：《信息发布者与资本市场效率》，载于《经济研究》2013年第10期。
③ 陈洁：《科创板注册制的实施机制与风险防范》，载于《法学》2019年第1期。
④ 邢会强：《信息不对称的法律规制——民商法与经济法的视角》，载于《法制与社会发展》2013年第2期。
⑤ 王冰：《新媒体环境下上市公司信息披露研究》，经济科学出版社2019年版，第22页。
⑥ [美]路易斯·布兰代斯，胡凌斌译：《别人的钱：投资银行家的贪婪真相》，法律出版社2009年版，第53页。

最为重要的差异在于，信息是事先提供给证券监督管理机构还是事先提供给市场投资者等参与主体，以及市场各方所面对的风险承担不同①。总体而言，我国现行的信息披露制度体系是在证券监督管理机构主导下，围绕强制性信息披露制度不断变迁的结果，可见"一部证券法的发展史，就是信息披露不断扩张的历史②"。

2020年3月实施的《证券法》较之前做出了较大程度的修改，其中最为重要的修改内容之一就是将"核准制"改为"注册制"。这标志着我国证券市场注册制改革已正式步入正轨。如上文所述，信息披露制度是注册制改革的核心内容，注册制的关键在于将企业准入的决定权交还市场，这也就意味着市场需要更多真实、准确、完整、有效、可信、充分的企业信息，自愿性信息披露可以充分、合理地反映企业价值。不论是对上市公司抑或是对证券市场、投资者而言，市场参与各方均期望于有效的证券市场。易言之，证券监督管理机构将审核方式由实质审查变为形式审查，意味着市场在判断公司价值时要起到重要作用。注册制能否在真正意义上发挥应有的效果，很大程度上取决于市场及投资者能否有效地行使决定权及选择权，监督管理机构或自律机构能否持续有效地对市场实施监管。这些均依赖于完善的信息披露制度。有效市场理论认为"只要一切与证券及其发行者有关的重大信息得到充分、及时和准确的披露，市场本身就可以吸纳和处理这些信息，并反映在证券价格上，从而使投资者得以作出正确的投资决定③"。所以，市场运行及投资者做出决策需要的正是上市公司所披露的各类相关信息。可见在注册制改革的背景下，信息披露制度是证券市场的核心灵魂。

强制性信息披露与自愿性信息披露共同构成了信息披露制度。米克、罗博特和格雷（Meek, Robort and Gray, 1995）提出④，除依据强制性规

---

① 周友苏：《证券法新论》，法律出版社2020年，第318页。
② 邢会强：《金融法上信息披露制度的缺陷及其改革——行为经济学视角的反思》，载于《证券市场导报》2018年第3期。
③ 廖凡：《钢丝上的平衡：美国证券信息披露体系的演变》，载于《法学》2003年第4期。
④ See Meek G. K., Roberts C. B. and Gray S. J. Factors Influencing Voluntary Annual Report Disclosure by US, UK and Continental European Multinational Corporations. Journal of International Business Studies, 1995, 3: 555–572.

定或要求披露的信息以外，公司主动自愿披露信息的意义在于让市场及信息接收者更好地了解公司。美国财务会计准则委员会（FASB）曾定义，自愿性信息披露是指："在财务报表之外的，未被公认会计原则（GAAP）和证监会（SEC）明确要求披露的披露。"可见，上述在阐述定义自愿性信息披露时，均涉及了强制性信息披露的定义，认为法律法规规定以外的信息就是可自愿披露的信息。亦可认为自愿性信息披露的范围由强制性信息披露的范围决定。

在法律层面上，2020年《证券法》修订之前，我国法律层面并没有对自愿性信息披露做出规定。有关自愿性信息披露的相关规定散见于部门规章或交易所指引等文件。2020年《证券法》是首次在法律层面上明确规定自愿性信息披露制度，但仅用第八十四条一则法条做出了原则性规定。《证券法》在对自愿性信息披露做出规定时，用"除依法需要披露的信息之外"来界定自愿性信息披露范围。

在实践中，总体来看，随着资本市场不断地发展，不同国家在不同时期采用的信息披露规制模式和对信息披露的要求是不相同的。美国曾一度要求上市公司不得进行自愿性信息披露①。对我国而言，虽然信息披露制度在不断完善，但实践中上市公司信息披露的重心一直以来都围绕强制性信息披露。

无论是理论还是实务上，对强制性信息披露的研究及分析均已成熟，且可以发现现有的分析模式只会认为自愿性信息披露是强制性信息披露的补充，难以深入讨论自愿性信息披露固有属性或特有特征。故而本文不再从强制性信息披露的对立角度来界定自愿性信息披露，本文尝试尽可能地以自愿性信息披露独有的属性，基于注册制背景来分析自愿性信息披露法律规制问题。

有理论认为资本市场无须特意规定强制性信息披露制度，这是基于有效市场等理论假说，该理论认为上市公司的管理层有足够的内在激励

---

① 程茂军：《试论上市公司自愿性信息披露的法律规制》，载于《证券法苑》2017年第2期；廖凡：《钢丝上的平衡：美国证券信息披露体系的演变》，载于《法学》2003年第4期。

动机驱使其主动积极地披露相关信息。但对于实际上尚不健全的资本市场而言,一方面,单凭管理层激励机制甚至是授信义务,都难以保证管理层能真实地将与投资者决策、价值判断相关的信息及时披露;另一方面,信息披露者在更大的利益驱动下极有可能采取不当的披露行为。总之,在注册制背景下,证券市场的有效运行极为依靠市场主体的信息披露,为尽可能消除信息不对称,保证市场及投资者能及时、有效、充分地获取目标公司的相关信息,必然需要设置法定的强制性信息披露制度。只有在统一要求的前提下,方能避免所披露的信息存在供给不足或质量参差不齐等弊端①。

如上文所述,缺乏法律约束的信息披露制度不可取,但纯粹采用强制性信息披露的制度亦不能从根本上保证信息披露的充分有效。具言之,其一,不利于快速形成有效的证券市场。根据信号传递理论,经理层最先掌握外界投资者未知的各类信息,这其中不乏会有上市公司个性化、差异化的信息,而强制性信息披露所承载的信号往往具有统一性和一致性,完全凭借强制性的信息披露制度无法有效地传递个性化信号。再者,信号传递理论认为掌握信息的管理层有主动披露信息的内在动机,如若凭借强制性信息披露,则不利于形成有效的信号传递市场②。无差异的信息披露使得市场过于同质化,不利于企业甄别机制的形成③。其二,无法快速在市场上体现差异化信息的特殊价值。对于上市公司依据强制性规定披露的信息而言,普通投资者因缺少专业素质,往往并不能在众多强制性披露的信息中筛选出真正意义上对价值判断及投资决策起决定性作用的信息。所以,不难看出上市公司自愿主动地披露信息更可能体现该信息的差异化,充分公开针对潜在投资者的相关信息,从而在证券市场中体现信息应有的价值。

---

① 王惠芳:《信息强制披露与自愿披露的重新界定与监管》,载于《宏观经济研究》2010年第12期。

② 梁飞媛:《中国上市公司自愿性信息披露与监管》,经济管理出版社2011年版,第32~33页。

③ 方红星、楚有为:《自愿披露、强制披露与资本市场定价效率》,载于《经济管理》2019年第1期。

综上所述，在界定自愿性信息披露时，更为重要的是要关注其自身的特征，而非以强制性信息披露的补充抑或是"补集"作出简单界定。自愿性信息披露并非是公开除强制性披露之外的信息，披露的信息要与投资者价值判断和投资决策相关①。易言之，上市公司在进行信息披露时应遵循的宗旨抑或是出发点应是：服务于资本市场及投资者做出正确的价值判断及投资决策，即不应当披露与做出价值判断及投资决策无关联的信息。对于披露的内容应当已有确定存在的客观事实，或是即将发生且具备实施的基础条件，对于自愿性信息披露的内容将在后文展开具体分析。

在实践中，随着大数据时代、全民互联网时代、资本市场数字化时代的到来，不论对上市公司还是对投资者而言，自愿披露信息的空间日益扩大，上市公司主动披露信息的动机也日益增强。故此，自愿性信息披露在注册制背景下的信息披露制度中至关重要，其是信息披露体系中不可或缺的重要组成部分。虽说自愿性信息披露与强制性信息披露在一定程度上是相对概念，但其两者都是信息披露制度的重要组成部分，所以自愿性信息披露同样要在法律规定的范围内进行，信息披露义务人在进行自愿性信息披露时，同样要受到法律的规制，后文将对自愿性信息披露法律规制的具体内容进行阐述。

（二）我国自愿性信息披露制度现状

1. 基于法律规范角度的分析

在 2020 年《证券法》出台之前，我国证券法律法规中并没有鼓励自愿性信息披露的明确表述②。只是在一些规范性文件或交易所规则指引层面有零散的规定③，并且这些关于自愿性信息披露的规定往往混杂于强制性信息披露的规则之中。2020 年《证券法》中关于自愿性信息披露的内容是我国首次在法律层面明确该制度，也意味着我国自愿性信息披露法律制度体系的完善。

---

① 贾纬：《证券市场侵权民事责任之完善》，载于《法律适用》2014 年第 7 期。
② 《证券法》和《上市公司信息披露管理办法》并无鼓励自愿性信息披露的相关条款。
③ 资料来源：2002 年 1 月中国证监会与国家经贸委发布的《上市公司治理准则》；深交所于 2003 年 11 月发布的《深圳证券交易所上市公司投资者关系管理指引》；上交所于 2004 年 4 月颁发的《上市公司投资者关系自律公约》等。

我国是成文法国家，关于信息披露的规定大体上都采用了概括性立法及列示性规定两种模式，对于自愿性信息披露的法律规范也同样如此。概括性立法在原则层面许可了上市公司进行自愿性信息披露，且做了较为原则性的解释①。列示性规定主要在一定程度上为上市公司自愿性信息披露做出指引②。

本文选取较为典型有代表性的规范性文件加以分析。

其一，原则性规定。我国最早在2002年出台了有关自愿性信息披露的规范性文件③。除针对自愿性信息披露的原则性规定外，更为重要的是各规范性文件中关于信息披露制度的原则性规定。例如，《证券法》中有关信息披露的规定，在其没有明确规定是适用于强制性信息披露范畴时，就应当认为是对证券市场信息披露做出的整体性原则性规定④。具言之，因为我国《证券法》之前并未有关于自愿性信息披露的内容，所以常常会将信息披露的一般性原则放在强制性信息披露制度的视域下分析，如此便造成误解，忽视了一般性原则及要求在自愿性信息披露中的适用。自愿性信息披露是信息披露制度的组成部分，故而自愿性信息披露当然要遵循规范性文件中有关信息披露的整体要求。

其二，列示性规定。自愿性信息披露的列示性规定散见于各信息披露的规范性文件中。其中，较为完善的是上海证券交易所针对科创板企业发布的自愿性信息披露指引⑤。在不同的规范中，对自愿性信息披露的

---

① 如证监会在《上市公司与投资者关系工作指引》中规定，除强制的信息披露外，公司可主动披露投资者关心的其他信息。证监会在《上市公司治理准则》（2018年修订）中规定，鼓励上市公司披露可能对股东和其他利益相关决策者产生影响的信息。《上海证券交易所公司债券上市规则》（2018年征求意见稿）规定信息披露义务人可以自愿披露与投资者有关的信息。

② 例如《公开发行证券的公司信息披露内容与格式准则第1号——招股说明书》（2015年修订）第八十五条规定："发行人在首发上市、上市公司在重大资产重组报告书或年度报告中可以披露的盈利预测。"

③ 资料来源：《上市公司治理准则》，该《准则》于2002年由中国证监会及国际经济贸易委员会发布。第八十八条规定："上市公司除按照强制性规定披露信息外，应主动、及时地披露所有可能对股东和其他利益相关者决策产生实质性影响的信息，并保证所有股东有平等的机会获得信息。"

④ 例如《证券法》第七十八条第2款规定不仅适用于强制性信息披露。

⑤ 资料来源：《上海证券交易所科创板上市公司自律监管规则适用指引第2号——自愿信息披露》。

内容有不同的规定。有学者将自愿性信息披露当中列示性的规定主要归纳为财务信息、非财务信息及战略性信息这三部分内容①。

其三，关于自愿性信息披露内容的具体规定。上述规范性文件均是关于自愿性信息披露的整体性列示性规定。有极少数的规范性文件就单独某一项自愿性信息披露内容（如环境信息）做了规定②，在法律层面甚是鲜有对诸如社会责任、环境信息之类的信息披露规则。披露社会责任信息或是环境信息似乎与证券法的立法目的及对信息不对称的规制并不兼容③，故此目前各项法律规范中并未过多要求对此类信息进行披露。

2. 基于实践角度的分析

本文对深圳证券交易所主板上市公司通过临时公告形式公开披露自愿性信息做了统计。统计选定的时间范围为 2020 年 10 月至 2021 年 4 月，共筛选出 150 余则自愿性信息披露的临时公告。其披露的信息有以下几类：

一是财务相关信息。如控股公司上一年度主要财务数据；上一年度未经审计财务报表；上一年度应兑付债券已按期偿还。

二是与公司治理相关的信息。如拟对外投资设立合资公司；签署研制任务责任状；引入战略投资者；子公司更名情况及商标使用情况；增资扩股；间接控股股东混合所有制改革情况；间接控股股东辞去职务；参股公司现金分红等。

三是公司的生产经营情况。如上月业务量数据、上月产销情况、上月生产经营快报；主要经营指标完成情况；中标情况；子公司投资进展情况；控股子公司破产清算进展；签署重要合同；签署战略合作协议或战略合作终止协议等。

四是其他信息。如完成竣工备案；转基因生物安全证书获得批准；获得药品注册证书；收到申请批准通知书；有关单位对下属子公司终止

---

① 王雪：《上市公司自愿性信息披露策略研究：动因与后果》，西南财经大学出版社 2015 年版，第 55 页。
② 资料来源：《上海证券交易所上市公司环境信息披露指引》。
③ 黄韬、乐清月：《我国上市公司环境信息披露规则研究——企业社会责任法律化的视角》，载于《法律科学》2017 年第 2 期。

调查；竞得土地使用权等。同时在统计自愿性信息披露情况时发现，近一两年来出现一些公司制定了自愿性信息披露管理办法或明确规定其公司的自愿性信息披露标准。

从实践情况分析，上市公司自愿性信息披露的热情不断高涨，上市公司通过自愿性信息披露的方式降低信息不对称程度，从而在竞争日益激烈且开放程度不断扩大的证券市场中吸引投资。但整体上，上市公司自愿性信息披露行为不规范，尤其对于预测性信息而言，对预测所基于的客观事实基础的披露不充分。且以预测性财务信息为例，上市公司财务总监应当对何以做出该项预测加以充分告知说明。再者，对于不利因素的披露也不够充分。

3. 基于监管角度的分析

我国资本市场的法治化进程步入快速发展的阶段，且我国资本市场也趋于高质量发展。但目前我国对自愿性信息披露的监管还处于薄弱环节。从监管理念而言，我国证券监督管理部门对自愿性信息披露持有的基本态度是审慎的[1]。对于监管模式而言，信息披露的监管整体上采用国家集中统一监管模式。即以政府管理为主、自律管理为辅的管理模式。对于监管效果而言，我国证监会仅处罚了一例自愿性信息披露违法行为，监管效果并不理想。总体而言，目前我国证券监管的目标定位不清，随着注册制改革的深入推进，证券监督的目标更应回归于市场本身[2]，在提升市场效率的同时，又要在理性限度内加强对投资者的权益保护。

（三）自愿性信息披露存在的问题

1. 学理层面——重大性标准在自愿性信息披露中适用不明

如前文所述，不论是在理论上抑或是实践中，在界定自愿性信息披露时都会涉及强制性信息披露的对立概念，本文并不反对这样的界定方式，因为信息披露制度本身就是由强制性信息披露与自愿性信息披露构

---

[1] 梁飞媛：《中国上市公司自愿性信息披露与监管》，经济管理出版社2011年版，第169~170页。

[2] 宋晓燕：《证券监管的目标和路径》，载于《法学研究》2009年第6期。

成，再无第三种披露模式。易言之，强制与自愿本身就是一组反义词，故而在界定概念上也可以采用"除强制性之外"这样的表述来定义自愿性信息披露。但需要注意的是，绝不能将强制性信息披露的内涵及其相关规定全部通过反义排斥的方式来界定自愿性信息披露。具言之，强制性信息披露当中的一些原则性规定并不绝对在自愿性信息披露制度中排除适用。本文以"重大性"标准为例加以说明。

重大性标准是划定证券市场信息披露义务边界的核心，其是强制性信息披露制度中最为核心的内容①。有学者认为重大性就像一个硬币的两面，一方面从积极角度而言，强制性信息披露要求信息披露义务人披露的信息必须是重大的；另一方面从消极角度而言，要求构成虚假陈述侵权行为的信息同样也要符合重大性标准②。且在强制性信息披露制度、内幕交易及虚假陈述民事诉讼视域下，有诸多专家学者对"重大性"标准进行了充分研究③。

但在自愿性信息披露视域下，鲜有学者对"重大性"标准进行探析。在已有的少数研究中，有观点认为自愿性信息披露首要表现为"非重大性"，其用重大性标准绝对地划分了自愿性信息披露与强制性信息披露。本文认为这一观点值得商榷。有学者在强制性信息披露领域分析重大性问题时，自然而然地将重大性在自愿性信息披露的范畴中排除适用。这是因为其绝对化地从强制性信息披露的对立面来解释自愿性信息披露。诚然，"强制"与"自愿"是一组反义词，但绝不能片面地认为所有在强制性信息披露中适用的规则或制度，在自愿性信息披露中应当排除适用。例如，认为强制信披的信息是重大的，反之自愿信披的信息就是非重大的，这样简单的推断方式缺乏法理基础。

综上所述，学理层面在界定自愿性信息披露与强制性信息披露时出

---

① 徐文鸣、刘圣琦：《新〈证券法〉视域下信息披露"重大性"标准研究》，载于《证券市场导报》2020年第9期。
② 郭锋：《虚假陈述侵权的认定及赔偿》，载于《中国法学》2003年第2期。
③ 这当中有关内幕交易中"重大性"标准的研究最为深入。资料来源：萧鑫：《内幕信息重大性标准及其投资者设定》，载于《证券法苑》2017年第2期；李有星、徐鹏炯：《内幕信息重大性标准探讨》，载于《浙江大学学报（人文社会科学版）》2017年第3期。

现了一定程度的混乱与绝对化。后文将剖析自愿性信息披露与强制性信息披露的界定问题,进一步厘清"重大性"标准在自愿性信息披露制度中的适用路径。

2. 制度层面——法律规制不完善

随着证券市场的不断发展和完善,强制性信息披露制度也随之在不断调整和适应市场监管要求,所以对于强制性信息披露制度而言,无论是在披露原则、内容、要求、监管、法律责任等各方面的规定都趋于完善。而且不同效力层级规范下的具体规定均有较好的衔接,相互之间主次分明、协调统一。但自愿性信息披露的法律规范体系与强制性信息披露制度相比,就显得十分粗陋。这是因为关于自愿性信息披露的相关规定最早出现在下位法中,且随着证券市场的发展,越来越多的内容散见于各项规范性文件当中,随着下位法的不断丰富,但并未规定上位法与之相协调。具言之,我国自愿性信息披露在制度层面存在的主要问题体现在:其一,关于自愿性信息披露的规定大多混杂在强制性信息披露的规定之中,缺乏体系性和针对性①,混杂在一起的规定往往容易忽视或造成理解上的偏差。其二,不同规范性文件规定的披露事项之间出现矛盾的情况。我国关于自愿性信息披露的规定散落在各项规范性文件当中,缺少法律或规章层面的协调规定,会出现下位法中各项制度相互矛盾的现象。如关于公司发展战略信息的披露,证监会与上海证券交易所做出的规定全然不同,前者认为该信息为强制性信息披露的范畴,后者认为是自愿性信息披露的范畴②。

3. 实践层面——上市公司信息披露行为不规范

在实践中,上市公司信息披露行为有诸多不规范的行为发生。主要

---

① 如《公开发行证券的公司信息披露内容与格式准则第 2 号——年度报告的内容与格式》(2017 年修订)第二十七条就公司主要经营情况的强制披露事项做了规定,但在该条主要经营业务项下的收入与成本的规定中,同时包括了鼓励公司披露前五名客户名称、销售额以及关联关系等自愿披露的规定;第四十四条主要规定了属于重点排污单位的公司就环境信息的强制披露,但该条第四款则是自愿披露的内容,鼓励公司就保护生态、防治污染以及履行环境责任的自愿做出披露。自愿披露的内容混杂于强制信披条款之中,往往为难以引起投资者以及相关披露义务人的注意,在理解上也易造成偏差。

② 《公开发行证券的公司信息披露内容与格式准则第 2 号》第二十八条规定与《上市公司信息披露事务管理制度指引》第 14 条规定。

表现在披露内容不完整、不客观，存在选择性披露的行为。之所以出现这样的问题是因为上市公司认为自愿性信息披露完全自由，一方面法律制度不完善，没有统一的披露要求及格式；另一方面上市公司对自愿性信息披露认知不到位，其认为自愿性信息披露即可随意披露信息，不受任何法律规范的约束。所以上市公司在自愿性信息披露中进行选择性披露时有发生。上市公司往往报喜不报忧。再者，会出现披露不持续的情况。在实践中很多公司会主动披露签订战略合作协议方面的信息，但缺乏对其进行持续性的真实披露。

总体而言，在实践中存在自愿性信息披露过度与披露不足并存的现象。披露过度是指上市公司在自愿性信息披露时在披露的信息数量上是充足的，但有一部分信息仅是简单的事实描述性语言。自愿性信息披露不足体现在质量方面，上市公司往往披露的信息质量并不高，不足以影响投资者做出价值判断或投资决策。只有披露差异化的有针对性的信息，方能真正发挥出自愿性信息披露制度的优势。

二、自愿性信息披露法律规制的基本框架

（一）自愿性信息披露的构成要件

1. 自愿性信息披露主体

如前文所述，信息披露制度是证券市场的灵魂，为减少上市公司同投资者之间的信息不对称，通过国家公权力的方式强制要求信息拥有者向市场主动披露相关信息，于是通过《证券法》这一强制性法律对信息披露义务人赋予必须披露信息的义务。我国《证券法》对界定信息披露义务人的范围做出了明确规定①，义务人的主体范围需要结合证券监督管理机构的其他规定判定②。

---

① 《证券法》第七十八条规定，该法条并未特别说明只适用于强制性信息披露。
② 我国信息披露主体主要包括：证券发行人、上市公司及其控股股东、实际控制人，上市公司的董事、监事、高级管理人员，收购人，专业机构及其相关人员，受托管理人和资信评级机构等。

我国《证券法》第八十四条同样采用了信息披露义务人的表述，通过文义解释及体系解释，自愿性信息披露语境下的披露主体也应当适用《证券法》第七十八条的规定。易言之，自愿性信息披露的主体也需为信息披露义务人，并非任意主体均可进行自愿性信息披露①。

2. 自愿性信息披露客体

根据《证券法》第八十四条规定，信息披露义务人在自愿性信息披露时，其披露的客体是与价值判断和投资决策有关的信息。然而，何为与价值判断和投资决策有关的信息？对此学界和实务界有诸多讨论。在此，本文先分析强制性信息披露的客体界定。《证券法》对于强制性信息披露的客体界定采用了"重大性"标准。"重大性"标准具体是采用主客观二元标准②，这两个标准分别在《证券法》中也有所体现。在界定重大事件时，采用了股价敏感标准界定；在发行申请文件披露要求中，采用了投资决策标准。反观自愿性信息披露客体的要求，可见其借鉴了投资决策标准来界定自愿性信息披露的客体。这里要重点关注两个法条所使用的措辞，强制性信息披露采用的措辞是"投资决策所必需的信息"，自愿性信息披露采用的措辞是"投资决策有关的信息"。从文义解释角度理解，"投资决策有关的信息"必然包括"投资决策所必需的信息"。这也就涉及"重大性"标准是否可在自愿性信息披露中适用的问题。

具体而言，在一定意义上可以认为凡是对投资者决策有重大影响的信息，上市公司均应当将其进行披露。在此语境下，通常会认为凡是具备"重大性"的信息，都已被纳入强制性信息披露规制的范畴内，自愿性披露的信息当然就不会达到"重大性"标准。但如此观点直接阻碍了对违法自愿信息披露行为适用的行政、民事责任的路径。故此，上述解释必然造成界定强制性信息披露与自愿性信息披露时的混乱。正如上文所述，自愿性信息披露中与"投资决策有关"的信息必然包括强制性信息披露中"投资决策所必需"的信息，即自愿性信息披露客体的披

---

① 在此说明，本文主要讨论的自愿性信息披露义务人为上市公司。
② 客观标准是"股价敏感"标准，主观标准是"影响投资者决策"标准。

露标准与强制性信息披露客体的披露标准并非相互排斥、互为补集。与"投资决策有关"的信息自然包含有"投资决策所必需"的信息，因此"重大性"标准自然可在自愿性信息披露中适用，并且自愿性信息披露在一定情况下可触发强制性信息披露义务。该问题在后文会进一步讨论。

综上所述，《证券法》对自愿性信息披露的客体做出了要求，其要求客体必须要与投资者做出价值判断和投资决策有关。易言之，与投资者做出价值判断和投资决策无关的信息不在自愿性信息披露支持鼓励的范围内。为减少信息噪音，提高自愿性信息披露的增量价值，本文认为在我国目前资本市场趋于稳定高质量发展的阶段，要禁止无关信息的披露。具体而言，上市公司可以公开其想公开的任何"消息"，但要纳入信息披露体系当中的信息必然要与投资决策有关。

本文认为无须对自愿性信息披露设定特别明确的量化披露标准，如若对自愿性信息披露仍设置可量化标准，则有变相成为强制性信息披露的嫌疑。因此，本文建议可以明确规定允许自愿性信息披露的事项类别，如环境保护信息、社会责任信息等，但绝不能对此类事项统一规定披露标准。一方面，仍要保证上市公司选择是否披露的权利，另一方面，过于机械一致的标准反而阻却了自愿性信息披露的优势。但自愿性信息披露并非无任何标准，该标准应为：根据上市公司自身情况考量，与投资者做出价值判断和投资决策有关。

3. 主观上"自愿"而非客观上"随意"

自愿性信息披露的"自愿"是体现在披露主观意愿上的自愿，而非体现在信息披露客观行为上的可任意披露。自愿性信息披露制度作为信息披露制度的重要组成部分，其当然要符合信息披露制度的一般性规定。这是因为从最终披露效果来看，自愿性信息披露的信息同样会对市场上证券的价格起到决定性作用，所以自愿性信息披露同样适用《证券法》第七十八条第二款的原则性规定，遵循该规定方能确保证券市场有效运行。

自愿性信息披露的自愿主要体现在披露节点之前的选择权上，上市公司可以选择是否披露相关信息，公司可以根据具体情况选择披露或不披露，即使不披露也不违反任何法律规定。但一旦决定要公开这项不在法律规定范围内的信息后，就要遵守证券市场中关于信息披露的"真实、准确、完整"等基本原则性规定，即自愿性信息披露对于上市公司而言既是权利也是义务。在信息未披露之前，公司具有决定是否披露的权利，但一旦决定披露相关信息，便需要负有相应的义务。且在特定的情形下，自愿性信息披露的行为会触发强制性信息披露义务，下文将对此进行分析论述。

诚然，自愿性信息披露的注意义务要低于强制性信息披露，但本文认为，自愿性信息披露仍有区别于强制性信息披露特有的义务，后文会进一步展开分析自愿性信息披露之后应当承担的具体义务。

（二）自愿性信息披露的基本原则

1. 披露原则

如上文所述，自愿性信息披露同样需要遵循我国证券市场信息披露制度的相关原则性规定。2020年《证券法》修订了信息披露的基本原则，具体包括真实、准确、完整、简明清晰、通俗易懂。证券交易所对上市公司信息披露质量考核时，也会依据上述原则①。

真实性原则要求信息披露义务人在进行自愿性信息披露时，要真实地披露相关内容。准确性要求信息在披露信息时使用规范、精确的语言，且要对披露公告中出现的行业术语作出必要的解释。完整性原则要求信息披露义务人必须全面披露，虚假陈述行为中的"虚假"不仅体现在不真实方面，不完整的信息披露同样会造成虚假，不完整披露和不真实披露均具有可谴责性②。简明清晰、通俗易懂两项原则是2020年《证券法》修订后新增的内容，投资者看到的信息必须是简明清晰、通俗易懂的。

2. 厘清自愿性信息披露的"重大性"标准

早在1938年，美国证监会提出信息披露应当符合"重大性"标准，

---

① 王兴亮：《深交所：持续完善信息披露监管体系》，载于《中国证券报》2018年7月3日，第A02版。

② Peek v. Gurney. L. R. 6. H, 377. (1873). 资料来源：万国华：《证券法学》，中国民主法制出版社2005年版。

"重大性"标准是强制性信息披露制度的核心内容。如前文所述，有学者认为"重大性"标准只可在强制性信息披露的范畴内适用，自愿性信息披露的信息不具有"重大性"。显然，基于前文的分析可知，如此观点有待商榷。自愿性信息披露作为信息披露制度的一部分，自然要受法律法规等制度规范的约束①。不论是对于市场抑或是投资者而言，其更关注的是信息的内容及质量，无论是出于强制性披露还是自愿性披露，一经披露的信息都通过信号传递直接在证券价格上反应，并不会因为披露方式的不同而有不同的反应。并且自愿性信息披露的内容同样会对投资者价值判断和做出决策有直接影响，其影响程度不必然低于强制性信息披露。为了防止自愿披露时的信息噪声，保证自愿性信息披露内容及质量，应当对自愿性信息披露界定一定的标准。"重大性"标准是信息披露的"试金石"，同样也是证券市场"筛选、过滤"信息的机器。自愿性信息披露作为信息披露制度的组成部分，自然有适用"重大性"标准的应然逻辑与必然要求。

（1）界定强制信披与自愿信披在于法定而非"重大"。在此首先需要厘清界定强制性信息披露与自愿性信息披露的唯一要件并非重大性，而是法定性。易言之，区分自愿性信息披露与强制性信息披露仅能通过判定是否法定来界定。强制性信息披露是法律强加给信息披露义务人的义务，而自愿性信息披露是法律赋予信息披露义务人的权利。因此，法定性是界定强制性信息披露与自愿性信息披露的唯一要件。"重大性"固然是界定强制性信息披露的核心要件，但它不能作为界定区分强制性信息披露与自愿性信息披露的独立要件。

一方面，强制性信息披露的信息不完全具备"重大性"。例如上市公司的名称、地址等的信息决不能说明它具备"重大性"抑或是达到股价敏感标准，只是为了合乎信息完整性的要求，认定该信息是重要的且必须要披露的信息。

---

① 王升义等：《上市公司自愿性信息披露问题研究》，上海证券交易所内部研究报告；程茂军：《试论上市公司自愿性信息披露的法律规制》，载于《证券法苑》2017年第2期。

另一方面，自愿披露的信息绝不必然否定"重大性"。如果用"重大性"来划分强制披露与自愿披露会出现以下谬论。

一家上市公司在对某一信息进行自愿性披露过程中存在不正当披露行为，且因其不正当的披露行为，最终引发了股价波动，达到了"重大性"的标准，于是认为该信息具有了"重大性"。如若认为"重大性"标准是界定强制性信息披露的独立要件，则会陷入怪圈，看似它应该落入到了强制性信息披露的范围。易言之，一个事先不属于强制性披露规则中的事项自愿披露后，因不当的披露行为出现股价波动，在事后就变成了强制披露的信息。出现这一误区就在于过于绝对化地解释了"重大性"。

综上所述，不能机械地用"重大性"标准界定强制性信息披露与自愿性信息披露。属于自愿性信息披露范畴内的信息同样可能达到"重大性"标准。例如前文所述的泰和科技，在新型冠状病毒肺炎疫情（以下简称"新冠肺炎疫情"）期间主动信息披露称，其生产的产品可用于新冠肺炎疫情期间的消杀工作。在新冠肺炎疫情期间，这样的信息必然会引起投资者的关注，属于利好消息。并且事实也证明该信息的虚假陈述引发了股价的波动。但如若没有新冠肺炎疫情的背景，泰和科技主动披露这样的信息不见得会引起投资者的关注。可见在特定的情境下，自愿性披露的信息当然可以达到"重大性"标准。所以界定强制与自愿仍要看是否有法律对其明文规定。

（2）重大性在自愿性信息披露制度适用的分析。"重大性"标准是公权力在划定强制性信息披露范围时采用的标准或依据，形象地说公权力是用重大性这把带有刻度的标尺划定了强制披露的范围。当然，自愿性信息披露的范畴内同样可能出现符合重大性标准的信息，只是公权力没有将其划定在强制性披露的范畴内。

具体而言，对于强制性信息披露是公权力主动代投资者进行了事前判断。站在投资者的角度，把投资者做出价值判断相关所必需的信息筛选出来，并要求上市公司必须披露。所以，不能用重大性绝对割裂自愿与强制，自愿性信息披露并不排除适用"重大性"标准。一个在事后符合重大性标准的信息是因为没有事前的法律规定，故而允许其进行自愿披露。所以界别强制与自愿要看是否有法律强加的披露义务。且不能因法律事前没规定而直接否决自愿披露的信息与重大性的关联。

在法律责任层面，厘清"重大性"标准的意义在于，消除违法自愿性信息披露行为人承担虚假陈述行政、民事责任的困惑。对于危害性较大的违法自愿性信披行为必然要追究行政、民事责任，但不论对行政责任或是民事责任而言，"重大性"标准均是认定存在虚假陈述行为的构成要件之一。本文以民事责任举例说明。虚假陈述是一种特殊的侵权行为[1]，且随着专家学者的深入研究，现已明确"重大性"是认定侵权责任中"行为"这一构成要件的独立部分[2]。换言之，若要判定虚假陈述行为人承担侵权责任，首要认定的即为虚假陈述行为具有虚假性及重大性。如采用前文所述部分学者的观点，自愿性信息披露为非重大性信息，则直接阻断了自愿性信息披露适用虚假陈述侵权责任的路径。当然，自愿性信息披露的信息也会在特定的情况下出现"重大性"的属性，所以无论是在学理层面抑或是监管层面，只有厘清"重大性"标准在自愿性信息披露的适用，方能为规制自愿性信息披露找到依据。

在实践层面，上市公司在自愿披露信息时需要参照强制性信息披露中法定"重大性"标准，对于法律规则之外的信息，根据公司情况自行设定披露标准。事前法律没有对披露这个信息强加披露义务，但公司一旦选择披露就要负担义务。此时上市公司有义务去"代行投资者判断"，公司披露前要判断该信息是否与投资者决策有关或可能会影响股价。

最后，本文认为自愿性披露的信息具有重大性正是鼓励自愿性信息披露所要试图达到的目标，因为同样的披露内容采取不同的披露模式对于投资者而言，并不会对其做出判定造成很大的影响[3]，反而自愿性信息

---

[1] 郭锋：《证券市场虚假陈述及其民事赔偿责任——兼评最高院关于虚假陈述民事赔偿的司法解释》，载于《法学家》2003年第2期。

[2] 《全国法院民商事审判工作会议纪要》第八十五条明确指出审判实践中要注意区分"重大性"要件与"信赖"要件。"重大性"要件与"信赖"要件是相互独立的，"重大性"要件是从属于虚假陈述"行为"要件的子要件，"信赖"要件是从属于"因果关系"要件的子要件。

[3] 林秀凤、郑雅如、林秉孝、陈政彦：《自愿性环保资讯揭露对公司价值之影响》，载于《东海管理评论》2013年第1期。

披露的信息更能提高信息披露的质量。

（三）信息披露义务人的相关义务

1. 及时更新义务

更新义务是指当先前信息披露义务人自愿披露的信息确已发生实质性变化时，信息披露义务人有义务对该信息进行更新。这是自愿性信息披露区别于强制性信息披露时需要明确的义务之一。并不否认强制性信息披露不存在更新义务，未在强制性信息披露中重申更新义务主要基于以下两点原因：其一，强制性信息披露的信息大多是已经发生的重大事项，披露行为具有滞后性。易言之，强制性披露完成之后，即该信息已体现在市场价格时，该事项已成为过去完成时态。其二，即便先前强制性披露的信息发生实质性变化，该事项当然仍属于强制性披露的范畴，无须再额外地说明更新义务。需要在自愿性信息披露中明确更新义务的讨论基础，在于自愿性信息披露的信息往往是预测性信息，即信息披露义务人披露的重点并非既有的事实，而是根据既有事项对未来情况的预测，抑或是对事态发展的展望。故此，需要明晰自愿性信息披露义务人具有对信息进行更新的义务，更新义务在一定程度上可解释为：自愿性信息披露在特定的情形下触发强制性披露（更新）的义务。

本文认为，自愿性信息披露中，信息披露义务人应当承担更新义务。基于披露完整性原则，信息披露义务人自愿披露的信息必须完整，完整披露也就意味着信息披露义务人需要对该信息的后续发展及时地予以更新披露，即此时信息披露义务人负有强制性披露的义务。之所以能在自愿性信息披露之后会触发强制性的披露（更新）义务，在于上市公司先前的自愿披露行为会造成投资者对该信息的合理信赖。例如，对于战略或预测性信息而言，公司披露信息即为向投资者承诺或明确该公司的战略规划，投资者在一定程度上会产生继续信赖，而对这种信赖保护只能通过信息披露义务人不断地更新信息得以实现。

对强制性信息披露而言，并无所谓的更新义务，这是因为该信息是强制性法律规定必须披露的，也是持续性信息披露的应有之义。正如前文所述，自愿性信息披露同样要满足信息披露的各项基本原则，所以信息披露义务人要负有更新义务以确保持续性披露。

已有研究中有学者认为不应当强加信息披露义务人更新义务，主要原因在于持续更新信息是为了满足信息的真实性要求，但真实性是一个相对概念。法律因其固有的滞后性，仅能要求信息披露义务人在自愿信息披露时保证当时是真实信息，要求信息披露人事后更新是不合理的。否定说从立法论的角度进行了阐述，但若要深究信息披露的目的，从信息披露试图达到的效果而言，赋予信息披露义务人更新义务似乎更有说服力①。

2. 履行承诺披露义务

我国《证券法》第八十四条第二款规定了履行承诺披露义务②。首先要明确的是当事人做出公开承诺披露的一定是自愿性信息披露范畴内的内容，强制性信息披露范畴内的信息无须当事人做出披露承诺，属于必须披露的信息。

当事人做出公开承诺意在获得投资者的支持，稳定证券市场的预期。在实际承诺履行过程中，上市公司及其相关当事人会出现违背承诺、不履行承诺、随意变更承诺、违反承诺等不当的信息披露行为。我国证监会曾对在沪深两市挂牌的上市公司开展过针对承诺履行事项的专项检查，一共审查了2493家上市公司，在这两千多家公司当中未完全履行承诺的公司共有一千六百多家，其中更有八十多家公司从未有履行承诺的行为。

我国《证券法》第八十四条第二款首次在法律层面对履行承诺披露义务做出规定。本条规定未履行公开承诺的侵权责任主体是发行人及其控股股东、实际控制人、董事、监事、高级管理人员等作出公开承诺的信息披露人。这类主体不仅知悉公司的重大决策及重要信息，而且其言行对投资者的信赖感和证券市场的稳定性有较大影响。未履行公开承诺

---

① Donald C. Langevoort., G. Mitu Gulati, The Muddled Duty to Disclose Under Rule 10b-5, Vanderbilt Law Review, Vol. 57, 2014.

② 该条规定信息披露义务人对披露事项作出公开承诺后，应当履行承诺披露信息。不履行承诺披露义务给投资者造成损失的，应当依法承担赔偿责任。

的侵权责任,是指发行人及其控股股东、实际控制人、董事、监事高级管理人员等信息披露义务人,没有履行其披露的公开承诺而给投资者造成损失所应承担的民事赔偿责任。

3. 一致性披露义务

一致性披露义务同样也是信息披露义务人在决定自愿信息披露之后,触发的强制性披露义务。这项义务在《深圳证券交易所创业板上市公司规范运作指引》第5.1.23条中有所体现。一致性披露是较高的注意义务,可理解为上市公司自我划定了披露标准或自愿降低了强制性信息披露的标准。具言之,上市公司一旦决定披露该事项,即要负担一致性披露义务,当今后公司发生达到相同披露标准的事项时,该公司必须参照之前的模式进行披露。

实践中,上海证券交易所曾在2020年3月对未按照一致性标准自愿披露信息的上市公司予以监管关注[①]。上交所认定的湖南百利工程科技股份有限公司存在违规披露的事项涉案金额占公司近一期经审计净资产的9.05%,属于自愿性信息披露事项。但是因该公司先前有类似的披露事项,且当时的披露金额仅为4500万元。故此,上交所认定该公司自愿性信息披露存在不及时、选择性滞后的不当披露行为[②]。

需要说明的是,上市公司仍具有调整该披露标准的主动权,即上市公司可以再次调整该标准或决定今后就有关此类事项不再进行自愿性信息披露。例如,福建博思软件股份有限公司于2018年10月30日发布《关于确定自愿披露日常经营重大合同披露标准的公告》,将公司日常经营合同的披露标准自愿调整为:标的金额达到2000万元以上[③]。但时隔一年后,该公司对该标准做出调整,修改为标的金额达到3000万元以上[④]。

---

① 湖南百利工程科技股份有限公司前期于2019年4月26日及时披露了其董事会审议以4500万元参与投资设立百利坤艾氢能膜材有限公司的事项。2019年12月6日,该公司召开董事会审议通过了《关于控股子公司对外投资的议案》,公司子公司计划出资1亿元人民币成立百利坤艾氢能科技(青岛)有限公司,但对于该信息公司并未及时披露。

② 资料来源:上海证券交易所官网:《关于对湖南百利工程科技股份有限公司及时任董事会秘书李良友予以监管关注的决定》。

③ 资料来源:福建博思软件股份有限公司2018-126公告。

④ 资料来源:福建博思软件股份有限公司2020-039公告。

诚然，上市公司在自愿性信息披露中保持一致性披露具有较高的注意义务，但此为上市公司选择行使自愿披露权利后，所必然要承担的相应义务。而且，上市公司降低强制性信息披露的披露标准也可更全面地让投资者了解公司价值。

（四）违规自愿信披的法律责任

基于上文分析的自愿性信息披露法律规制的基本内容，本文将重点讨论违法违规自愿性信息披露行为法律责任问题。虚假陈述是证券欺诈行为中最常发生且危害性最为严重的违法行为之一，对于违法违规的自愿性信息披露行为自然要追究其法律责任。法律责任的设计归根到底终究是为了实现三个目标：其一是保护法益，其二是惩罚阻却违法者，其三是填补受害者损失。故此，要合理配置刑事、行政、民事及自律法律责任，更好地彰显法律责任所具有的惩罚、威慑及预防功能。

对于刑事责任而言，《中华人民共和国刑法》规定了违规披露、不披露重要信息罪①，且于2021年3月1日起正式施行的《刑法修正案（十一）》大幅提高了欺诈发行、信息披露犯罪的刑罚力度，起刑点由三年提升至五年，严重犯罪的徒刑最高可到十年，取消了罚款金额的上限限制。这次刑法修订表明了我国资本市场"零容忍"打击证券期货犯罪的决心，对于维护市场平稳健康发展、推进注册制改革、切实提高违法成本、保护投资者权益具有十分深远的意义。

《证券法》规定虚假陈述构成犯罪须依法追究刑事责任②，但鉴于刑法作为保护法益的最后一道屏障的谦抑性，以及实践中自愿性信息披露的内容几乎不会达到入罪标准，本文就主要围绕自愿性信息披露虚假陈述的行政、民事及自律责任展开论述。

1. 过罚相当的行政责任

宝利国际案是证监会对上市公司自愿性信息披露违法行为做出的首

---

① 资料来源：《中华人民共和国刑法》第一百六十一条。
② 资料来源：《中华人民共和国证券法》第二百三十一条。

例行政处罚，具有一定的震慑作用。但本文认为，证监会在对宝利国际做出行政处罚决定的法律适用上缺少必要的说理论证。证监会对宝利国际五项违法信息披露行为做出行政处罚适用的法律依据均为《证券法》（2014年修订）第一百九十三条。本文认为，证监会做出的行政处罚决定有以下不妥之处：

对违法自愿性信息披露适用《证券法》第一百九十三条缺少必要的说理论证，尤其是未对自愿披露虚假陈述如何符合"重大性"标准进行必要论述。

总体而言，学界对虚假陈述"重大性"标准的研究并不充分，大多数研究集中在认定内幕交易中内幕信息"重大性"标准问题①。因文章篇幅限制及研究目的，本文不在此深入研究虚假陈述"重大性"标准的认定问题。为论证虚假陈述行政责任需以"重大性"为构成要件，在此对行政责任中"重大性"标准加以说明。

通过文义解释，似乎只有"重大遗漏"这类虚假陈述行为需要满足"重大性"标准，但通过体系解释可认为《证券法》规定的虚假记载、误导性陈述或者重大遗漏三类虚假陈述行为均需满足"重大性"，也即"重大性"标准是认定虚假陈述行政责任的构成要件之一。之所以出现此问题是因为立法"误译"及审判中说理需求的缺失②。并且，最高院发布的关于虚假陈述民事诉讼的司法解释全面采用了对虚假陈述的"重大性"判断标准③。故此，毋庸置疑的是行政责任的认定也需满足"重大性"标准。

"重大性"标准是认定虚假陈述"行为"要件的子要件之一。易言之，"行政机构有必要证明披露信息的'重大性'才能予以处罚④"。之所以法院在审理强制性信息披露虚假陈述案件时，缺少对"重大性"标准的说理，是因为我国对强制性信息披露采用的列举式立法模式，法院

---

① 有关内幕交易中的重大性问题，参考李有星、徐鹏炯：《内幕信息重大性标准探讨》，载于《浙江大学学报（人文社会科学版）》2017年第3期。

②④ 王彦光：《证券信息披露中的重大性认定——以"万家文化案"为例》，载于《证券法苑》2020年第3期。

③ 资料来源：《关于审理证券市场因虚假陈述引发的民事赔偿案件的若干规定》。

通常只需认定信息披露违法行为及事实（小前提），将其与《证券法》等法律法规（大前提）规定的强制性信息披露内容相对应即可。对于强制性信息披露违法行为姑且可以如此审判，但对于自愿性信息披露的违法行为，法院有必要对该违法自愿性信息披露行为如何符合"重大性"标准加以说明。宝利国际案中，证监会只是简单认定该公司先前自愿披露的事项已发生重大变化，并未具体根据"股价敏感标准"或"影响投资者决策标准"展开合理的说理论证。

综上所述，本文认为对违法自愿性信息披露追究行政责任时，违法行为仍要达到"重大性"标准。具体而言，若一家上市公司对某一信息进行自愿性披露，在披露过程中有不正当披露行为，且因其不正当披露行为，最终引发股价波动，达到"重大性"标准，此时方可进一步追究其行政责任。对于未达到"重大性"标准的不当自愿披露行为，有观点称要对此情况作以区分，设置两档行政处罚，对于违规自愿性信息披露行为单独适用第二档行政处罚。诚然，设置两档行政处罚合乎于行政法的"皇冠原则"——比例原则①，但是仍需要维持国家法律的严谨、一贯性。故而本文认为，对于自愿性信息披露违法行为要设置过罚相当的行政责任。对于达到"重大性"标准的违法披露行为，可做出行政处罚；对于未达到"重大性"标准的违规披露行为，因其危害性小，可由证券交易所对其监管，并适用自律责任规制。

2. 集体诉讼制度下的民事责任

前文已经厘清违法自愿性信息披露适用虚假陈述侵权责任的路径，对于达到"重大性"标准的不当自愿披露行为可同强制性信披一样适用虚假陈述民事责任。对于未达到"重大性"标准的不当披露行为，则需要自律责任规制。从侵权责任构成要件分析，"重大性"是行为要件的子要件。有观点认为在判断民事诉讼中是否触发虚假陈述的"重大性"标准上，要探索建立一套与行政监管相独立的认定标准②。但无论是否要将

---

① 刘权：《目的正当性与比例原则的重构》，载于《中国法学》2014年第4期。
② 汤欣、张然然：《虚假陈述民事诉讼中宜对信息披露"重大性"作细分审查》，载于《证券法苑》2020年第1期。

"前置程序"与民事诉讼完全剥离,已然明确的是在民事责任的适用中,同样要对违法自愿性信息披露行为如何达到"重大性"标准加以明确,进行实质性审查。

再者,本文想重点强调中国版证券集体诉讼制度对完善虚假陈述民事责任带来的重大意义。其中,证券纠纷代表人诉讼是一项具有中国特色的证券诉讼制度,其弥补了以往无论是理论层面抑或是司法层面上,证券民事赔偿救济乏力的制度短板[1],并且该制度极大地提高行为人的违法成本,可切实弥补投资者所遭受的损失。在已有的文献中,多数学者在比较法视域下讨论我国证券市场民事责任制度时,总会强调我国缺少移植先进制度的基础[2]。但我国证券集体诉讼制度的确立,解决了我国众多投资者在遭受损失后不想、不愿、不能提起民事诉讼这一痛疾。

诚然,有关证券虚假陈述民事诉讼"前置程序"的存废仍有诸多讨论,有观点称我国虚假陈述民事诉讼已进入"后前置程序"时代[3]。但中国版证券集体诉讼制度的确立,不仅是为自愿信息披露民事责任制度提供了重要基础,更可铲除虚假陈述这类资本市场的毒瘤。对于如何完善自愿信披违法行为的民事责任将在后文进行讨论。

3. 自律监管背景下的自律责任

在刑事追责、行政处罚及民事赔偿的有效衔接下,对于自愿性信息披露规制而言,更要关注于自律责任。在我国,证券交易所作为证监会的会管单位,从设立之初就具有官方色彩,自然其自律监管就具有"权力"及"权利"的双重属性。之所以要重视自律监管,其一,随着我国资本市场的深化改革,以及注册制改革的深入推进,若要让市场真正地起到决定性作用,自律性监管要得到充分保证。其二,证券交易所作为

---

[1] 邢会强:《证券纠纷特别代表人诉讼具备制度优势》,载于《中国证券报》2021年4月20日,第A05版。

[2] 例如有学者认为,中国缺乏移植安全港的制度基础及理论基础,不具备移植的可能性。参见魏俊:《证券法上的安全港及其制度价值——以前瞻性信息披露为例》,载于《证券法苑》2014年第3期。

[3] 夏东霞、杨婷、王琦:《尽快适应"后前置程序"时代》,金杜研究院微信公众号,2021年5月8日。

证券市场的最前线，其对交易情况进行着实时监控，证券交易所具备发现违法违规行为的天然条件，如前文所述的雅本化学及泰和科技两家上市公司"蹭热点"的违法行为，均由深圳证券交易所上报证监会立案调查。

《证券法》对证券交易所的法律地位有所规定，明确了证券交易所自律管理的原则和手段①。以上海证券交易所为例，自律责任主要规定在《上海证券交易所股票上市规则》及《上海证券交易所纪律处分和监管措施实施办法》中②。总体而言，自律责任对上市公司起到的威慑力并不大③，交易所需要进一步加大自律责任的规制力度。但对于自愿性信息披露的违规行为而言，似乎对轻微的违规披露行为处以自律责任更合乎于比例原则。

三、自愿性信息披露法律规制体系的完善

（一）基本制度的完善

随着《证券法》确立了自愿性信息披露制度，标志着我国初步建立了自愿性信息披露制度的框架。但基于上文分析，我国自愿性信息披露法律规制仍存在诸多问题。基于上文的分析研究，提出如下具体规制建议。

1. 加强顶层设计与下位法衔接

（1）明确"重大性"标准在自愿性信息披露制度的适用。积极层面上，厘清重大性标准的意义在于明确界定自愿性信息披露与强制性信息

---

① 《证券法》第一百一十五条第二款：在证券交易所从事证券交易，应当遵守证券交易所依法制定的业务规则。违反业务规则的，由证券交易所给予纪律处分或者采取其他自律管理措施。

② 上海证券交易所对上市公司及相关信息披露义务采取的惩戒手段包括具有惩戒意义的监管措施和纪律处分。监管措施有：口头警告、监管关注、监管谈话、暂不受理保荐人、证券服务机构及相关人员出具的文件；纪律处分有：通报批评、公开谴责、公开认定不适合提供上市公司董事、监事、高级管理人员、董事会秘书、建议法院更换管理人或者管理人成员。

③ 吴建忠：《论证券交易所对上市公司信息披露的监管》，华东政法大学学位论文，2013年。

披露的标准。不能将"重大性"作为区分强制性信息披露与自愿性信息披露的独立要件。在特定的情形下，自愿性信息披露的事项也有可能符合"重大性"标准。消极层面上，厘清"重大性"标准的意义在于明确违法自愿性信息披露行为适用虚假陈述行政、民事责任的路径。

具言之，自愿性信息披露的法律规制要鼓励上市公司参照强制性信息披露的"重大性"标准，对于法律规定之外的信息，根据公司情况自行设定披露标准。事前法律没有对披露该信息强加义务，但公司一旦选择披露，行使自愿性披露的权利即会触发相应的义务。此时上市公司有义务去"代行投资者判断"，公司披露前要判断该信息是否会与投资者做出投资决策有关或是否会影响股价，甚至更有可能会达到"重大性"标准。

（2）完善自愿性信息披露虚假陈述民事责任。前文厘清了自愿性信息披露虚假陈述适用侵权责任的路径，且《证券法》第八十五条关于虚假陈述民事责任的规定中并未对强制性披露及自愿性披露加以区分适用。但最高院发布的《关于审理证券市场因虚假陈述引发的民事赔偿案件的若干规定》（以下简称《司法解释》）存在规定不明的情况①。

根据《证券法》的规定，符合"重大性"标准的违法自愿性信息披露行为可以适用侵权责任。但《司法解释》中关于重大事件的规定反而给自愿性信息披露适用侵权责任带来困惑。《司法解释》中专门强调要结合《证券法》中关于强制性信息披露的规定来认定重大事件。如此的规定，反而阻碍了自愿性信息披露适用虚假陈述民事责任的路径。

故此，本文认为应当对该《司法解释》第十七条做扩张解释，不能仅凭借强制性信息披露中列举的重大事件来界定"重大性"，可将"对股票交易价格产生较大影响"及"对投资者作出价值判断和投资决策产生较大影响"作为判定重大事件的标准。

---

① 资料来源：《最高人民法院关于审理证券市场因虚假陈述引发的民事赔偿案件的若干规定》第十七条第二款的规定。对于重大事件，应当结合《证券法》第五十九条、第六十条、第六十一条、第六十二条、第七十二条及相关规定的内容认定。

（3）上位法与下位法的衔接。如前文分析，我国自愿性信息披露制度存在上位法与下位法要求不一致、内容表述不一致等冲突或矛盾的地方。《证券法》作为一部法律自然无需对自愿性信息披露的内容作事无巨细的规定。对此首先，下位法要合理界定强制披露和自愿披露的具体内容。不能用"重大性"标准绝对地割裂自愿性信息披露与强制性信息披露。一个在事后符合"重大性"标准的信息是因为没有事前的法律规定，所以法律允许其进行自愿披露。所以界别强制性信息披露与自愿性信息披露时，要看是否有法律强加的披露义务。且不能因法律事前没规定而直接否决自愿性披露的信息与重大性的关联。再者，规范性文件不仅要与上位法保持一致，各规范性文件之间也要保持一致性，不可出现相互矛盾的内容。

2. 细化自愿性信息披露法律规范

前文分析，我国关于自愿性信息披露的规定混杂于强制性披露的相关内容中，针对性不强。首先，本文建议证监会在《上市公司信息披露管理办法》中设专节对自愿性信息披露进行规定。依据《证券法》的修法精神，主要围绕对自愿性信息披露的基本原则、主要内容、权利义务及披露方式、渠道做出针对性规定。其次，证券交易所可以借鉴上交所发布的《上海证券交易所科创板上市公司自律监管规则适用指引第 2 号——自愿信息披露》经验，一方面，对交易所其他板块也设置相应的有针对性的自愿性信息披露指引，以此统一自愿性信息披露的内容要素和格式等要求，从而积极引导行业内优秀企业率先规范其自愿性信息披露；另一方面，可制定专门针对某一类自愿性信息披露事项的规范性文件。对于自愿性信息披露的事项具体可分为两类：一是降低强制性信息披露标准的内容，对此类内容的披露上市公司具有一定的主动权；二是除强制性信息披露事项之外的其他事项。如战略性信息、预测性信息①、业务信息、行业信息、研发信息、财务信息等。我国目前专门针对

---

① 专门针对自愿性披露事项的规范性文件有深圳证券交易所发布的《上市公司社会责任指引》和上海证券交易所发布的《上交所上市公司环境信息披露指引》。

自愿性信息披露规范的文件较少。

(二) 设置"安全港"规则

1. 证券集体诉讼为经验移植提供制度基础

美国的"安全港"规则在一定程度上促进了上市公司自愿性信息披露的发展和完善。"安全港"规则是指"只要财务预测是根据合理基础及诚信原则编制的,即使披露的信息与事实不符,也不被视为虚假和误导,皆可受到安全港规则的保护①"。

美国"安全港"规则的发展大致经历了两个阶段。第一阶段是1979年的安全港规则。该规则具体内容为:对于向SEC提交文件中的书面陈述,只要该陈述是建立在合理的基础上且以诚信的方式披露,即便上述书面陈述与后发生的现实难以印证或并不相符,也不会再被视为存在误导或虚假。第二阶段是1995年的私人证券诉讼改革法案规定了预测性信息披露的免责制度。该法案确立了"安全港"规则的基本构成要件:其一要具备与预测性信息同步披露的充分性警示提示。其二要具备善意的主观心理状态。具言之,在进行自愿性信息披露时要满足以下条件方可适用"安全港"规则进行豁免:第一,披露的信息应当是预测性信息。预测性信息是披露人基于现有公司经营情况对公司未来经营情况的主观判断。其与业绩预告信息不同,业绩预告信息是对公司财务数据的提前披露,其已经存在有客观的事实依据。第二,在信息披露时必须有充分的警示性提示,充分性要求一般的原则性警示提醒不足以构成有实质意义的警示性陈述。易言之,所有可能涉及的个性化风险都要在此做出提示。第三,市场中其他参与主体真实地相信并且有合理的理由相信,披露人在披露信息时并不知道任何可能会发生的对该陈述准确性产生重大损害的事实。

需要注意的是我国的证券市场基本属性和基础设施与美国证券市场

---

① See Section 27A, Securities Act of 1933, the same as Section 21E, Securities Exchange Act of 1934.

有很多不同之处，美国的安全港规则并非一项独立的制度，还伴随着自由流动的资本市场和完善的证券民事诉讼体系①，美国的"安全港"规则也正是随着美国证券民事诉讼制度的发展而不断演进的。此外，"安全港"规则的立法目的之一正是为了降低"善意"披露者的诉讼成本，避免因证券集团诉讼带来的大量的恶意诉讼。

因此，对于我国借鉴并移植"安全港"规则的路径，需要我国加强完善证券市场基本制度及基础设施的建设，特别是要落实证券集体诉讼制度的优势，如此方能使"安全港"规则在证券市场中充分发挥效能。

2. 完善预测性信息虚假陈述的民事责任制度

预测性信息是信息披露客体中最为重要的信息类型之一。过往的主流观点认为"信息披露监管的对象限于'硬信息'"②，且如前文所述，美国证券市场发展初期，证券监督管理机构不允许上市公司披露预测性信息，其认为该信息往往是不可信的。但随着市场的不断完善，投资者更多地开始关注投资目标预期价值及公司未来的发展情况，预测性信息之类的"软信息"更能有效解决信息不对称的痼疾，同时可以提升上市公司形象。当然，预测性信息并非多多益善，正因如此，"安全港"规制的另一立法目的即为合理规制上市公司对预测性信息进行披露。预测性信息大多属于自愿性信息披露规制的范畴，本文以预测性信息为例，分析"安全港"制度在中国证券诉讼制度中的适用路径，同时对完善预测性信息虚假陈述民事责任制度提出建议。

如上文所述，"安全港"规则的发展及完善得益于先进的证券民事诉讼制度。在制度移植过程中，不能简单地套用"模板"，须考虑中国证券市场及司法审判实践，各取所长制定符合我国实际情况的"安全港"制度。深入而言，基于证券市场的专业性及复杂性，证券法相较于其他部门法而言，除了具有很强的理论性外，其还具有更为"浓厚"的技术性③。对于虚假陈述民事诉讼而言，在审理中最为重要的关键之处即为对

---

① 吕富强：《美国前景预测制度及其借鉴》，载于《证券市场导报》2009年第9期。
② 张保华：《上市公司预测性信息披露制度研究》，载于《法律适用》2003年第4期。
③ 施天涛：《商法学》（第6版），法律出版社2020年版。

"重大性"标准的审查,但目前我国虚假陈述民事诉讼过多依赖于行政处罚中有关"重大性"的认定,较少有法院结合案件实际情况对"重大性"作实质性的认定①。"安全港"规则的价值正是体现在民事诉讼中,在借鉴"安全港"制度优势的同时,更要结合实际情况优化我国虚假陈述民事诉讼制度。

其一,对"安全港"规则而言,在司法审判中,首要判断的是上市公司是否"善意"地对具有合理预测基础的预测性信息进行正当披露,但对于"善意"的判断具有较强的主观性。故此,本文认为可以结合上市公司的披露决策过程进行实质审查。上市公司对预测性信息的披露决策如图1所示。

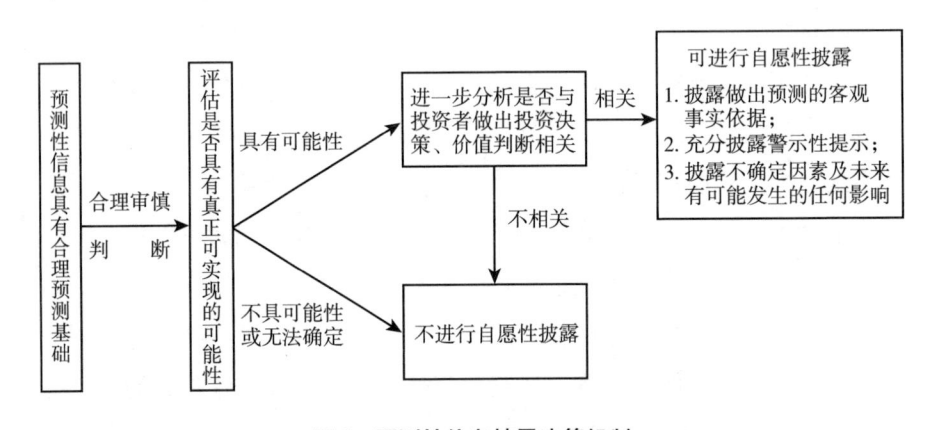

图1 预测性信息披露决策机制

法院在审理时,可以结合上市公司自愿披露预测性信息的流程判断上市公司是否具有"善意"。首先,意图披露的信息要具有合理的预测基础,且具有实现的可能性。其次,要判断该信息与投资者做出投资决策是否具有相关性。对于客观披露行为的审查,上市公司应当充分披露做出预测所依据的客观事实、充分披露在实质意义上具有针对性的警示性提示、充分披露该预测性信息未来可能发生的任何影响或不确

---

① 对于证监会做出的行政处罚,法院一般情况下会直接认定该虚假陈述行为构成重大性标准。但对于财政部等其他部门做出的行政处罚而言,出现有部分法院对其重大性进行单独审理。资料来源:杨旭、何积华:《证券虚假陈述民事案件裁判规则研究》,北京大学出版社2018年版,第87页。

定因素。此外，关于制定上市公司自愿性信息披露制度将在后文加以论述。

其二，在司法审判中要对"重大性"标准作实质性细分审查。自愿性信息披露区别于强制性信息披露最明显之处在于自愿性信息披露无明确的披露标准。易言之，自愿性信息披露的标准只是与投资者做出决策相关，还未上升到"重大性"程度。但当自愿性信息披露行为触发强制性披露义务，或是违法的自愿性信息披露行为确实造成市场股价的异常波动，违法自愿性信息披露行为在适用虚假陈述法律责任时，必然要对该信息是否符合"重大性"标准作实质细分审查①。在司法实践中，可采用二元标准对"重大性"进行审查②。具言之，在审查"重大性"标准时，可先采用"股价敏感"标准进行定量分析，当定量分析的结果达到"重大性"的法定情形时，即可认定其达到"重大性"标准。当缺乏法定的量化指标或不宜单独将"股价敏感"标准作为审查依据时③，可以适用"投资者决策"标准。法院应当以理性投资者标准对案件事实及"重大性"作实质审查。

（三）创新监管模式

1. 构建政府监管与自律监管相结合的监管模式

目前，我国的证券信息披露监管模式采用以政府监管为主的监管模式。并且，对于信息披露而言，证券行政监管机构必然要承担打击虚假陈述违法行为、维护证券市场公平之责，且证券行政监管机构在市场中角色最为中立，故其是监督信息披露制度实施的"最佳人选"④。

---

① 汤欣、张然然：《虚假陈述民事诉讼中宜对信息披露"重大性"作细分审查》，载于《证券法苑》2020年第1期。
② 徐文鸣、刘圣琦：《新〈证券法〉视域下信息披露"重大性"标准研究》，载于《证券市场导报》2020年第9期。
③ 张心悌：《财务预测重大性之判断——兼论财务预测安全港制度》，载于《台大法学论丛》2012年第84期。
④ 杜晶：《我国注册制改革的具体路径探析》，载于《财经法学》2017年第3期。

但随着我国资本市场的深化改革,真正让市场起到决定性作用,自律性监管要得到充分保证。《证券法》同样对证券交易所的法律地位有所规定,故此要正确划分证监会的职权边界,保障交易所自律监管的独立性与自主性。

构建自律监管与政府监管相结合的监管模式,要求政府监管与交易所自律监管形成互补与协作关系。行政监管更多地表现为法律的执行和政策的制定,自律监管主要体现在交易所对日常行为的监管。另外,要丰富监管手段,进一步完善交易所的监管职责。

2. 设立动态积分制度

在完善我国现有的信息披露监管手段和处罚措施中,可以借鉴韩国交易所的扣分、罚款、有奖举报、强制教育培训等制度。对于自愿性信息披露的违规行为而言,其往往不具有严重的危害性及引发大规模的市场波动,对于轻微的违法违规行为,可以借鉴韩国的经验,采用动态积分制度进行监管。

韩国对于披露虚假信息的公司采取扣分处罚的模式①,对于上市公司进行虚假陈述的行为,首先交易所会公布违法行为及被扣分的事实。根据扣分程度的不同,设置不同的在媒体公告的时长。其次是扣分处罚节点。交易所会以先前的预扣分数为基础,根据违规披露故意或过失等主观情况进行调整。同时也会根据公司过往的披露情况加以调整,如过往信息披露一贯良好则可酌情减少扣分。最后是处罚阶段。包括罚款、强制接受教育和整改等措施,交易所会根据积分扣分的分值来决定罚款的数额。证券交易所在对自愿性信息披露进行监管中,可以设立上市公司信息披露动态积分制度。明晰具体的积分、扣分标准,根据日常监管的结果定期调整积分榜,对于积分过低的公司采取进一步的严格处罚措施,一方面在激励上市公司进行自愿性信息披露的同时,另一方面也可以对危害程度不高的违规披露行为加以惩戒。

---

① 董新义:《论上市公司信息披露监管的制度完善——以韩国制度为借鉴》,载于《证券法苑》2014年第2期。

（四）上市公司规范自愿性信披行为

1. 制定公司自愿性信息披露制度

美国财务会计准则委员会（FASB）曾针对上市公司自愿性信息披露制定了一套决策步骤，用以帮助上市公司决策是否需要进行自愿披露步骤，并指导上市公司进行合理规范的自愿性信息披露。上市公司可以通过制定自愿性信息披露制度的方式规范其自愿性信息披露行为。其中，判定是否要对某一项信息进行披露的决策流程可借鉴参考如下：

（1）识别确立对公司取得成功尤为重要的业务或因素。每一个公司都有属于公司特有的，对公司发展起到重要推动作用的重大（重要）信息，而且该业务或因素对于投资者而言也是尤为重要的信息。

（2）确立促使公司一定能取得上述成功或重要发展的公司战略及规划纲要。公司的战略规划及长短期内的计划对投资者而言也十分重要。

（3）确定衡量第一项所涉及的业务及第二项所涉及的战略规划重要性标准。

（4）评估公司自愿性披露达到该标准的信息是否会影响公司的竞争地位。

（5）决定是否披露。公司一旦对公众自愿披露了信息，下一步要确保披露的及时、完整性，并要保持披露的一致性。

实践中，也有少数的上市公司制定自愿性信息披露管理制度。我国中潜股份有限公司在 2020 年 4 月 28 日公布了《中潜股份有限公司自愿性信息披露管理制度》，该制度在行业内对自愿性信息披露起到一定的引导作用。

2. 披露前代投资者判断信息价值

如前文所述，"重大性"标准是公权力在划定强制性信息披露范围时采用的标准或依据，形象地说公权力是用重大性这把带有刻度的标尺划定了强制披露的范围。易言之，是公权力主动代投资者进行了事前判断。监管部门站在投资者的角度，把与投资者做出价值判断相关所必需的信息筛选出来，并要求上市公司必须对此类信息进行披露。因此，本文认为自愿性信息披露同样参照"重大性"标准进行披露,只是在该语境下,该标准为信息披露义务人"认定的重要性"抑或是必要性。即上市公司披露的信息务必要与投资者做出价值判断及投资决策有关。这就要求上市公司在进行自愿性信息披露之前,要代投资者判定该信息的价值,如若认为对投资者做出价值判断及投资决策或对股票价格有影响,上市公司方能对该信息进行自愿披露。

个人金融信息保护中的知情同意原则研究

——以情境理论为视角

王 楠[*]

摘要： 个人金融信息中的知情同意原则困境，是个人信息利益与金融信息产业利益之间张力的明显表现，它对个人金融信息处理者与个人金融信息主体均提出了判断压力的挑战，并直接影响了知情同意的实现程度。通过知情—同意的法规范分析，得出知情—同意原则中的"同意"具有情境性，并且通过"知情"来补充其同意的意思，表示的情境完整性，这可以引入情境理论进行观察，指明情境对应于日渐动态化、多元化的个人金融信息处理态势，可以得到对知情同意的新的理解方式。而情境破缺也由于媒介的强化而需要进一步明确从金融情境角度复原同意完整性的必要，它可以分别从区分告知情境、目的解释、风险评估方面对个人金融信息知情同意原则进行优化。

关键词： 知情同意原则；个人金融信息；情境理论；情境完整性

《中华人民共和国个人信息保护法》及《中华人民共和国数据安全法》的实行，正在与其余部门法形成一个相对完整的数据、信息保护框架，特别是在《个人信息保护法》及中国人民银行发布的《中国人民银行金融消费者权益实施保护办法》中，知情同意原则都在立法中有所表

---

[*] 王楠（1994年生），女，山西长治人，西南政法大学法学硕士，广东华商律师事务所律师助理，研究方向为公司与金融法。

现，并且作为一个重要原则被确定下来。同时，基于个人金融信息保护在大数据背景之下与数据处理模式产生巨大的关联性，因此，金融数据权益与个人金融信息权益之间存在多处交集，对其进行厘清，将呼应目前立法中将数据与个人信息进行分别立法、协同保护的模式。

由此，在当前的立法目标与国家战略的引导之下，对个人金融信息知情同意原则进行认识、优化，清楚同意的权能、边界及其作用方式极有必要。知情同意原则作为个人信息保护法的普遍性原则，广泛适用于不同信息处理者，包括政府、企业及个人。本文内容则对个人金融信息中的知情同意原则进行讨论，因此涉及的是个人金融信息处理者与个人金融信息主体，其主要涉及的是对个人金融信息的商业运用。

一、个人金融信息保护中知情同意原则适用的技术背景及困境

知情同意原则的确定史与入法过程，伴随着数据处理模式从分布式计算机发展到个人计算机、处理样式分散化到自动化与关联化的过程。而知情同意原则在立法上表现出来的"小数据"时代特征，被视为是其局限性的重要原因。由于数据挖掘与自动学习的发展，使得数据处理对信息使用的集约化和规模化成为可能，并且带来极高的商业效益。这与小数据时代个人金融信息容易遭受来自公权力的滥用及大企业强制掌控的威胁不同，其伴随而来的是信息权益受损的因果链条的不明确，风险的偶然性激增及相关主体社会关系的重新定位和关系的非明确化。然而，现有立法及我国目前的立法态势却并没有放弃知情同意原则，并且还进一步将其构成要件和行为样式完整化、规模化，将其贯彻到不同的法律部门之中，以期成为具有普遍性的个人信息保护原则。而这点对于个人金融信息同样有效。因此，明确知情同意原则的困境、问题及其基础性意义，对于展开知情同意原则的内涵以及在个人金融信息保护中对其进行优化，是具有必要性的。

（一）知情同意原则适用背景的关联化与智能化

当下的个人金融信息处理以大数据和人工智能为主要的技术处理条件，并体现了智能化与关联化的特点。大数据背景下，个人金融信息的处理方式有如下几种：第一种即通过用户按照格式上传信息，服务提供者对信息进行储存。第二种即对图像信息、生物信息和视频等信息的储存，网络服务者通过解析处理将这类信息转换为能为系统识别的格式加以储存。第三种是网络服务提供者自行采集的信息，通过记录服务过程产生的信息或者其他合法途径得到的信息进行进一步的信息处理。技术处理媒介的进步，使得个人金融数据的共享和关联成为其信息价值的主要来源。这改变了原有的金融机构对信息保护的观念。智能的自动化，使得个人金融信息处理相对于金融机构和个人金融信息主体而言都具有相对的因果独立性，因而产生了更为复杂的因果关联。关联化建立在存在大量即时信息的前提下，其可以摆脱结构化的信息处理方式，通过系统的关联挖掘出具有价值的信息，从而展现出在一般情况下无法得到的信息。

同时，个人金融信息本身的敏感性、精准性与高价值的特点，又加剧了利益平衡的难度①。个人金融信息与金融数据边界的模糊以及二次利用激起的不仅仅是数据处理主体的多元性与流动性，其具有根本意义的乃是信息在转换为数据的过程中所不可避免的流动化与风险多样化。大数据处理的内涵在于数据的关联性以及数据关联性所引起的目的的随机性。对于数据收集的初始使用的目的，往往在数据二次处理的过程之中就发生了改变，这点增加了个人金融信息主体对相关风险预估的困难。另外，数据处理的自动化，使得对于数据处理所可能产生的后果无法很好地被数据处理者以及信息主体所预估。而这点意味着，对于原有的数据利用条款的可能覆盖面的理解，对信息主体和数据处理者而言，都是一个动态的过程。因此，履行告知义务的困难将会增加。在数据处

---

① 邢会强：《大数据时代个人金融信息的保护与利用》，载于《东方法学》2021 年第 1 期。

理的过程之中，大数据将更多涉及对非结构性数据的处理。相比于结构性数据而言，非结构性数据更多地存在于原始环境而非数据库当中，其数量以及规模远高于前者，并且因此激增了数据关联识别的可能性。

通过以上概述，可以看到，个人金融信息与数据处理之间的张力散布在不同的处理环节，体现为不同的具体问题。但其中最为突出的是数据处理样式的智能化、自动化对个人金融信息的存在样式与使用意义的改变，以及相关参与主体的目的的多样化和参与者类型的丰富化。

（二）个人金融信息保护中知情同意原则面临的困境

个人金融信息的产生、转化与流动形成"信息生态链"，金融信息主体与信息的处理者之间始终居于各种静态和动态的法律关系中，在个人金融信息的"全生命周期"中，知情同意是一道闸门，在个人金融的收集、利用、分享等环节都绕不开这一点。前文阐述的自动化与智能化带来的知情同意的动态需求以及利用方式的不可预期，使得该原则在现实生活中更容易被架空。这种架空本身，很大原因是因为个人金融信息自动化、智能化处理的技术手段极大地增加了信息处理的规模以及信息之间的关联性，使得大量原本沉睡在银行档案中的信息被重新构造和使用，令原有的实现知情同意原则的制度安排本身较难适应当下技术的发展。这种影响分别体现在"知情"和"同意"两个环节当中，且呈现各自不同的问题。在"知情"方面，它体现为用户隐私自主管理困局；而在同意层面，它们表现为同意成本提高、同意疲劳问题。

1. "知情"环节中的用户隐私性管理困境

知情环节的困境，表现为用户隐私性管理困境，它体现在原有的提前告知和充分解释方法的失灵。前者是为了应对个人金融信息收集和利用时信息主体的自我保护意识薄弱问题所产生的。这种意识薄弱具体表现在信息主体对隐私政策和相关收集协议、使用协议的理解困难上。

传统的信息不对称，强调的是个人金融信息处理者，对信息的使用、处理技术以及使用目的具有比信息主体更为清晰的认识。但大数据等新的信息技术处理的革新点在于：它能够产生信息处理者都无法提前预测的效果，使得处理者对原有信息的使用目的和使用价值的判断也不具有充分的理解可能性，缩减了第一次通知时告知的全面性和可理解性，同时也降低了原本隐私政策与个人金融信息使用的相关度。

技术条件的发展也会进一步引发过度索取的问题。大数据的威力在于将各种无法通过人工观察出关联性的信息关联起来，以形成新的具有使用价值的信息，而这就意味着信息的收集途径和种类越多越好。为此，大型互联网平台会倾向让自己对个人金融信息的收集范围界定持有绝对的话语权。平台的必要信息会覆盖大量个人信息，如身份信息、交易信息等，而履约能力信息往往需要其他非金融信息如消费水平信息、搜索浏览信息来佐证。这类信息究竟是否需为必须，并不明晰①。鉴于信息处理主体对这些信息收集的目的是提高数据发掘的效能，而数据发掘的效能存在无法提前判断的情况，因此在对此类信息主张收集的时候，信息处理者本身主张的合理性与合法性是否具有充分的理由，是存疑的。

2. "同意"环节中同意成本提高与同意疲劳问题

与"通知"环节中面对的情况一样，在大数据以及人工智能技术媒介的辅助下的个人金融信息的运用所可能产生的效益以及可能的运用场景、运用程度，对于信息处理者而言同样存在不确定性。因此，其对相关个人金融信息的利用和收集目的的评估，有可能会随着技术处理的结果而与初始收集的情境产生差异。这导致提前告知和充分解释机制面对新型信息处理媒介时失灵。此外，由于大数据等新型信息处理方式使用关联性分析，对于何时可能会引发数据分析行为并产生出特定人群信息，是无法确认的。因此，在什么时间点进行告知、取得个人金融信息主体的同意，就存在实施上的困难。这会导致同意疲劳的情况，即如果在每一次的变更中，信息处理者都需要对信息主体进行告知，则会引发被告知主体的判断疲劳，降低主体同意的代表性。

---

① 中央人民银行金融消费权益保护局课题组：《央行：警惕互联网公司薅信息"羊毛"》，载于《中央人民银行政策研究》2021年第4期，第2页。

除此之外，当下金融信息处理行业基于大数据而形成的规模效应，使得个人金融信息的流转与分享进一步加强。不同金融部门、金融企业之间为了获得具有高度关联性与价值的数据，往往在对金融信息进行一次收集之后会再次分享数据。基于数据共同开发的态势，被分享数据方会进一步使用大数据技术对个人金融信息进行关联与数据挖掘，得到对其具有商业意义的数据。这使得金融机构以往沉淀的个人金融信息和当下获取的个人金融信息可以被深度利用。这使得金融机构对个人金融信息的处理具有了极高的商业价值。这些个人金融信息在大数据使用场景中存在的价值往往是原本无法实现预估的，因此在使用中必然存在征求无法提前的问题，而由此强加金融机构的提前告知与充分解释的义务，也面临成本过高的问题，在导致信息处理积极性下降的同时，也会导致知情同意原则因为实现成本过高而被悬空或者出现"告而不知"的现象。

首先，知情同意原则的启动，依赖于所处理信息是否为个人金融信息，这是告知的前提。在此基础上，还需要对该信息的使用是否超出了信息主体可能的预期和可承受的风险进行判断，从而决定是否需要履行告知义务。而大数据技术条件的发展，提高了信息主体与信息处理者的信息判断压力，这使得前述履行告知义务的两方面均产生了新的问题。就告知的前提而言，如何判断经技术处理之后的信息依然可以被视为个人金融信息，这就涉及区分个人金融信息与金融数据的问题，从而涉及信息的权属问题。其次，在确认其为个人金融信息之后，履行告知的标准又是什么，应将何种要素纳入其中，这同样存在讨论的必要。以上问题就需要一种解决方案：即如何寻找一种合理的途径，在减轻信息主体和信息处理者的判断压力的同时，能够对个人信息的权属——即信息究竟应被视为金融数据或者个人金融信息——进行区分，同时明确进行告知的条件。在系统化的视角中审视知情同意本身的内涵，从形式同意到实质同意，加强个人金融信息知情同意制度适应变化的能力以及满足多元需求的能力，引入情境理论，是知情同意制度优化的方向。

二、规范分析下个人金融信息保护中知情同意原则的情境性内涵

个人金融信息的情境性从静态到动态、从封闭到开放的凸显,是对原有的知情同意原则管制思路产生冲击的原因。由此,在个人金融信息的处理中实现知情同意原则也需要从动态的角度去思考情境,为了理解引入此理论的必要性以及规范上的可行性,需要从两个层面论述。首先,揭示以往对知情同意原则的理论理解在面对个人信息情境性的开放性、动态性的情况下所具有的不足,从而引出对知情同意原则规范本身,是否也蕴含了情境性理解的可能性的内容。其次,引入情境理论在缩减判断压力、对个人金融信息与金融数据的区分上所具有的优势。在此处先处理第一部分。

(一)个人金融信息保护中知情同意困境的情境性需求

传统上对知情同意原则的理解与适用,一般采取隐私权或者信息自决理论的理解路径。在金融领域,由于银行具有对用户隐私施行保密的义务,因此在个人金融信息的使用与保护上,较之其他个人信息的保护要更为严格,其要求也更高。但是基于大数据等技术条件的发展,使金融业本身开始重新定义个人金融信息在行业中的作用。大数据等技术使得原本金融业主张的客户隐私保护模式需要被进行一定程度的软化,以适应个人金融信息分析的技术要求。但这种软化,无论从隐私权角度或者是信息自决角度,均不具有可行性。其管制基本逻辑是与当下技术条件存在一定冲突的[1]。

在此基础上,知情同意原则的理解也必须面对这种情境变化,并在此变化之下获得新的解释与理解。作为信息使用的底线,在保留对私人权益尊重的前提下,知情同意原则首先在金融领域应该获得如下新的理

---

① 邢会强:《大数据时代个人金融信息的保护与利用》,载于《东方法学》2021年第1期。

解:"知情"应指向对个人金融信息在何时需要履行告知的动态化,即寻求一种动态的衡量方式,使得告知能够灵活地、有效率地进行,而不至于影响信息的关联与处理效率,以牺牲金融服务与金融产品的质量;其次对个人金融信息内容的处理应该更具情境划分的敏感性,使得信息的权属能够在情境中被辨认出来,免掉不必要的告知;另外,就是提供良好的风险评估视角,并且以风险评估为底线,来审视信息的使用是否已经超出了信息主体的预估和承受范围。具体而言,它展现为以下问题:在个人金融信息动态化的情况下,是否需要重新考虑"同意"的规范性内涵?

同时,知情同意原则中的"知情"所指向的内容也需要澄清。首先就是指个人金融信息的具体情况。其主要包括个人金融信息的使用目的、信息内容以及使用可能产生的结果等因素,而这些因素会如何被具体的技术媒介所影响,需要考虑技术媒介在知情同意原则的规范性分析中具体表现为何种规范元素。只有进行法律规范意义上的分析,才能将具体的知情同意面临的问题转变为法律规范意义上的问题。而这种分析会揭示,知情同意原则规范情境的破缺是同意的客户隐私管理困境和告知成本增高在规范层面的体现,它要求我们在思考相关问题时必须考虑知情同意原则的情境完整性。

(二) 知情同意原则"同意"规范的情境性

有不少学者认为,个人金融信息中知情同意原则不足以成为数据处理正当性的基础,应该从其他方面着手建立相关的规制样式。不过,对于知情同意原则本身是否不足以成为正当性理由,还不能通过上述所言种种问题直接推定其无法适用。因为上述对知情同意原则实现的困境虽然客观存在,但是从法律规范角度而言,它们多属于事实性理由而非规范性理由。另外,在《个人金融信息保护技术规范》及《中国人民银行金融消费者权益实施保护办法》中,告知—同意模式并没有被放弃,而是作为个人金融信息处理的正当性来源得到处理。因此,展开其规范性并进一步理解具体内容,对于把握知情同意困境,明确其核心问题同样是有帮助的。

就目前已经生效的关于同意的基本规范结构而言,《中华人民共和国网络安全法》《关于审理利用信息网络侵害人身权益民事纠纷案件适用法律若干问题的规定》《中华人民共和国消费者权益保护法》等法律法规中均有相当的界定。而《中华人民共和国民法典》与新近的《中华人民共和国个人信息保护法》也都有所表达,对以往立法和司法中涉及"同意"的方面都有了一定的回应。

对个人信息的使用的"同意"表达贯穿在很多规范性文本中。其中值得关注的是同意与"约定"之间的内涵是否一致,因为将同意视为约定,则有可能将同意的规范结构直接类比于与合同缔结相关的行为,有可能限缩了目前同意行为所涉及的其他行为的定性。因此需要在此进行讨论。在《中国人民银行金融消费者权益保护实施办法》中,相关的表述则与第一种情形相似,将"同意"表述单列在第二十九条中,将"约定"表述单列在第三十二条中。而在《个人金融信息保护技术规范》中,同意的表达多用"明示同意"一词,同样没有出现"约定"一词,而"明示同意"则多出现在个人金融信息处理环节中的"收集""汇聚融合""共享转让"以及信息承接方的目的变更告知当中。而在目前的《个人信息保护法》中,"约定"这一表述并没有出现在立法描述中。从这点而言,似乎立法在逐步区分"约定"与"同意",并且赋予"同意"以较为独特的权能。具体而言,"同意"与"约定"之间的微妙的区别体现在何处?

首先,就"同意"涉及的法律规范领域而言,其同时与财产权益、人身权益以及合同相关。比如,在医疗领域,"同意"涉及患者家属的知情权以及重大医疗事项的"同意"问题;而在财产权益领域,"同意"涉及运用个人肖像而获得经济收益的问题;在合同关系中,"同意"涉及对合同承诺的范围的界定的问题。由此可见"同意"自身具有多种意义以及多种适用的场景。进一步的分析表明,"同意"可以具有消极抵御与积极运用的功能。在涉及财产性权益的情境中信息主体对肖像使用的"同意"包括了对相对方使用个人肖像的不法性的排除,也包括了自身运用自身的人格法益去获取商业价值的积极运用功能。其次，在另一种场景，比如在医疗责任领域，《中华人民共和国侵权责任法》第五十五条规定，对于需要实施手术、特殊检查、特殊治疗的情况，医疗人员除了需要尽告知义务之外，还需要得到患者或者其近亲属的书面同意。在这里，"同意"所具有的意义就是消极抵御。可见，行为能力与"同意"能力不能完全等同。在特定的情境之中，关于"同意"的意思表达的完整性将有可能对抗约定内容，也就是对内容的约定并不必然就表示了信息主体对信息处理的同意。因此，"同意"本身具有的效力特征将会在一定程度上摆脱一次告知的情形，并且表现出连续性与动态性。

　　对"同意"的这一规范性分析，虽然对解决现实中知情同意原则的悬置情形似乎没有很大的用处，但是它对于实际理解知情同意原则中"知情"与"同意"的内涵，以及从法律上重新理解这一悬置困难是具有意义的。首先，知情同意原则的规范性核心点在于"同意"，也即其规范结构是从"同意"的角度出发来得到证明的，它体现了信息主体对信息的掌控。其次，对"同意"的结构分析也表明"同意"的情境性，而这点的关键在于"同意"作为一种意思表示，需要顾及其表达的完整性，而这点与情境密不可分。因此，通过"同意"的这一规范结构，可以明显看出来"知情"的核心作用为何，它的作用是恢复"同意"中意思表达的情境完整性，因此"知情"是一个动态的过程，其表达的情境完整性会因为新的条件的加入而需要被重新考虑，而这些要素通常通过影响对个人金融信息的内容、目的和结果的理解来影响"同意"的情境完整性。

　　在个人金融信息保护领域中，通过数据挖掘可能会产生对个人金融信息主体用于身份确认时一次使用的信息的二次使用，得出有利于金融机构进行精准营销的商业信息，以辅助其经营决策，由此，此处的信息使用就超出了初始情境中身份确认的目的，而具有辅助决策和精准营销的目的。而这一点是通过技术媒介实现的。为了进一步了解个人金融信息中知情同意原则的情境完整性要素，需要对个人金融信息的规范性要素进行分析，以定位技术媒介在个人金融信息知情原则中指向何种规范性要件。

（三）个人金融信息规范作为同意情境完整性的要素

个人金融信息知情同意原则中，"知情"指向了个人金融信息的规范性内容。由上文可知，它们可以影响"同意"的情境界定和情境完整性。因而，个人金融信息的具体规范性构成元素也就成为其中的内容。通过分析，我们会发现自动化、智能化媒介通过个人金融信息的规范性构成要素的形式要素进入到同意的情境完整性当中，并且成为其中的重要变量。

1. 个人金融信息的实质内容："识别"

虽然《个人金融信息保护技术规范》给出了关于个人金融信息的具体界定，但是其界定的构成要件并不明确，仅给出其处理主体、处理方式以及列举了具体的信息类型。但是在定义中，出现了"个人信息"的概念，可见其规范性构成与个人信息的规范性构成是共享同一种结构的。因此，对个人信息的规范性构成进行分析，有助于澄清个人金融信息的规范性元素是什么。

《中华人民共和国个人信息保护法》对个人信息采取了"识别型"定义，这点与国际上大部分国家的立法定义是一致的。另外一个容易被忽略的部分则是"记录"，即个人信息是需要被记录的信息。虽然从通常的情况来看，任何信息都需要载体记录才能获得表现，但是并非任何时候这种记录都需要被法律所调整。根据法条的界定，我们基本上可以界定个人信息即被记录的可以识别至特定自然人的信息。而构成个人信息的规范要件则是"识别""记录"，主体要件则是"自然人"。

其中，对识别的具体定义方式也有几种：主观识别、客观识别与任一主体识别。三者的区别在于识别的参考系不同。第一种方式以一般大众对信息的识别能力定义识别的可能性；第二种情况则以信息控制方对信息的识别为主要定义方式；第三种则以存在可以依据信息识别出特定自然人的任意一方的存在为识别的标准。由于客观说与主观说均有可能对信息的识别性造成一定认知上的偏差，故采取任一识别的定义是比较可靠的。这一部分是对识别的存在性进行界定的，即如何判定发生了一个通过信息识别出个体的行为，而具体的内容要件则可以被规定为对具体信息与自然人的关联性进行考量。在此存在着对信息的内容、目的以及结果进行考量的情况。比如对于内容，一般考量的是对个人身份进行确认的内容，如个人的身份证信息；而对目的的考量，则容易涉及对自然人与信息处理主体之间服务所产生的关联信息，比如用户的信用记录，在金融机构衡量相关金融服务的时候显然是用户的个人信息，虽然它不能直接用于对特定用户的身份确定。而在结果的意义上，信息则在对自然人的利益具有影响的意义上具有相关性，比如网约车中的行车轨迹虽然只是相关于具体车辆的行动轨迹的数据，但是在保护用户安全的前提下，它与对司机的监控密切相关，因此也可以视为是个人信息。

由此可见，个人金融信息的规范构成要素中，识别与信息的具体内容是相关的，它可以被称为是个人金融信息的实质要素，而按照《个人金融信息保护技术规范》的定义，个人金融信息规范上的实质要素也是识别。

2. 个人金融信息中的形式要素：记录

关于识别的内容，实际上都可以视为直接地通过信息来对信息主体进行确认的方面。这里的"直接性"并非指通过信息本身可以直接确认信息主体，而是指对信息识别能力的某种默认。由此可以引出关于识别的第三个考量维度，即识别的可能性。识别的可能性实际上构成了识别中的变量。而这点与识别能力是相关的。识别能力又直接与个人信息的记录样式相关，后者同样是个人信息在规范性构成中的一个重要内容，它被归类为个人信息构成的形式要素。

有关个人信息形式要素的保护模式可以大致归类为以下几种模式：自动化处理加档案系统模式、只保护记录模式以及区分对待模式。第一种模式在欧洲较为通行，将个人信息定义为可以被全部或者部分"自动化"处理的数据信息，在此基础上，自动化处理之外的其余能够通过档案系统接近于自动化处理要求的信息处理方式，同样可以被归类到保护范围。第二种模式是不强调记录的具体模式，是对记录进行宽泛性的保护,这点被我国的立法所采纳。第三种模式以日本的立法为代表,强调个人信息必须限制在某一个易于检索的档案系统当中时,才具有"记录"的意义,它强调的是信息查询所具有的可行性。日本将个人信息分为没有明确形式记录的"个人资讯",构成档案系统的"个人资料"以及个人信息处理者有权控制的"保有个人资料"三种类型,对每一种情况进行规制上的宽严排序,分别管理。

记录形式与信息识别的能力直接相关,它体现在不同的记录形式所依赖的载体对个人信息的识别、复原能力。由于我国采取的是对记录进行保护的模式,因此,在确认被处理信息是否直接构成个人信息的时候,就需要考虑记录的可获取性,也就是考虑信息处理的媒介。而在大数据自动化处理的背景下,其要考虑到的就是信息处理的媒介,它表现为一系列电子设备以及该设备背后处理相关信息的算法。对于个人信息记录的规范性分析,展现了其作为信息识别能力的具体的构成需要考虑的因素。比如,需要区分信息的储存与信息的使用,也即考虑到信息处理的生命周期来界定涉案信息是否为个人信息。由于我国并没有采取档案系统的定义,因此对于此点的内涵,在只保护记录的语境之下应该被理解为对记录的可获取路径进行考察,也就是对其信息媒介进行考察,同时还得考虑到信息在不同媒介当中表现形式变化对于识别能力的影响。

由此可见,个人信息的形式要素里面,记录与媒介的关系息息相关。基于个人金融信息的定义,记录作为形式构成要件也是个人金融信息的规范构成部分,由此,媒介借助于此规范进入到个人金融信息的规范性构成要素当中。

三、困境的破解:情境理论的引入

第二部分解释了知情同意中的"同意"具有情境性的,以及"知情"所指向的个人金融信息本身的规范性要素中,哪些要素使情境性能够被引进到对规范的理解当中,换句话说,当我们讨论知情所指向的内容,也即是个人金融信息时,我们是在谈论它的什么元素,这些元素对于我们理解个人金融信息的功能和理解信息处理者的行为具有重要的规范性意义，以至于我们能通过这些元素决定是否做出同意行为。这些元素的情境性内涵，为引入情境理论理解知情同意原则进行了铺垫。

情境理论对知情同意原则的情境性具有较好的回应作用。首先，情境理论主张在不同的情境之下，利益的分配和信息使用的正当性考量是不一样的，因此存在所谓"多元的正义"，而这点需要在情境中进行梳理，首要的任务就是考虑信息的权属——也就是个人金融信息与金融数据的区分问题。

其次，情境理论指出对风险的衡量与分配，同样与情境相关联。在分布式计算机时代，由于个人金融信息的流动性与开放性相对没有那么强，因此，风险管控与分配在较为静态的模式下，也足够使用了。但在新情境下，个人金融信息的风险分配机制与情境高度相关，较为经典的例子是个人金融信息的敏感性因信息关联能力的加强而变得场景化这点上。情境理论指出，这点同样会决定风险分配与风险评估可能与一开始的信息收集情境不同，因而可能产生是否需要履行告知义务的情况。而情境理论则试图在动态角度满足这一需求。

（一）情境理论的基本概念

情境理论将信息的流动情境视为一个信息流转模式或者信息系统，这点对于澄清个人金融信息与金融数据之间的区别以及确认风险划分具有重要意义。其理论来源是场景理论。加拿大的埃尔温·戈夫曼将表演理论引入对日常场景的描述中，它可以展示社会交流过程中我们经常会有的感受，比如在何种情形之下什么行为合适，什么行为不合适，存在怎样习以为常的潜在性规范让我们遵守，等等。在一些时候，新的场景出现会使得旧场景的角色与规范产生与新场景冲突，并且呼唤新的角色，或者改变了原有角色的行为和角色功能[①]。梅罗维茨在戈夫曼的基础上，

[①] ［加］埃尔温·戈夫曼，冯钢译：《日常生活的自我呈现》，北京大学出版社2020年第15版。

为戈夫曼的场景描述添加了媒介这一变量，使得场景描述与媒介理论相互结合，构建了情境理论。

媒介理论与场景描述强调的共同点都在于"接触的模式"。场景描述强调的是在一个较为稳定的特定时空当中，存在某些角色的稳定配置，它会调整我们具体的行为与理解样式，而情境理论强调媒介的发展与功能差异将会改变我们接触他人与理解信息的模式。这两者都强调了接触与接触遵循一定规则的存在。差别在于：戈夫曼为代表的情境理论出于描述的限制，通常描述的是特定地点、人物以及特定活动，对于描述电子媒介所产生的灵活性场景的改变而言，存在一定的困难。为此，梅罗维茨提出，将情境视为信息流动的场所，也就是突出戈夫曼在定义场景时强调其为一种信息流动模式。可以看到，一旦信息流转模式发生改变，实际上场景中角色的位置、行动模式以及理解行为都会发生改变。由此，情境与媒介的关系便被打通了，因为情境的实质是一个信息系统，该系统本身包含了媒介，媒介自身的改变亦会重新定义场景的信息交流模式（比如刚刚所举例中的文字就作为媒介改变了情境）。而情境也不是一个固定的情境，它是自身会发生改变的。

梅罗维茨的研究，将情境本身从具体的地点或者场合发展为一种信息系统或者是信息流动模式，实际上使得从媒介的角度对角色行为进行思考成为了可能。这种将技术条件考虑进情境中的思维方式，使得情境本质上构成了一种信息交流系统。而在系统领域里面，这种交流关系可以被视为一种递归关系，而递归关系是构成系统的一种核心关系。

"递归"可以被视为一种系统处理信息的模式，它指代某一种系统运作产生的结果将会成为同一个系统运作下一步行动开始的输入，而信息是在这一过程中被定义其种类的。关于这个概念的讨论，西蒙东关于信息概念的讨论具有启发性。西蒙东将信息定义为能够引发某种系统具体的运作，从而产生系统自身独立性与功能完整性的存在物，由此，信息之所以能成为信息，就与这个制造独立性的过程不可分离了，它在激发系统自身保持运作、构成与环境相对的独立性意义上与系统不可分离。西蒙东由此承认："是不是信息不仅取决于一个结构的内部特征，信息不是一种东西，而是当一种东西进入系统并产生转变时的操作。不能在转变性事件和接受操作的行动以外定义信息①"。

递归概念揭示了数据与信息之间存在着巨大的差别，它取决于信息在何种系统中流动。由于信息与激发系统的独立性运作形成模式相互联系，我们可以由此来界定一般意义上的信息，即处于某个系统关系中的，能激发系统运作形成新模式或者完善旧模式的客体。在这点上，信息可以体现为某种数字单位或者符号单位，前者对应于一般的自动化智能处理机或者是电子档案系统有效。但信息同时也可以体现为一种意义，这种意义样式与人类的社会生活关系相互关联，并且影响着社会系统中个人的行为模式。

（二）情境理论克服困境的优势

上述情境理论的简介可以提供一个分析的框架，将信息视作为在一个信息系统中流动的存在物，这点可用于分析个人金融信息与金融数据的差别。而这点首先就要将"个人金融信息"与"信息"相互区分，后者通常在论述信息性法律问题的时候与数据并举。

就目前各类文件规范与司法论证的表现而言，数据与信息的关系可以表现为并列、数据包含信息以及信息包含数据三种关系②。就第一种而言，数据与信息往往会以单个词组或者合并词组的表达出现。比如《国家信息化发展战略纲要》中信息与数据就被分别表达为"大数据"与"信息化"。而作为词组出现则是以"数据信息"或者"信息数据"出现，比如《中华人民共和国电子商务法》第二十五条就以"电子商务数据信息"来表达，而在司法中，比如"新浪诉脉脉案"即有"在信息时代，数据信息资源已经成为重要的资源"的类似表述。并列式表达一般来说展现为对"信息"与"数据"的混用，也可以视为是日常语用进入法律论证的体现。

---

① 许煜：《递归与偶然》，华东师范大学出版社2020年第1版，第170页。
② 韩旭至：《信息权利范畴的模糊性使用及其后果》，载于《华东政法大学学报》2020年第1期。

在法律层面上理解数据与信息之间的关系，更多体现在确认法律关系、责任以及证据上，但有时其理解会无意间引入其他学科的理解来对信息与数据进行区别。比如在信息包含数据这一理解之中，数据本身虽然被理解为信息的一种表现形式，即是载体，但是信息本身也被理解为具有不同表现形式的存在事物，也就是信息本身存在方式的多样性本身被理解为信息，这点是将信息学上的数据概念直接带入到对法律中在电子数据法语境下展开的数据概念的理解，前者不局限于电子数据，它可以理解为"原始"信息，因而就出现了将信息理解为数据的可能性。这一观点可以视为数据与信息概念在进入立法以及司法领域时，其日常理解或者学理理解的多样性进入到法律系统的沟通当中，因而引发了论证层面的困难。

不过，以上混淆均将着眼点放在信息与数据之中，并且在一定程度上将区分放在载体与信息的区别上，而没有将信息放在一定的关系中去处理它。信息自身具有何种意义，需要在一定的关系网络之中才能看到。如果将前述情境理论引入，则可将信息视为需要在一定情境中，也就是在一定的信息流动系统中才能定义其内涵。具体到个人金融信息，则可明确表示具有金融意义的个人信息，是处于金融情境之中才有意义的，如生物信息一般与支付条件相互绑定，使其具有了金融意义从而成为金融信息（如指纹、容貌等）①。此种利用情境中的递归关系定义信息的方式，实际上揭示了信息自身是如何相互区分的。

如果具体到个人金融信息处理情境里面，就是将这一层面的信息视为在能激发个人金融信息流动情境中的信息系统运作的客体，如在汇聚融合层面上，个人金融信息可能产生新的使用价值，从而使得信息使用目的发生变更，此时，整个情境系统就需要做出一个运作——由个人金融信息处理者告知个人金融信息主体目的变更，并取得明示同意。

---

① 郭华等：《数据、信息、知识与情报逻辑关系及转化模型》，载于《图书馆与理论实践》2016年第10期；祝振源、李广建：《'数据—信息—知识'整体视角下的知识融合初探——数据融合、信息融合、知识融合的关联与比较》，载于《情报理论与实践》2017年第2期。

在这点上，即使个人金融信息在自动化、智能化媒介中呈现的方式为电子数据，也不会与法律意义上的个人信息相互混淆，因为仅仅在自动化处理媒介中进行处理并在最后被利用的数据，还不是个人金融信息，信息的处理还必须在主体有所参与或者其同意未被破坏的情况下才能进行下去，因而具有个人金融信息的特性。由此，真正具有意义的是个人金融信息与数据的区分，而非信息与数据，后者在自动化处理的意义上可以与数据等同。

而在风险考量上，对个人金融信息的保护就涉及对其风险与运作结果的衡量，也就是必须在参考知情同意情境完整性的前提之下，从结果导向型的治理出发，来确认个人金融信息使用的合理性和合法性。而这点就将情境合理性与风险以及信息使用目的关联了起来。结果导向与风险考量涉及知情同意原则在个人金融信息使用合理性的作用。其要达到的效果，即通过对信息使用的事前风险衡量来确认知情同意原则的适用性问题以及其使用的和目的性问题，因为它涉及对情境合理性的界定。而无论风险衡量如何进行，其基本的评估出发点，都是基于当前处理的信息是否构成个人金融信息而进行的，因此，前述对个人金融信息与金融数据的区分，在风险评估这里依然是必要的。

风险衡量乃是对初始情境中的同意完整性进行衡量的标准。如果风险评估符合信息主体在原有场景中的合理预期，则可以进行直接处理，如果不符合，则需要告知。由此，通过引入风险衡量，知情同意原则的落实得以平衡个人金融信息处理者与个人金融信息主体之间的利益关系。另外，对知情同意中的目的限制也可以通过情境完整性得到重新地界定，并且取得更为宽松化的理解。而这些都是在对应信息的二次使用中会出现的目的合理性考量的问题。

（三）媒介介入对同意情境完整性的影响

以上的分析表明，个人金融信息自身具有的规范性构成，让自动化媒介的具体运作进入到知情同意的意思表达的情境完整性构成当中。它其实指出了对知情同意原则的实现，需要考虑自动化媒介介入的情境当中应该如何保证知情同意意思表达的情境完整性的问题。而这点就体现了个人利益与金融信息产业利益之间的张力的关键点，因为大数据处理样式对于后者来说，具有巨大的商业利益，而这种媒介处理样式同样是目前个人金融信息形式要素的主要表现。因此，处理个人金融信息同意的情境完整性问题，就在于如何平衡这一媒介在个人与处理者之间的运作。

在此，我们至少可以为知情同意原则作为个人金融信息保护原则进行一些澄清，以便接下来对深入知情同意原则的问题进行铺垫。

首先，知情同意原则体现的信息自决权，是信息主体有权采取撤回、查阅、更正、要求解释等手段来维护自身信息权益的一个重要的权利来源。在一些论述中，有观点认为将自决与控制等置，主张由于目前个人金融信息所具有的财产性效益对个人的控制是排斥的，因而知情同意原则失去了其有效性与合理性。这点忽略了对知情同意原则中"知情"与"同意"的规范结构进行分析，将现实中出现的具体问题直接等置于知情同意原则本身具有规范性问题。其次，信息自决不能等于信息控制，因为自决权本身作为一种对个人信息积极使用的权利表达，已经体现了信息主体愿意让渡出部分的信息控制权来获取相应的服务或者财产性收入的意思。真正的问题在于，这种意思在现有的技术条件下很可能出现被违背以及被滥用的情况，因而其表达变得不再完整。另外，在对知情同意原则中的自决权理解为控制的情形下，也很容易导致在讨论个人信息保护的时候对信息权益理解的错位①。个人金融信息收集的合理性是基于收集信息对于信息主体的利益需求与信息处理方的利益具有关联性而成立的。由于同意的意思表达完整性中已经包含了与数据处理者在一定情境之下所带有的潜在的规范性共识，而这一共识是基于信息控制主体具有自决权的承认才能展开的，因此，从社会控制角度排除个人自决的基础性地位就显得相对失常。对自决与控制的等置处理，有可能削弱知情

---

① 高富平：《个人信息保护：从个人控制到社会控制》，载于《法学研究》2018年第3期。

同意原则本身衍生的权利对个人信息保护的控制效力,同时也容易忽略整体的数据产业的良性运作,必须建立在尊重个人的合法权益的基础上才可能有良性发展的这样一个大前提。

同时,通过对知情同意原则指向的个人金融信息规范性的元素构成可知,同意的情境完整性已经超出了个人金融信息主体的把握范围。因为媒介的进步,这一情境完整性需要引入规范性的或第三方的力量来弥补个人金融信息主体认知能力的不足。由于情境理论是结合情境的流变性来考察信息流转的合理性的,它同时具有媒介场景与规范的统一性。因此它可以作为一个观察情境合理性的视角,为衡量情境合理与同意的情境完整性之间的关系作出贡献。且由于知情同意原则本身便具有动态性,因此它也与知情同意原则相匹配。

在知情同意原则不能直接等同于绝对控制以及在规范上表现为动态规制的前提下,知情同意原则与情境理论所具有的灵活性将适应于卢曼所言的现代社会的功能分化趋向[1]。由于现代社会发展本身所具有的复杂性,法律自身也会伴随着社会复杂性的增长而表现出立法行为的激增,以应对复杂社会功能分化的局面。虽然我国目前的社会发展还未完全展示社会系统的彻底功能分化的去向,但是不同的社会关系当中已经出现了相对的功能独立,并且展现出与欧美社会所不同的分化方式与复杂性。因此,对复杂性的简化以及建立灵活的治理方式也同样成为今天法律发展的必然历程。个人金融信息知情同意原则反映的社会公共关系并非是简单的私法关系,而是信息主体与信息处理者之间所体现的积极的信息利用关系,它呈现为个人通过合理分享其个人信息,交换相应服务等权益的多方面交杂的局面。因此,单独的权利分析模式并不能简单概括其中所具有的法益情形。

通过对个人金融信息中知情同意原则的分析,可以看到其所具有的动态性与包容性,它强调的并非是信息主体对信息自身所具有的控制的绝对性,也就是它并不主张绝对的对抗,而是主张对同意情境的完整性

---

[1] [德]尼克拉斯·卢曼:《法社会学》,人民出版社2019年第3版,第182~195页。

的保护,而这点需要引入情境理论来衡量其中的同意情境完整性才能达到。

四、个人金融信息保护中知情同意原则适用机制的优化

对情境完整性的考虑,在个人金融信息保护当中并非没有体现。例如,在《个人金融信息保护规范》第4.2条最后一项中,就明确"两种或两种以上的低敏感程度类别信息经过组合、关联和分析后可能产生高敏感程度的信息。同一信息在不同的服务场景中可能处于不同类别,应依据服务场景以及该信息在其中的作用对信息的类别进行识别,并实施针对性的保护措施。"另外,在涉及个人金融信息汇集融合的时候,第6.1.4.6条就明确规定"应根据汇聚融合后的个人金融信息类别及使用目的,开展个人金融信息安全影响评估,并采取有效的技术保护措施①"。另外,《中华人民共和国个人信息保护法》对自动化决策的规定,也在一定程度上回应了知情同意原则的情境性要求。

不过,目前的立法以及技术规范虽然已经关注对个人金融信息中知情同意原则的情境完整性的判断,但是,由于知情同意原则涉及个人金融信息处理的整个环节,因此在不同环节中可能出现的问题也是各异的。而与媒介处理相关的问题,大多集中在数据收集中对信息使用目的不明确以及在二次使用当中的风险评估当中②。就此,可以具体谈论对知情同意原则的情境完整性的优化,特别是结合媒介介入以及发展的角度,去思考知情同意原则的情境完整性应该如何得到保护。

(一) 区分知情同意原则的告知情境

知情同意原则的情境性内涵,意味着情境理论中关于个人金融信息

---

① 《个人金融信息保护规范》第4.2条,第6.1.4.6条。
② 北京金融科技产业联盟、移动支付网、京师律师事务所:《中国个人金融信息保护执法白皮书2020》第88页。

的情境性理解能够以规范的形式表现在知情同意原则当中,并且辅助我们进行相关的判断。由于情境理论强调个人金融信息的流动性与开放性,因此,对信息权属的划分不能以第一次同意为标准,而应该以信息的当下的情境性为标准。这意味着,并非在任何时候,信息主体与信息处理者承受的判断压力都是一样的,有时候根据情境,前者的判断需要更为强调,而在另一种情境中,后者的判断压力则需要得到加重。这些条件都需要在立法上予以注意。

其中,需要在立法时将信息处理技术本身的信息处理能力考虑进去,进行相应的规制。比如在面对自动化决策技术时,自动化决策的结论本身不能作为信息处理者处理信息的合法性依据,因为相关决策的主观意图并没有在一开始纳入信息处理者对信息主体的告知内容当中,因此,需要对自动化决策产出的信息内容进行辨认,除了辨认其是否能关联对信息主体的识别之外,还需要考量其得出的信息结论是否已经改变了初始使用信息的目标,以及存在的风险等条件,这是将对信息的判断压力转移到信息处理者或者风险衡量的第三方机构当中,信息主体在此过程中的知情同意需要得到保护。而在另一种情况下,例如,在个人金融信息的处理过程当中,如果最后发现处理后的信息的使用目的、功能以及前提会破坏信息主体利益或超出其风险认知与风险承担范围的情况并没有出现,则此时信息的使用发生了改变,也可以在这一过程中将此时的信息视为一种金融数据,而视为不需要告知的情形。对于这些情形的具体区分,需要在技术性文件、相关的部门法规以及法律上作出明确的回应,以避免将测评结果转变为一种自测行为,并由此丧失合法性的基础。

需要注意的是,对知情同意原则的情境合理性适用风险衡量以限制其强同意模式,不能被视为对知情同意的取消,而是在特定情况下可以产生"拟制同意"的效果。首先,在涉及风险管理与目的考量意义上对知情同意原则进行拟制性落实的行为,应该被视为是通过相应的法律规范而赋予的,它并非是推定或者约定的规范化过程。由于大数据处理模式之下,个人金融信息主体与个人金融信息处理者之间存在信息不对称的情形,因此,在对知情同意原则的情境完整性进行相对的软化时,其必须赋予法定意义上的效力，才具有相应的合理性。其次，如果认为对知情同意原则的软化是对同意权能的取消，则在接下来引进优化知情同意原则的优化机制的基础就会失去，因为它意味着排除了跟随知情同意原则而来的删除权、携带权等权能，在法律保护上也就失去了其规范性的基础。这也是在立法时需要注意的。

（二）完善目的原则与事后救济

目的原则是对个人金融信息中知情同意原则中展现的个人利益与使用利益之间进行直接平衡的原则。无论是在《中华人民共和国网络安全法》《个人金融信息保护规范》《中华人民共和国个人信息保护法》和《金融消费者权益实施保护规范》，都对此有所确定。不过目前我国的目的原则规定相对宽泛。这也导致了在明确目的告知的时候，个人金融信息处理者容易将相关条款变得较为含混，并且无法使个人金融信息主体对收集、使用目的有进一步的认知，这点会直接影响到信息在二次使用或者是在委托使用时确认使用目的合理性的准确程度。同时，目的原则的宽泛化也容易导致个人金融信息处理者通过隐私条款的概括性表述，降低自身的法律风险，从而逃避规制。但是，对于目的原则进行过高的规定要求，有可能会阻止个人金融信息在二次使用层面发挥更大的效力。因为在目的使用过程中，出于数据处理和技术媒介条件的进步，原有的目的约定的情势可能会发生变更。对于此种情况如何进行判断和调整，就需要结合情境完整性来进行判断。

对于"目的"应告知的内容需达到怎样的具体程度，我国立法中目的原则的规范模式是"合法、正当、必要"，在规定上更为宽泛。我国目的原则相对宽松，既出于对信息产业发展的支持，同时也因为在规范体系上，我国对目的原则在二次运用中产生的告知义务采取了"变更即告知"的模式。在欧盟立法中，由二次使用所产生的额外目的，可以在符合适当性使用条件的时候采取不告知的处理方式，而这点在我国则不被承认。只要在二次使用中原有个人信息的使用目的发生变更，便需要履行告知义务。

具体到个人金融信息,《个人金融信息保护技术规范》第6.1.4.6条表示,在对个人金融信息进行汇聚融合的时候,其使用不应超出收集时所声明的使用范围,如因业务需要确要超出使用范围的,需要再次征得个人金融信息主体的明示同意①。由于在告知义务中采取了严格告知的要求,这就使得个人金融信息的知情同意完整性与个人金融信息处理者和个人金融信息主体之间的约定有更强的捆绑性。而这点使得个人金融信息处理者有可能陷入不利地位。自动化、智能化媒介的介入,使得原本在信息主体和信息处理者之间存在的信息不对称被成倍增大。由于个人金融信息在新媒介的处理之下能被汇聚融合,转换形态投入二次使用,这点使得个人金融信息主体很难在一开始便全部了解其信息使用的风险。虽然在《个人金融信息保护技术规范》中已经规定了个人金融信息处理者对汇聚融合的个人金融信息从信息类别以及使用目的进行安全评估,但是这点更多的是对个人金融信息处理者而言的,存在自评自证的情况。风险评估上的弱势,加上议价能力的缺失,使得对知情同意原则情境的完整性保护,必须要前置处理。由此,我国个人金融信息在目的原则层面对知情同意意思表达的情境完整性采取的保护模式,就是法院裁定约定目的大小的模式,通过司法裁判的模式,逐步形成具有代表性的案例,并且在案例指导体系之下,从目的原则层面优化对个人金融信息知情同意的意思表达情境完整性的保护。

通过法院对目的内容中所包含的同意意思表达的完整性进行审查,可以作为个人金融信息中知情同意意思表达的情境完整性的一个补充,使其能得到个案化解决,并且总结出具有普遍性的裁判思路,让情境化的考量能够越过立法的抽象性以达到个案平衡利益的效果。具体而言,这一思路可以体现为对个人金融信息控制方具体的告知义务的衡量,从约定目的、双方预期、是否存在适当保护措施以及信息收集时的收集环境——特别是对个人金融信息主体与个人金融信息控制者之间的关系等方面进行考量。同时,对双方信息使用的约定情况进行较为严格的解释,

---

① 《个人金融信息保护技术规范》第6.1.4.6条。

不能超出约定的使用目的。如果超出,则应按照目前立法要求,履行二次告知。同时,在二次使用的情形中,也应该考虑目的的关联性,考虑二次使用目的与初次使用目的的功能兼容性。如果目的关联且功能兼容,亦可以不经个人金融信息主体明示同意而使用个人金融信息,此时,法院在司法判决中可对此种情况下的目的进行较为宽松的解释。

在司法判决中引入对知情同意原则的情境性衡量,以优化知情同意原则的落实,虽然可以在个案化的层面上达到目的,但是,司法层面的个案化还不能完全达到将知情同意原则对个人金融信息前置化保护的需求。前置化保护,应尽可能在信息处理过程当中,使得个人金融信息处理的风险前移,使得整体使用能够在保证个人金融信息使用的安全性的前提下,符合个人预期地进行使用。目的原则虽然能涵盖告知义务中个人金融信息目的内容合理性的审查,但是其对风险的预期是滞后的,只能适用于事后审查。因此,除了目的原则层面的优化之外,知情同意意思表达的情境完整性的表达,还应该包含对风险的预估。这就要求在信息处理过程当中,从监管以及风险衡量上引入相应的机制。完善法定赔偿机制,并且对于技术不对等,需要在法律层面加以平衡,降低信息主体的举证责任,要求信息控制者证明自己没有违法行为。对于社会影响恶劣、金融行业明显缺漏的案件,可以允许检察院展开公益诉讼,弥补个人金融信息主体的弱势地位。

(三) 强化风险评估中对知情同意情境完整性的保护

知情同意意思表达的情境完整性,除了目的告知中的可理解性、关联性以及功能性之外,还包括对个人金融信息处理的安全性期待。具体而言,就是对个人金融信息处理的风险,个人金融信息主体有理由要求其信息的使用要在合理的风险范围之内,如果超出此风险期待,信息处理者需对此履行告知义务,个人金融信息主体则有权决定其信息是否继续保持被使用的状态。

由于个人金融信息对于其信息处理的风险预估,与其信息被收集时所处的情境完整性相关,因此,个人金融信息处理者在处理信息的过程当中，必须要尊重初次情境收集信息时情境中所内含的风险期待。在此，风险预期并非是指个人金融信息主体对于某一个具体的个人金融信息处理行为的预期，而是指对风险可以得到降低、预防或者补救的预期。这点在自动化、智能化媒介参与个人金融信息处理的今天是对个人金融信息主体有益的解释，因为个人金融信息主体对其自身信息的使用、把握以及价值挖掘能力均不如个人金融信息处理者要求个人金融信息处理者，且在大数据处理之下，相应的信息处理行为还因为加入了自动化、智能化媒介的黑箱效应而变得不可事前预估，因此，其情境的完整性也无法依赖于对个人利益的理性人假设得到保证。对风险保护的合理期待，也由此代替对行为理解的预判，成为个人金融信息知情同意的意思表达情境完整性的重要构成部分。而对于个人金融信息处理者而言，能够合理并有效处理个人金融信息风险，也容易增加个人金融信息主体对处理者的信任，从而形成良性的信息使用循环机制，促进个人金融信息产业的进一步发展。

相比于目的原则中通过对二次使用时目的的具体表现来衡量告知的必要性，知情同意原则中的风险预期更多地与二次使用的合理风险保护有关。由于个人金融信息所隐含的财产价值与技术价值，如果适用强同意模式，告知成本过高等问题将会阻碍信息产业的发展。同时，即使存在目的原则的限制，由于目的原则的真正作用更多体现在司法领域，因此同样存在司法成本的问题，不排除为了避讼信息处理者会采用更为隐蔽的手段来尽可能避免参与到诉讼流程当中，而个人金融信息处理者亦存在诉讼成本较高而放弃诉讼，使得信息保护落入空白。因此，将风险衡量作为是否进行告知的条件，可以较为有效地避免告知履行所产生的告知成本问题以及适用目的保护所产生的诉讼成本问题。

目前，对个人金融信息风险的事前预防所采纳的最主要机制，就是将个人信息种类划分为一般信息与敏感信息，并对其采取不同层级的保护措施。《个人金融信息保护技术规范》将个人金融信息按敏感程度从高到低分为 C3、C2、C1 三个级别，并将危害等级分为"造成严重危害""造成一定危害""造成一定影响"三个级别。并且在对应的信息处理阶段对于此类信息进行保护①。此外，对于部分可能转化为敏感信息的个人金融数据，《个人金融信息保护技术规范》规定了个人金融信息处理者对两种或两种以上的低敏感程度信息类别经过组合、关联和分析后可能产生高敏感程度的信息，需要根据不同的服务场景进行信息识别，并且制定相应的保护措施。除在信息分级上对个人金融信息安全进行风险预防，《个人金融信息保护技术规范》对信息的汇聚融合风险也提出了开展个人金融信息安全影响评估的规定，并且在第7.4条"安全监测与风险评估"部分列明了信息处理全流程监控的具体要求②。

  以上机制，表明我国已经在一定程度上关注到风险预防机制，试图在个人金融信息处理流程中，通过自律机制或者监督机制减低个人金融信息的处理风险，保护信息主体的个人金融信息权益。在信息分级的基础上，《个人金融信息保护技术规范》已经将通过信息组合可能产生的并不在列举范围之内的个人金融信息也认定为敏感信息，并且根据具体情境进行分级并进行采取保护措施的规定，但并不排除非敏感个人金融信息存在风险关联的可能性，而对汇聚融合信息的安全风险评估可以被视为是对个人金融信息分类风险评估不周延所进行的补充。而《中华人民共和国个人信息保护法》第五十五条规定的需进行事前风险评估的具体情况中，第一款第五项中便标明"其他对个人有重大影响的个人信息处理活动"，与第一款第一项"处理敏感个人信息"相互区别③，其所容纳的范围有比《个人金融信息保护技术规范》中所要求需要进行事前风险衡量的个人金融信息范围更大，可见进行更为全面的信息风险事前衡量机制，乃是进一步立法与制度建设工作的趋势。

  目前，考虑知情同意意思表达的情境完整性，在风险预估上履行相应的控制机制的国外经验，有美国的"隐私风险评估"模式，即信息处理者在考量相关风险的时候，需要考虑将风险降至最低的做法。和欧盟在GDPR中通过第75~78条、第83~94条、第24、25条以及第32~35

---

① 《个人金融信息保护技术规范》第6.1.4.6条。
② 《个人金融信息保护技术规范》第7.4条。
③ 资料来源：《中华人民共和国个人信息保护法》第五十五条。

条建立的涉及个人信息处理者风险应对措施、控制者责任、数据保护影响评估等方面的风险管控制度。其中，GDPR 在涉及信息媒介处理所带来的风险中所涉及的评估模式，在第 35 条中得到规定，即在风险评估中得出高风险结果的，应在处理前向监管机构咨询、评估。以上方案中有值得参考的地方，在我国接下来的个人金融信息立法中，可以进行参考。鉴于目前我国的个人金融信息风险管控已经开始建立金融信息主体内部风险管控机制，在此，结合已有的风险管控模式，可以考虑如下的措施。首先，进一步使用风险最小化对数据最小化原则进行补充，为数据挖掘留出空间的同时，使用风险评估机制来规范相应的个人金融信息的使用行为，如果风险可控且防控措施在经过衡量之后是有效的，则可以认为没有打破原有的知情同意意思表达的情境完整性，在告知结果之后适用拟制同意。进行风险评估的机构除了各级政府、网信办以及专门的信息管理机构之外，还可引入第三方独立机构进行评估，相应的风险评估结果受到主管部门监督，补充内部测评所可能存在的不客观的可能性。

五、结语

通过引入情境理论考量同意的情境完整性，可以在遵守既有规范的意义上，为接下来的知情同意原则的优化适用提供一个可能的实施路向。实际上，此一思路也可以被概括为"知情同意适用的相对化"。不过在"相对化"的表述下，可能隐藏着多种处理的思路。如进一步建立一种较为完整的分类告知机制，在这一机制中，再按照信息的不同分类级别来履行告知/不告知。但此种机制需要引入对个人金融信息具体法益的衡量，而法益的关联性实际上总是偶然的，无法做到全部类型化处理。这需要时间的积累与实践的总结。

而自动化、智能化媒介的高功能性，也加大了类型化的难度。因此能够尽可能建立一种动态规制的机制，同时通过对此种动态规制的机制的总结，对已经处理过的案例进行总结与规范化，将其转化为立法成果，可能更合适于我国目前的数据产业建设的情况。为此，进一步思考灵活化的个人金融信息法律规制与监管机制，还需要更多地努力和引入更多的学科资源，才能达到较为理想的目标。而平衡个人利益与行业利益，也是经济法存在的根本意义所在。

央行数字货币发行对我国货币监管制度的冲击与重构

王雨婷*

摘要：央行数字货币作为一种兼具私法与公法双重属性的新型货币形式，其发行将对现行金融体系和监管政策应用效率产生冲击。本文立足明晰央行数字货币的法律属性，借鉴国内移动支付方式经验及国外法定货币研究实践成果。中国人民银行应当积极承担数字货币发行过程中的主体责任，创新同商业银行的管理关系合作关系。在《中华人民共和国中国人民银行法》修订的背景下，央行数字货币应被中国现行法定货币体系接纳，确立数字人民币的所有权原则及民事交易规则。央行数字货币系统协助监管者更加精准控制货币政策对金融系统的影响，发行央行数字货币应遵循计划性和经济性相统一原则，成立数字货币与金融体系的监测分析部门，遵循市场规律逐步开放数字人民币流通领域，在全球数字货币竞争的背景下稳妥推进我国法定数字货币国家标准研制。

关键词：央行数字货币；法偿性；中国人民银行法；货币法；金融科技

我国研究发行中央银行（以下简称"央行"）数字货币（DC/EP）的定义是"自身独立具有价值特征的具有数字形式由中央发行的支付工

---

* 王雨婷（1995年生），女，湖北荆州人，中央财经大学法学硕士，湖北省建设投资集团有限公司风控法务部法务，研究方向为公司与金融法。

具"，在国外被称为法定数字货币（CBDC）①。

央行数字货币项目理论研究和实践探索过程经历了快速稳定的发展过程，其作为目前的热点问题受到了广泛的关注。但就法律层面问题，目前国内关于央行数字货币研究成果相对较少。姚前学者对央行数字货币的研究深入，早期着力于研究央行数字货币发行模式与技术支持，铺垫了DC/EP研究的理论基础。姚前和汤莹玮注重通过央行数字货币对现行货币体系进行优化，二位学者对构建央行数字货币发行框架和管理模式提出了自身设想②。在另一篇论文中，姚前介绍了央行发行法定数字货币的关键要素，运行机制及央行数字货币发行系统架构③。然后学者逐渐转向研究各国法定数字货币的法律性质，并将其内化为我国确认央行数字货币法律地位的理论依据。刘少军在对法定数字货币的法律性质和流通行为效力进行分析的基础上，研究了中央银行、商业银行和公众的金融权限和义务的合理配置问题④。刘向民从梳理数字货币依据、法偿性确立方式、反洗钱制度建设、所有权转移凭证、个人隐私保护等基本角度介绍了未来发行央行发行数字货币中将面临的法律问题⑤。刘蔚提出发行CBDC存在现行法律适用性低，监管体系设定模糊；理论设计到技术实现存在一定障碍；公众是否能够完全接受数字人民币消费方式；匿名化特征被利用从事犯罪活动等问题⑥。王波学者对央行数字货币在信息技术和信息安全领域研究深入，信息安全方面主要涉及用户信息和家信息的保

---

① 中信建投证券：《深度解析央行数字货币的支付生态链》，多元金融行业深度报告，2021年2月14日。

② 姚前、汤莹玮：《关于央行法定数字货币的若干思考》，载于《金融研究》2018年第7期，第82~83页。

③ 姚前：《法定数字货币对现行货币体制的优化及其发行设计》，载于《国际金融研究》2018年第4期，第9页。

④ 刘少军：《法定数字货币的法理与权义分配研究》，载于《中国政法大学学报》2018年第3期，第257~263页。

⑤ 刘向民：《央行发行数字货币的法律问题》，载于《中国金融》2016年第17期，第7~19页。

⑥ 刘蔚：《基于国际经验的数字货币发行机制探索与风险防范》，载于《西南金融》2017年第11期，第57~58页。

护问题①。在建立数字货币监管制度方面,倪清、梅建清提出尽快制定我国的《法定数字货币法》,另外成立专门的监测分析机构,强化对数字货币与金融体系的全面监管②。李小武提出现行《货币法》法律缺位和法律僵化的立法现状③。周梅丽、顾陈杰、黎敏认为中央银行发行数字货币主要面临现行法律依据不足和法律冲突的问题④。王甜甜认为人民币相关法律亟待修改,应该在规制实体货币发行的同时重视科学技术对央行数字货币的影响,从技术层面监管数字货币发行⑤。

通过以上对我国学者研究成果的梳理可知,目前对央行数字货币法律规制的研究集中在:第一是央行数字货币的法律性质与法偿性属性实现。第二是匿名性技术框架下个人信息保护及反假币和反洗钱等问题上公检部门介入系统端查找使用个人信息的平衡。第三是从维护金融稳定的角度如何运用最前沿科技和大数据等技术有效监控央行数字货币流通过程。由于央行数字货币尚未发行,对未来金融风险与经济犯罪风险的预测存在难度和不确定性,学者对于数字货币立法建议也相对为原则性的规定,缺乏具体的立法建议,目前现行法规定与央行数字货币监管存在的冲突与缺位的问题需要更多学者的梳理与分析。

一、监管前提:央行数字货币定义及其法律属性

(一) 央行数字货币定义及模式选择

我国的央行数字货币(digital currency electronic payment, DCEP),是指由中国人民银行研究并发行的基于代币技术设计的具有数字形式的法

---

① 王波、王玥:《中国法定数字货币:影响、挑战与建议》,载郭锋主编:《证券法律评论》中国法制出版社 2018 年版,第 301~302 页。
② 倪清、梅建清:《当前数字货币管理存在的问题》,载于《上海金融》2017 年第 11 期,第 89 页。
③ 李小武:《"数字资产"的法律监管》,载于《中国信息安全》2018 年第 1 期,第 109 页。
④ 周梅丽、顾城杰、黎敏:《区块链金融法律问题研究》,载于《金融纵横》2017 年第 8 期,第 73 页。
⑤ 王甜甜:《法定数字货币在中国的发展、体系构建以及将遇到的问题》,载于《经济纵横》2018 年第 5 期,第 47 页。

定货币种类，用户端仍保持实物货币向联系对照的账户体系，技术层面支持银行自由选择松耦合账户、利用区块链等技术，由中国人民银行审核指定运营机构参与运营并向公众兑换，币值上与现金等价，并具有价值特征和法偿性的可控匿名的支付工具，是中国版的法定数字货币①。

央行数字货币在国外被称为法定数字货币，这一概念也经历了国内外学界不断的发展和完善。穆罕默德·肖恩布（Muhammad Shoaib）等学者曾在第八届国际数字信息管理会议上提出了官方数字货币（official digital currency，ODC）的概念：发行和管理由当局官方机构负责，用于替换传统纸币等额兑换，可用于外汇兑换，兑换比例与纸币面值保持一致的数字形式货币②。莫滕·贝赫（Morten Bech）等提出中央银行加密货币（central bank crypto currencies，CBCC）的概念，这一概念与法定数字货币的内涵最为贴近。他们将 CBCC 分为两类：一种是通用于零售环节、针对用户消费设计的，适用于移动电子支付尚不发达的国家的法定数字货币；另一种是仅限用于批发环节，用于金融机构及企业间结算，适用于移动电子支付已经发达的国家的电子结算货币。这是学者们最先提出"批发型"和"零售型"两种法定数字货币的设计偏好③。国际清算银行（BIS）在 2020 年 8 月 24 日曾发表了一篇关于法定数字货币的重要报告。该报告提炼出从不同维度划分形成的货币类型，并总结出法定数字货币之特征："可广泛获取性""数字形式""中央银行发行"和"基于代币"四大特征④。

2020 年，中信建投证券与央行数字货币研究发布央行数字货币行业报告中描述了央行数字货币运行机制。在中国央行数字货币框架设计中，央行坚持我国发行的 DCEP 作用在于替代现金，而不是商业银行存款等其

---

① 中信建投证券：《深度解析央行数字货币的支付生态链》，多元金融行业深度报告，2021年2月14日。

② Muhammad Shoaib, Muhammad Ilyas M., Malik Sikander Hayat Khiyal. Official digital currency. Research Gate. net. September 2013.

③ Morten Linnemann Bech, Rodney Garratt. Central bank cryptocurrencies. BIS Quarterly Review, September 2017.

④ Raphael Auer, Giulio Cornelli and Jon Frost. Rise of the central bank digital currencies: drivers, approaches and technologies, 2020.

他层次的货币,对应着国际研究中"零售型"法定数字货币,而不是选择部分移动电子支付不发达的国家采用的"批发型"的替代现金+存款准备金类型。另外,中国人民银行设计了一种人民银行+商业银行双层运行的数字货币业务交付系统这一发行模式。业务交付系统的下层由几个商业银行组成。商业银行和其他机构负责向公众发行中央银行数字货币,同时向中央银行支付总准备金的份额必须为100%,确保中央银行的数字货币不超过央行发行量限制。此外,央行数字货币采用了一种令牌(Token)范式,该范式依赖于去中心化和区块链技术,而不是基于账户交易的技术设计。但是,央行数字货币采用的集中管理模式不会改变,这与"去中心化"的私人代币发行不同①。总之,央行数字货币项目的设计与实施是一个系统工程,在设计方案中需要考虑多个问题:移动电子支付生态背景、发行法定数字货币形态、运营端维护风险、金融普惠任务、数据保护义务和研究、货币监管合规、货币政策及财政政策适应性修改等层次。下文中探讨的法律问题也立足于此中设计模式下的央行数字货币②。

(二)央行数字货币的法律属性

1. 央行数字货币具有私法和公法的双重属性

货币的制度理论将包含央行数字货币在内的广义货币定义为:(1)公众对中国人民银行直接或间接享有的债权人权利;(2)央行数字货币可以被用于价值的交换和存储的主张,但其目前不可以被存储银行用于存贷业务;(3)债权人的权利债权人的可用性,功能和购买力债权人是由中央银行不断产生和管理的,中央银行应保持货币的购买力,即市场价格应保持稳定。因此中央银行的货币制度不再是政府的工具,货币的法偿性不再直接由政府赋予,货币制度的完善和实施将帮助中央银行保持货币购买力、树立货币的国家信用③。

---

① 中信建投证券:《深度解析央行数字货币的支付生态链》,多元金融行业深度报告,2021年2月14日。
② 邹传伟.央行数字货币的路径选择:批发型还是零售型,2021年1月16日。
③ 杨东、陈哲立:《法定数字货币的定位与性质研究》,载于《中国人民大学学报》2020年第3期,第119页。

央行数字货币的法律属性依照法律部门划分具有私法和公法的双重属性。柯达从法定数字货币的法律财产角度出发，认为法定数字货币具有与传统法定实物货币的相同的私法属性，在通常情况下，其适用"所有权归拥有"的所有权转移规则。同时，法定数字货币就其法偿性确立和发行流通程序保障而言具有特殊的公法性质，即用户账户身份性极强，赔偿制度限制严格，在央行数字货币发行过程中弄清法定数字货币风险损失赔偿的范围和局限性确有必要，并规范特定实体与对货币流通信息的使用储存及其他权利不受第三方侵害①。

2. 央行数字货币法偿性定义及确立

央行数字货币的法偿性是指央行数字货币作为我国法定货币种类在中国境内支付公司债务不得被拒绝接受，并以国家信用为担保的强制属性。我国的法律尚未明确法定数字货币的合法性及在实际运用中证明其信用价值。根据我国中央银行目前的法定数字货币计划，未来的央行数字货币将取代现金。目前中央银行已经开始运行试点，测试发行法定数字货币，央行数字货币必须具有与实物货币相同的法律地位，确立该地位的重要标志之一是央行数字货币必须具有法偿性，所有公共和私人债务都必须接受，对不遵守法规的个人或机构进行处罚，采取较为严厉的强制措施。中央银行发行法定电子货币后，除了在法律上明确法定电子货币的法定赔偿外，还可以设定"过渡"期限。在某些地区，使用合法数字货币软硬件技术相对缺乏，公众对合法数字货币的接受率很低，因此不能对这些地区拒绝合法数字货币的行为处以罚款。另外，有必要加强与合法数字货币有关的金融设施建设，加大合法数字货币的宣传力度，提高公众对合法数字货币的信任。

为了确保央行数字货币的有序流动，信用价值的稳定和国家金融监管机构有序监管，央行数字货币必须具有法偿性。首先，监管机构要求精准把控央行数字货币的有序分发，保证央行数字货币发行后国内货币

---

① 柯达：《论我国法定数字货币的法律属性》，载于《科技与法律》2019年第4期，第60~64页。

的发行范围和速度能够适应国内经济发展。其次，保证了合法数字货币在流通的长时间内保持价值上和信用程度上的稳定性。央行数字货币的价值是由国家以信誉担保，由国家机器稳定运行维护，国内经济形势和平稳定发展，并由国家强制保障执行实现的，而不是自身固有价值或者使用价值的外在交换价值衡量，在央行数字货币没有得到法律强制补偿的保证的情况下，由公众根据交易媒介创建的私人货币可能会涉及更广泛的领域。它不会增加公众对合法数字货币的信任，最终会损害国家的信用，而信用是货币资产价值的基础。最后，保障央行数字货币法偿性对央行提出了更高的监管能力的要求，要求加强对多元合法货币运行体系进行综合性监管，更加重视经济运行具体环境中如何更加灵活创新性地运用多种货币工具来调节货币币值波动，维护经济秩序稳定。

3. 央行数字货币占有权及所有权转移制度确立

法定数字货币作为货币，其属性为一般等价物，因其保持普遍性交易中等值而属于种类物和特定物。首先，数字货币持有者当然享受货币所有权，并参照《物权法》对于所有权的规定，适用"占有即所有"的物之转移规则。其次，不同商业银行或者其他特定实体记录着数字货币在本银行或实体的交易信息过程，并连接所有者的身份信息，形成区别于其他数字货币的特殊字符串。但这种字符串在物理形式上体现出的数据交易信息链条增长变化仅作用于中央银行的管理，不影响数字人民币持有人持有货币的价值。对于央行数字货币持有者，无法读取和更改发行支持单位①。公众选择使用数字货币而非个人数字货币基于：更大的便利性和可靠性，数据链的增加不影响数字货币持有者对数字货币的使用，也不会直接影响数字货币的价值。通过大数据技术，数字人民币可以通过数据交易信息分类储存并标准扩展数据链实现货币占有权和货币所有权的分离，进一步保护原始货币持有者的合法权益。原始货币持有人可以使用智能合约来指定用于特定目的的货币，例如央行数字货币的持有

---

① 柯达：《论我国法定数字货币的法律属性》，载于《科技与法律》2019年第4期，第60页。

者可以使用智能合约来限制某些货币资金的应用范围及资金返还条件。此外，央行数字货币的持有者不仅可以监控基金用于特定目的的用途，还可以通过合约约定占有用于特定目的的资金被异常使用时的数字人民币，通过行使归还原始财产的权利可以收回资金。另外，原始货币持有人可以使用智能合约来防止法院强迫虚假转让。

根据前文所描述的央行数字货币的私法及公法属性，首先，有必要在未来建立合法数字货币的法律规范时，明确产权的主体属性，并建立相应的所有权转移和权利登记规则。在未来数字货币立法中，建议基于明确的货币所有权将《中华人民共和国民法典》的网络虚拟资产与合法数字货币分开，以便可以更强有力地保护合法数字所有者的合法权利。其次，它阐明了在特殊情况下合法数字货币的转移和转移的影响以及"注册公示"的影响。一方面，合法数字货币的转移按照《中华人民共和国民法典》物权编关于有效交付动产产权的规定生效，另一方面，合法数字货币的转移可以确认智能合约基于公共利益是有效的。在转让的情况下，注册中心必须披露相应的转让信息，有效对抗善意的第三方，并最终建立央行数字货币"拥有"和例外规则。智能合约具有较强的灵活性，建议通过智能合约扩大货币对合法数字货币的特殊性范围，以促进央行数字货币顺利实现。

二、监管冲击：央行数字货币的风险及冲击

（一）我国现行货币监管制度现状

目前，我国尚无独立统一的货币法，但货币监管制度已逐步建立，并存在一个不断完善的过程。2020年《中华人民共和国中国人民银行法》（以下简称《中国人民银行法》）修改草案第三章第十九条增加"人民币包括实物形式和数字形式。"为发行央行数字货币的法偿性提供法律依据；同时草案规定了防范虚拟货币风险，明确任何单位和个人禁止制作和发售数字代币。《中华人民共和国中国人民银行法》在历经17年发挥巨大作用之后，现今即将再次修订适应新的经济环境，货币政策与相关

规定都与时俱进，对央行数字货币发行的促进作用不言而喻。

中国对虚拟货币采取较国外更加严格的监管方式。中国人民银行和工业和信息化部发布的《关于防范比特币风险的通知》否定了比特币的效力，认为类似比特币的虚拟货币缺乏发行机构集中化发行管理，其使用不受地域限制，不是由货币当局发行的，并且没有诸如法偿性、国家信用担保之类的货币属性。此外中国人民银行及其他部门单位联合发布了条例《关于防范代币发行融资风险的公告》，将代币发行定性为一种未经授权的非法公开融资行为，并认定其涉嫌非法销售代币。非法发行证券、非法集资、金融欺诈其他非法和犯罪活动，客观地增加了财务风险[1]。2013年，中国人民银行和五部委发布了《关于防范比特币金融风险的通知》，这也是我国第一个对数字货币监管具有法律效力的正式文件。此时政府金融监管机构对数字现金的金融特性并不了解，态度较为模糊。

法定数字货币就其法偿性确立和发行流通程序保障具有特殊的公法性质，即用户账户身份性极强，赔偿制度限制严格，且央行数字货币风险损失和赔偿的范围区别于纸币存在特殊性，体现在：纸币的等受损方式主要为变造、伪造、盗窃、抢劫，而法定数字货币体现在网络攻击、信息泄露、金融脱媒、过度证券化脱离实体经济等方面，央行数字货币受损造成的范围和程度往往更加严重，赔偿方式也多借鉴数据纠纷赔偿方式如判定数据无效、数据追回、数据遗忘、损害赔偿等方式。

（二）央行数字货币发行对货币监管制度的冲击与挑战

央行数字货币发行有其固有风险：第一，其投机性可能损害金融消费者利益；第二，其匿名性可能损害金融正常秩序；第三，其价格波动性可能冲击货币体系，这些风险广为学者们所讨论。当然央行数字货币发行更大的风险来自对现行货币体系及相关制度监管乃至宏观金融稳定

---

[1] 赵莹：《我国虚拟货币监管制度改革的反思与重构》，载于《河南社会科学》2020年第4期，第68页。

与发展的冲击与挑战。这一冲击虽然囿于央行数字货币体系尚未全面实施而无法显现，然纵观金融货币发展历史和近年金融科技的发展可以预见，这一新形式货币发行方式流通对金融体系的冲击这一担忧并非毫无依据。

1. 现行法中缺乏央行数字货币规范适用空间

首先，法定数字货币暂时难以具备传统意义上的法偿性。货币法偿性是指一国法定货币可以在该国境内支付一切对公对私债务的支付保障，是法定货币的固有属性。2020 年《中华人民共和国中国人民银行法》修改草案确立了人民币的数字形式，但在实践中央行数字货币能否顺利被用户认可接受尚不可知。法定数字货币的技术推广不仅受制于整体账户框架或密钥构建的技术要求，还受制于网络状况、设备搭建等现实因素，因此数字货币取代纸质人民币在零售环节大量流通的目标实现需要一个长期的过程，未来央行发行法定数字货币，央行数字货币被市场所接受，完全实现价值尺度、支付手段、流通手段等货币功能，依赖于法律上对人民币法偿性的认可①。

其次，法定数字货币不属于法定的物权客体——有体物，属于数字形态上的"物"。我国目前并没有对数字形态的"物"进行明确的物权法范畴的规定，也没有监管数字形态货币发行流通的经验，是否效仿人民币实体货币对央行货币的物权性质进行确定尚无经验。我国法律中相关概念如网络虚拟财产范畴、内涵与使用法律规制尚未达成学术界共识。央行数字货币由中国人民银行发行，其发行主体在发行资格与公信力程度上远高于普通网络虚拟财产发行者或者私人数字货币发行者，央行数字货币作为具有公信力和国家法偿性的货币种类，确立绝对的支配权、国家法偿性和自由的流转权是稳定央行数字货币流通必须解决的问题。

2. 央行数字货币发行流通主体的权义责不清晰

前文笔者已经就中国人民银行数字货币的设计方案和发行范式达成

---

① 杨建晨：《我国央行法定数字货币发行法律问题研究》，兰州财经大学学位论文，2019年，第 23 页。

了基本的统一，这种模式和运营方式决定了各个环节中发行流通主体的权利义务。在此基础上中国人民银行、商业银行、用户甚至流通中的第三方支付机构都是央行数字货币发行的主体。明确多方主体法律关系，明确发行流通中主体的权义责，是规范央行数字货币发行流通市场良性发展的必行之路。主体责任亟待重新明确。

3. 现行金融体系与监管政策受到央行数字货币发行的冲击

央行数字货币与传统实物货币、电子货币和私人货币有着显著差别，其传导性、不确定性及潜在的风险性必然给货币监管制度带来强烈的冲击。

首先，央行数字货币的发行影响现行货币供给机制和传导机制：随着央行数字货币发行，DC/EP代替实物人民币交易结算，基础货币数量和准备金数量下降，货币创造规模将变大，市场对货币传导机制反应更为敏感[1]。从具体交易环节来看：第一，央行增加了交易中的潜在对手方。虽然央行并不直接对用户开立账户，但数字现金仍然储存在央行私立云服务器上，央行增加了中介交易服务机构，但其自身并未完全退出货币流通阶段。第二，冲击现代商业银行体系。央行私人钱包之用，将可预见地削减商业银行存款规模和信贷规模，削减对实体经济的信贷支持，金融脱媒加快，甚至对现代金融体系的结构产生影响[2]。第三，对现行金融管理制度产生明显冲击，如社会公众可预见将诸多金融资产快速转换成数字现金，将持有数字现金的相关风险和成本转移至中央银行，从而规避《中华人民共和国人民币管理规定》《存款保险条例》等规定的监管。

其次，央行数字货币发行是多元化金融发展的体现，亟须由国家因时而变，制定完善复杂而完整的货币法监管框架。现行货币法法律体系

---

[1] 谢星、封思贤：《法定数字货币对我国货币政策影响的理论研究》，载于《经济学家》2019年9月，第62页。

[2] 正如英格兰银行副行长本·布劳德本特在其题为"中央银行与数字货币"的演讲中所提到的，如果央行负债表扩大至企业和家庭，中央银行数字货币账户与银行存款账户越相似，所产生的银行存款流失的问题就会变得越严重。资料来源：郑彧：《论数字货币的信用传承与形态变革》，载于《财经法学》2020年第5期。

的法律规制对象为传统法定实物货币即人民币，央行数字货币出现后，数字人民币囿于和实物人民币明显的差别无法当然地被纳入传统货币法规制范围，数字人民币在发行、流通、回收、监管、风险处置的实践中都或多或少面临着法律空白的情形。

（三）《中华人民共和国中国人民银行法》修订草案背景下央行数字货币适用空间

在解决了央行数字货币发行理论上的困境后，国家应对相应的货币法进行调整和修改，以适应央行数字货币发行流通的实际需要。当前《中华人民共和国中国人民银行法》（以下简称《中国人民银行法》）面临修改的背景下，最重要的问题是调和现金货币和央行数字货币之间的关系。央行数字货币替代人民币发行流通，同时受财政政策或货币政策中调整，因此也要求得到法律上的同等对待。首先，它改变了法定数字货币的定义。其次，当前现行法律限制了对仅包括纸币和硬币的实物货币，并明确规定了豁免。

2020年10月23日，中国人民银行发布了《中华人民共和国中国人民银行法（修订草案征求意见稿）》。该草案意见稿第三章第十九条添加了"人民币包括物理形式和数字形式"。新增修改的法条为发行中央银行数字货币提供了直接的法律依据。同时该草案意见稿重视防范化解虚拟货币风险，并严格规定任何单位或个人都不能也不能生产或者以各种形式销售具有货币性质数字代币。《中国人民银行法》历经17年后再次面临修改，货币政策和相关法规与时俱进，数字货币立法作为其中重要章节，一旦审议通过生效其改变对中央银行发行法定数字货币的帮助不言而喻。

从目前《中国人民银行法》修改草案中关于规范央行数字货币发行流通内容上看：首先，目前草案的表述相对保守，符合《中国人民银行法》法律位阶及稳定性强的特征。如目前草案缺少关于央行数字货币定义的表述，对"广义货币的法偿性"缺少限制。草案虽然规定了人民币的形式包括数字形式，但无法直接论证符合哪些条件的数字形式货币构成央行数字货币。而且如前文所述，央行数字货币法偿性建立是一个不断完善货币制度、提高公众认可度的过程,现阶段豁免部分企业拒绝使用央行数字货币是一个实用性、安全性较强的建议。根据草案,央行数字货币将依照纸币在现阶段直接适用纸币无限法偿性的规定,建议在正式立法的过程中明确央行数字货币法偿性的适用范围。其次,草案中关于防范化解虚拟货币风险的规定更加适用于对私人货币、虚拟货币资产的规定。监管机构应当联系其他部门法、行政法规、规章及国家标准和行业标准,严格打击央行数字货币交易违法行为。

三、监管逻辑:法定数字货币监管制度的改革与创新

(一)央行数字货币发行流通主体法律关系及权义

1. 央行数字货币发行流通主体法律关系分析

明确央行数字货币体系中主体责任要求中央银行依据法定程序和标准赋予达到某种标准金融机构经营权并从中央银行收取必要的费用,并要求商业银行和支付机构处于发行流通货币各环节支持维护合法数字货币体系,从而确保央行数字货币能够替代现金与银行存在及其他货币财产进行无障碍的转换。

由于央行数字货币身为货币不直接产生发行方和用户投资关系,中央银行和商业银行都不能使用它进行投资或将其用作破产财产。而且,尽管央行数字货币同普通的法定货币类似都会在主体间产生托管关系和付款结算关系,但是这些法律关系的细节是不同的。通常法定存款货币存储和付款结算之间的关系需要付费,商业银行支付给存款人的实际利息是扣除仓储费后的余额,商业银行需要对存款人的付款和结算收取额外费用。央行数字货币存储关系以及结算和结算关系必须是免费的。但是中央银行及商业银行系统日常运转必然会造成庞大的开支,这部分开支应当由数字人民币发行流通中银行各阶段收入来负担,而不应直接由数字人民币使用用户来负担开支,这是由数字钱包的性质决定的,它是电子化的私人钱包,数字钱包中的数字人民币并不具有储存在单一银行内的银行存款性质,其向其他银行开立的数字钱包转账也不具有跨行转

账的性质。

就货币持有人而言，银行存款中存款用户形成法律关系的对象是商业银行或第三方支付机构，而数字人民币中用户与中央银行形成债权债务关系，与商业银行仅形成服务关系。另外，与存款货币有关的各方之间的关系的内容包括法定和约定的内容，并且与法定数字货币有关的各方之间的关系必须仅包括法律的内容而不包括约定的内容。中央银行同意，内容的法律关系发生在单位或个人之间。就它们之间形成的财产关系的内容而言，存款货币形成了货币存储关系、货币投资关系和支付结算关系。合法数字货币形成包含了普通实物货币的货币存储和付款结算关系，这种法律关系并不包括货币作用金融投资关系。①

2. 中国人民银行权限和义务

（1）中国人民银行权限。

央行数字货币是由中国人民银行研究并将试点发行一种新型法定货币，根据世界各国和地区有关的法律规定，其核心货币能力必须属于中央银行。

发行货币的权利。发行法定票据和硬币的权利属于中央银行，这是我国和世界其他国家或地区的法律和法规明确规定的。为了统一货币发行能力，实现货币流通体系的统一调整，还必须将法定数字货币的发行权赋予中央银行，否则必然导致整个货币发行流通系统混乱。②

系统管理的权限。央行数字货币区别于纸币无须机构或网络的帮助，它可以直接分发给收款人和付款人，并且无须设置特殊货币分发系统。央行数字货币是存在于电子网络账户中的法定货币，并且必须能够在专门管理和维护的电子网络中流通。因此，有必要修改和完善我国现行法规和文件，如《中国人民银行法》《中华人民共和国商业银行法》《支付结算办法》等，并且必须明确规定中央银行有权管理央行数字货币分配

---

① 刘少军：《法定数字货币的法理与权义分配研究》，载于《中国政法大学学报》2018年第3期，第256页。

② 《中国人民银行法》第二条、第四条、第十八条，《中华人民共和国人民币管理条例》第二条、第五条等的规定。

系统。管理最终控制权应属于中央银行①。

许可经营的权限。央行数字货币分发系统的管理权应属于中国人民银行，但实际上中国人民银行很难对数字货币分发系统执行某些操作和管理。目前研究机构更倾向于利用现有的商业银行和支付机构也专门运行存款货币分配系统，而非建立独立的央行数字货币从而避免社会资源浪费。因此，通过修改和改进现行法规并授予中央银行由商业银行和支付机构专门操作和管理数字货币系统的权限，从而节省了社会资源并同时保持中国人民银行业务的纯净性②。

发行监管权。数字人民币的发行机构是中国人民银行，数字人民币的发行监管对于监管整个数字人民币发行的庞大系统工程举足轻重。因此国家应当从外部及监管机构内部对数字人民币发行进行监管，因而必须赋予中国人民银行在一定权限内根据经济发展需要和实践要求制定和修改央行数字货币管理规范，这是对现代社会关系变化的迅速性和专业性的客观要求③。

（2）中国人民银行在法定数字货币体系中的义务。

中国人民银行的核心义务是稳定人民币（包括实物人民币和试点即将发行的央行数字货币）的货币价值并维持购买力，并对央行数字货币系统进行技术维护。具体如下：当用户由于非自身原因而导致货币财产损失时，中国人民银行作为信用担保机构负有赔偿义务，同时在日常交易中，央行数字货币持有者的隐私也应受到保护。总而言之，由机构发行的中央银行和商业银行必须确保合法数字货币的顺利使用和顺利支付，确保法定数字货币和传统法定货币保持使用相同的价格单位，并确保合

---

① 《中国人民银行法》第四条、第十八条、第二十一条、第二十二条、第二十七条，《中华人民共和国商业银行法》第三条、第四十四条、第四十八条，《支付结算办法》第四条至第二十条等的规定。

② 《中国人民银行法》第三十条，《中华人民共和国商业银行法》第三条、第二十九条、第三十条、第四十八条，《人民币管理条例》第三十五条，《支付结算办法》第五条至第九条等的规定。

③ 《中国人民银行法》第四条、第五条、第三十一条至第三十三条，以及《中华人民共和国银行业监督管理法》《公安机关受理行政执法机关移送涉嫌犯罪案件规定》《中国银监会移送涉嫌犯罪案件工作规定》的相关规定。

并由合法数字货币和现金货币组成的法定出价系统[1]。

系统维护义务。合法数字货币的发行和分发必须在某些电子网络系统内进行，中央银行的主要义务是维持这些货币分发网络系统的正常运行。央行数字货币分配网络系统可以是中央银行独立构建的"集中式"或"分散式"系统，也可以委托商业银行或支付机构作为代理进行操作和管理。但是，无论采用哪种特定的操作方式，中央银行都必须负责维护最终系统并承担最终义务。此外，根据现行法规，中央银行也有义务维持法定货币的流通[2]。

费用支付义务。在央行数字货币分配系统中，发行和分配货币的成本主要包括建立系统的成本、系统的维护成本、权利和权利认证的成本以及网络资源的成本。所有这些费用必须属于发行和分发法定货币的费用。中央银行付款。与商业银行或支付机构的利益直接相关的合法数字货币发行成本和相关业务的运营和管理也可以帮助商业银行或支付机构的运营。中国人民银行和商业银行或支付机构共同承担或独自承担责任[3]。

币值稳定义务。稳定的货币价值是中国人民银行的核心义务，不仅包括法定货币与商品和服务的比率，还包括本币与外币的比率。尽管货币价值的稳定性与货币的恒定价值不同，但其波动程度必须控制在法律允许接受财产的范围之外，并且不应发生财产接受的影响。如果数字人民币的价值发生波动使数字人民币持有人的财产遭受损失，持有人有权要求中国人民银行赔偿所有者货币财产的价值。同时，中国人民银行有义务维护数字人民币和其他法定实物货币之间等值，并消除其他兑换条

---

[1] 杨东、陈哲立：《法定数字货币的定位与性质研究》，载于《人民大学学报》2020 年第 3 期，第 120 页。

[2] 《中国人民银行法》第四条，《中华人民共和国人民币管理条例》第二条、第六条、第十五条、第三十五条等的规定。

[3] 《中国人民银行法》第三十八条、第四十条，《中华人民共和国人民币管理条例》第二条、第八条、第二十条、第二十二条、第三十五条，《中国人民银行财务制度》第三条、第六条、第三十三条等的规定。

件障碍，保障公众在各种类型法定货币之间的自由选择使用权①。

隐私保护义务。法定数字货币与分配系统中的现金和硬币不同，只能在中央银行或商业银行建立的网络系统中流通，分配记录与存款货币具有相同的属性。在这种情况下，保护数字货币用户的隐私是必须另行声明的银行重要义务。因此，法律必须明确规定中央银行的隐私义务，即使在商业银行或作为中介的清算机构方面，它也必须是中央银行的主要义务②。

3. 商业银行在央行数字货币发行流通中的权利义务

（1）商业银行在法定数字货币发行流通中的权限。

央行数字货币在市场发行和流通中不可能离开商业银行或支付机构的支持，即使在设计网络系统中选择"中央银行独立运作"模式或者采用"去中心化"模式，重视流通系统与商业银行的对接也至关重要；否则很难实现法定货币与存款货币之间的交换，并且有必要人为地划分完整的货币流通体系，以赋予商业银行或支付机构某些权力。商业银行或支付机构的合法数字货币权利应主要包括代理管理权、身份验证权、交易所管理权和单向收费权。

代理经营权指中央银行必须授权中央银行或支付机构充当发行和分发部分合法数字货币的代理。商业银行或支付机构主要经营存款货币，但存款货币和法定货币必须是免费的或相对免费的。否则，整个社会货币分配系统将无法完成。因此，有必要修改和完善现行的法律法规，赋予商业银行和支付机构在特定情况下经营数字货币机构的权利，无论是中央银行与商业银行之间的货币流通系统的融合，还是中央银行与商业银行之间的货币流通系统的融合，付款机构都必须实现③。

---

① 《中华人民共和国宪法》第十三条，《中华人民共和国宪法修正案》第二十条，《中国人民银行法》第三条、第四十八条等的规定。

② 《中国人民银行法》第十五条，《中华人民共和国商业银行法》第二十九条、第三十条、第五十三条，《中华人民共和国反洗钱法》第五条、第三十条，《个人存款账户实名制规定》第八条等的规定。

③ 《中国人民银行法》第十六条、第二十七条、第三十五条，《中华人民共和国商业银行法》第四十八条，《中华人民共和国人民币管理条例》第三条、第二十一条至第二十四条、第三十四条至第三十六条、第三十九条、第四十二条、第四十五条等的规定。

身份审核权。我国目前的法律法规对开设银行账户的身份有严格的规定，同时，金融机构被授予审核用户身份，防范用户从事非法犯罪活动的权限。发行央行数字货币的电子货币系统也是必须在其中建立账户的货币系统，并且在货币分配方面具有与存款货币分配系统相同的技术特征。必须对现有的相关法律法规进行修订和补充，以使商业银行或支付机构可以赋予商业银行或支付机构在作为代理人操作和管理电子货币系统的过程中验证客户身份的权限①。

兑换经营权和单向收费权。商业银行和支付机构是公司收入的主要商业目的，在代表中央银行进行管理时，不可能自己支付业务费用。因此，充当大多数数字货币系统的运营和管理代理的商业银行或支付机构需要收取合理的运营费用，但是公民无法为使用法定货币付费，代表中央银行数字货币业务的商业银行或支付机构只能向中央银行收取合理的费用②。

（2）商业银行在央行数字货币发行中的义务。

商业银行和结算机构是存款货币的核心运营机构，即使它们不主要经营和管理合法数字货币的流通，也与经营和管理有关。在享有上述权利的同时，商业银行同样必须承担责任。这些义务主要包括机构维护义务、审计和认证义务、非法审查义务和货币兑换义务。

代理维护义务。代理维护义务是指商业银行或支付机构根据管理数字货币支付系统的法律权限维持系统正常运行的义务。总体而言，央行数字货币管理系统的运营和行政权限最终归中央银行所有，商业银行或清算机构仅履行与存款货币业务有关的部分义务。但由于央行数字货币流通系统和商业银行存款货币流通系统之间的相似性，通常要求中央银行将系统的某些运营和管理权限授予商业银行或支付机构，并履行其系

---

① 《中华人民共和国商业银行法》第四十八条，《反洗钱法》第十六条至第十九条、第二十一条，《个人存款账户实名制规定》第五条至第七条，以及《金融机构反洗钱规定》等的具体规定。

② 《中国人民银行法》第四条、第十八条、第二十一条、第二十二条、第二十七条，《中华人民共和国商业银行法》第五十条、第五十二条，《人民币管理条例》第二十二条、第三十五条、第三十六条，《商业银行服务价格管理办法》等的规定。

统维护义务①。

审核认证义务。商业银行或付款机构在货币分配系统中的重要职责之一是审查收款人和付款人的货币权利，审核收付款用户的货币交易义务。为了维持存款货币及央行数字货币分配系统的正常运行，商业银行肩负审查支付结算结果的义务。尽管法定数字货币的法律性质与存款货币明显不同，但该系统中金融机构的基本职责是相似的。无论是"集中式"还是"分散式"分配系统，都必须有一个主体来审查收款人和付款人的数字货币支付和结算权，验证支付结果和结算操作以及完成分配，可以由中央银行、商业银行或支付机构承担，但是在大规模的数字货币支付和结算系统中，中央银行通常无法独立承担这方面的所有责任②。

违法审查义务。在央行数字货币流通过程中，出于防止非法和犯罪活动发生的目的，商业银行或支付机构有义务自行承担支付和结算义务，审查相关非法和犯罪活动。这些义务尤其包括反逃税审查、反洗钱审查、反恐怖主义审查以及其他非法和刑事审查义务。这里应该清楚的是，商业银行或支付机构是不享有国家机构审查权的普通社会团体。此外，商业银行或支付机构全权负责举报事实，如果怀疑存在违法犯罪事实，则向指定的处理某些情况的国家机构报告。因此，商业银行或支付机构的义务应为法定义务，并且在制定法律数字货币法规时应明确定义③。

货币兑换义务。法定数字货币是法定货币，受到中央银行和国家或国家联盟的信用保护，但在正常情况下不能破产必须遵守法规以确保合法电子货币与存款货币之间的平稳交换。在建立法定电子货币相关系统时，明确规定商业银行或支付机构必须承担交换电子货币和存款货币的义务。只要符合法律要求，就可以在客户的指导下无条件地实现数字货

---

① 《中国人民银行法》第四条、第二十七条、第三十二条，《中华人民共和国商业银行法》第三条、第四十四条、第四十八条，《支付结算办法》第四条、第十九条、第二十条等的规定。

② 《中国人民银行法》第四条、第二十二条、第二十七条，《中华人民共和国商业银行法》第三条、第六条、第二十九条、第三十条，《支付结算办法》第四条、第十六条、第十九条、第二十条等的规定。

③ 《税收征收管理法》第十七条、第三十八条、第四十条、第五十一条、第七十三条，《中华人民共和国反洗钱法》第十六条至第二十一条，以及《金融机构反洗钱规定》《金融机构报告涉嫌恐怖融资的可疑交易管理办法》等的具体规定。

币与存款货币之间的兑换，此外不向客户收取任何交换费，也没有为自由交换客户设置其他障碍或义务，以维持各种形式的法定货币的平等地位并维持法定货币的分配顺序①。

（二）央行数字货币监管制度设计逻辑

1. 现行法定货币体系立法体例和内容构想

（1）"货币法"立法体例历史经验及方案设计。

我国目前的金融监管体系形成于20世纪90年代，当时货币监管制度并不独立于财产法体系，货币监管问题实际上是中国人民银行内部货币发行管理问题。《中华人民共和国人民币管理条例》（以下简称《人民币管理条例》）所规范的主要内容是货币印刷，发行和收付款的行政法规，货币付款和结算仅用作银行业的内部管理方法。当前，人民币其分配和业务范围遍及全球，在世界范围内使用的人数和范围都位列世界前三的水平，人民币全球范围内结算和结算争议也成为争议多发的领域。同时，除了法定货币以外，还流通着电子货币和私人货币，实际上这种货币以在市场流通中日渐占据更大的比重，没有相应的法规来明确规定它们。因此，制定《中华人民共和国货币法》（以下简称《货币法》）时应对广义范畴货币监管制度进行全面系统的总结和规范。但我国现行法律及条例规范已对货币的种类和特征以及相关主体的基本权利（权力）义务进行规定，这并非基于制定完整《货币法》文本实现。系统的"货币法"以统一包括法律数字货币在内的货币事务的法规，将不可避免地引起"货币法"的立法风格问题，其核心是在《中国人民银行法》中将"货币法"的内容作为专章践行保留，还是制定一部统一"货币法"。方案一是由《中国人民银行法》提供货币基本原理和规则，主要针对法定货币作为资产的内容，而特定的货币行为内容和交易规范分别为"支付结算算法"的详细规则制定。方案二是将基本原则、货币性质和货币行为合

---

① 《中国人民银行法》第四条、第十六条，《现金管理暂行条例》第五条至第十九条等的规定。

为一体,分别制定完整而系统的"货币法则"。两者都有其优点和缺点,但都可以解决现有的问题,根据具体情况合理选择合适的立法范式①。

(2)"货币法"的基本内容构想。

在区分于人身法的财产法的结构中,财产法可分为"财产客体法"和"财产行为法"。财产客体主要规定了财产的基本定义,法律性质和法律结构,以及当事方的静态权利(权力)和义务。财产行为法主要规定了财产行为的动态行为准则及主体进行财产行为时的权利(强制性)义务。"货币客体法"必须明确规定货币的概念,构成"货币"定义的法律条件,货币作为特殊财产种类之特征,法定货币的结构体系,私人货币的结构体系和货币持有人基本权利。在央行数字货币立法规范结构中,应明确规定这是中国法定货币的基本形式。在"货币行为法"中,有必要弄清货币流通的基本原理,法定货币流通的基本方法,存款货币流通的基本方法,并要阐明分配方式下各方的权利(强制性)义务。在法定货币流通中,必须明确定义央行数字货币流通方式和权利转移标准,并且必须指定分配方法中各方的权限和义务。此外,"货币法"应制定有关货币国际流通的法规。无论是法定实物货币还是法定数字货币,国际流通都存在问题,有必要按照属人原则和属地原则规定货币国际发行的业务规则、监管规范和司法规范,其核心是国内法的国外效力问题,是全球经济一体化和金融一体化进程中要面对的问题。"货币法"从法律部门划分上看属于社会法、经济法范畴,货币行为规范中既包括运用数字人民币进行民事交易的惯例及规范,也应当包括惩罚利用"数字人民币"概念及技术违法犯罪行为的行政法或刑法部门范畴的规定,衔接现行《中华人民共和国刑法》《中华人民共和国行政处罚法》的规定。

2. 央行数字货币体系构建对金融系统的影响

(1)央行数字货币协助监管者更加精准控制对金融系统的影响。

构建全方位央行数字货币发行体系,目标在于推动央行数字货币在

---

① 刘少军:《法定数字货币的法理与权义分配研究》,载于《中国政法大学学报》2018年第3期,第268页。

金融系统流动过程中发挥积极作用。数字人民币发行后，监管当局应当对发行过程和发行机制进行进一步探究，尤其是金融基础设施的运营效率和安全性，银行存款的经纪业务，金融资产转换监控和测量结果。监管者应当建立管理机制，以减少数字人民币负面影响并维持金融体系的稳定性。

央行数字货币发行将对商业银行在业务上和发展模式不可避免造成巨大影响。商业银行将面临如对商业银行网店运营模式冲击、部分传统获益渠道受阻、面临数据安全和网络攻击风险、对公业务领域市场份额流失、信贷质量下降等问题。商业银行是数字人民币的发行流通中的重要主体，不同规模的商业银行发展受到数字人民币发行的影响程度幅度参差不同。大型的商业银行目前为了规避风险往往选择投资设立金融科技公司研究相关运行系统和通信安全建设。中小型银行业务受到数字人民币发行及后续金融脱媒冲击更加巨大。目前中小银行的角色定位为金融科技产品发展应用的跟随者，自身具有在吸引技术人才、投入金融科技研究上无法弥补的劣势，对专业公司的技术支持依赖性大，但目前央行仍然鼓励中小银行在普惠金融和线上信贷管控等方面发挥其支持作用。

发行央行数字人民币将帮助中国人民银行更加准确掌握货币流通过程。长期以来，中国人民银行对纸币的流通受制于经济条件和技术条件的影响未能完全掌握，中国人民银行对金融体系下货币在其他非银领域的监管难以涉及，从而导致央行通过货币工具对货币发行总量及流通速度的控制不够精准有效。央行数字货币自身具有发行成本低，数据化无纸流通，每一个数字人民币字符串背后记录了交易信息的庞大数据链条这些特点，都导致中国人民银行对数字人民币的发行流通效率的控制将更加准确。虽然引入数字人民币后，货币流通交易的复杂化程度加深，对货币监管机构提出了更高更多元化的监管要求，但是从理论和技术角度可以实现对广义货币体系的精准控制①。

---

① 陈燕红、于建忠、李真：《央行数字货币的经济效应与审慎管理进路》，载于《东岳论丛》2016年第17期，第127~128页。

（2）央行数字货币对比其他数字资产之联系和区分。

在当今的经济全球化的趋势下，密切联系的全球化国际金融体系已形成近五十年，各国金融体系早已紧密相连。央行数字货币作为基于网络发行的数字货币，可以轻松实现"海外验证"和海外发行，但距离实现人民币国际化还存在着两大难题。首先，央行数字货币在国际上的应用和结算领域如何推广。其次，如何实现央行数字货币与其他国家法定数字货币乃至法定实物货币的联结。在这方面，我们需要创建未来的布局，借鉴人民币国际化的实践经验，规范今后在国外央行数字货币的使用场景、技术支持和推广策略，建立央行数字货币与其他国家法定货币换算的标准化系统。这是中国人民银行数字货币研发团队的未来重点。

央行数字货币法偿性的基本特征是强制使用，任何人均无权拒绝法院使用。为此，我们需要提供一个技术支持平台来接收和转移合法数字货币，但不应仅因为必须使用央行数字货币就忽略市场规律，它应该遵循现代支付的发展方向，注意市场需求，从数字货币持有者和使用者的角度优化数字钱包功能，拓展支付领域和运用场景，从便捷、安全、高效的角度改进数字人民币使用方式和交付模式，提高数字人民币的市场接受度①。

（三）央行数字货币监管制度设计和实施

1. 逐步将合法数字货币发展为社会常用交易货币种类

央行数字货币监管规则的制定是一个"从无到有"的制度建立过程，但在制度建立的过程中可以参考其他数字货币监管及数据监管的可靠经验。货币监管部门明确数字货币监管的主要职责，有助于宏观调控数字货币监管体系，遏制数字货币的非法和残酷增长，从宏观角度把握数字人民币发行的体量和流通质量及效率。应该指出的是，即使数字货币被包括在现有货币监管系统中，考虑到数字货币与传统货币之间的差异，

---

① 中国人民银行数字货币研究项目组：《法定数字货币中国之路》，载于《中国金融》2016年第17期，第46页。

也不可能简单地应用现有货币监管模式和监管工具。参照国外监管经验，例如向英国金融监管当局学习将区块链金融应用于金融沙盒模型中。参考金融沙盒监管模型，该模型为数字货币的发行、分配和监管建立了特殊的实验区域，适当放松参与实验的央行数字货币运行产品和主体规则约束，并创建了创新环境。同时，监管机构应当关注央行数字货币的基本理论和技术应用，将央行数字货币监管模型研究、央行数字货币的用户身份识别理论以及央行数字货币利率实施理论研究放在至关重要的地位。同时加强对数字货币反洗钱（AML）监管理论，数字货币大数据分析与决策模型研究实验，将数字货币数据链上代码执行理论付诸现实。中央银行的国民经济实现了宏观调控和各种货币政策的具体实施①。

2. 我国法定数字货币及标准建设稳步推进

在数字人民币体系研发之初，人民银行就高度重视标准建设，取得积极成效。一是建立法定数字货币标准工作机制。2018年1月全国金融标准化技术委员会（以下简称"金标委"）组织成立法定数字货币标准专项工作组，由人民银行数字货币研究所担任组长单位，负责开展相关标准的研究与编制，从机制上保障我国在法定数字货币标准研制方面的优势和影响力，并为相关国际组织和其他国家央行提供有益借鉴。二是初步形成法定数字货币标准框架。在充分结合法定数字货币理论研究和开发实践的基础上，初步建立法定数字货币标准体系架构，涵盖业务操作、互联、钱包、安全、监管等多个方面，有力增强法定数字货币标准工作的顶层设计，为建设完善健康的法定数字货币生态体系提供坚实的标准基础。三是积极参与国际法定数字货币标准建设进程。积极参与相关国际标准组织框架下的法定数字货币标准研制，在 ISO/TC 68 数字货币安全标准、数字令牌标识等工作组中发挥建设性作用。同时，加快推进我国法定数字货币标准与国际接轨，在互联互通平台建设中积极采用国际通行的报文和数据标识标准，为提高跨境支付效率、快速对接相关金融基

---

① 朱烨辰：《数字货币论——经济、技术与规制视角的研究》，中央财经大学博士论文，2018年，第145~146页。

础设施和信息系统做好技术支撑，更好地提升法定数字货币系统和各相关机构数字货币系统的兼容性和国际化水平。

3. 监管者应当严格处置央行数字货币发行中违法行为

央行数字货币研究所所长穆长春曾在活动发言中指出应当警惕假冒数字钱包情形①。当前，数字人民币仍处于内部封闭试点测试阶段，对于目前投入应用的最大风险是钱包被黑，即被非法黑客破解密码盗走货币。当前需要注意的风险主要是技术加密的风险和盗刷的问题。此外，要央行数字货币监管制度，建立严格的央行数字货币监管的整体氛围，并且数字货币发行适用反洗钱和许多其他方面的规定中：在使用央行数字货币时，也有必要对数字货币进行交换和征税。另外，数字货币监管规则的组成也应反映与传统货币的差异，在现行监管规则中，可以在中央服务器的帮助下完成对每个用户的监管，并且可以基于中央服务器的数据分析来配置数据驱动的监管模型。但是，数字货币是一种去中心化的去中心化数据存储，这使得无法将指导现有货币用户监管的想法应用于数字货币领域②。

四、制度改革：法定数字货币监管路径重构

（一）央行数字货币监管制度顶层设计

1. 央行数字货币应被中国现行法定货币体系接纳

加快央行数字货币的发行实践进度，建立有效的货币法体系为其保驾护航，首先必须弄清央行数字货币在未来货币体系中的定位和性质，其次建立适应合法数字货币发行的安全稳定的货币法律体系，明确央行数字货币与实物货币及外币之间的兑换结算关系。《中国人民银行法》修改后央行数字货币作为网络空间中以数字形式存在的合法货币类型，即使没有物理形式也能在功能上与现金进行兑换，并保持兑换比例的稳定。

---

① 穆长春：《数字人民币发行不靠行政强制 老百姓兑换多少发多少》，新浪科技，2020年10月26日。

② 姚前：《科技浪潮中的金融变革与监管》，载于《清华金融评论》2018年第8期，第26~27页。

将央行数字货币解释为对中央银行的信用，可使央行数字货币持有者享有绝对的接受付款权利。获得央行数字货币的实体已经获得了与央行数字货币相对应的中央银行债权人的权利，并且除非系统管理机构将其确认为伪造货币，否则该对象的结算活动被视为有效①。

2. 确立央行数字货币的所有权原则及民事交易规则

第一，应当确认央行数字货币所有权的原则，即遵循"占有及所有"原则的基础上对特殊交易情形下央行数字货币交易效力进行审核和认证。第二，"同等价值的返还原则"通常情形下同样适用于央行数字货币。数字人民币在没有对特定数据信息追查时属于一般种类物，在涉及货币返还及"恢复原状"之事宜，必须采用相同价值的返还原则，即付款时的价值。第三，数字货币应排除在抵押担保范围之外。由于数字货币的财产被认为是一种事物，因此在设计担保体系时应将其视为准货币，并将其排除在抵押担保的范围之外②。

数字货币的特殊交付方式赋予了用户在管理服务器上进行数字货币的支付通常不可逆。对于普通法律货币作为法律财产物权流转，意味着如果付款错误，用户可以要求退款。在相关的执法案例中银行和其他中央机构根据有效的判断文件可以完成货币返还的，即实物货币返还货币的可逆性。但是，为了能够在没有中央服务器的情况下在数字货币的情况下强制完成可逆付款，从理论上讲，必须掌握的总区块链计算能力，以目前国家技术手段而言是不可能的。在无效或可取消的合同的情况下，数字货币支付的不可逆转会导致补救措施的实现需要付出一定的成本，或者与实物货币进行等额的兑换。在2015年的高昌建案中，涉案标的比特币从其账户转移到被告账户，由于数字货币支付的不可逆性，在技术上难以实现数字货币的原始收入，最后比特币以不等价的方式运用人民币进行兑换③。在类似情况下，权利人可以要求退还数字货币，但是传统

---

① 杨东、陈哲立：《法定数字货币的定位与性质研究》，载于《中国人民大学学报》2020年第3期，第117页。
② 杨延超：《论数字货币的法律属性》，载于《中国社会科学》2020年第1期，第102页。
③ 杨冬梅、刘诗颐：《从现行法律框架下谈比特币的法律保护》，载于《中国律师》2018年第4期。

法定货币和数字货币之间的转换也必须完成,并且在必要时,法院必须强制被告的法定货币来完成替代实施。

(二) 央行数字货币监管制度实施建议

1. 发行央行数字货币应遵循计划性和经济性相统一原则

近年来央行和研究所一直在探索如何计划和控制央行数字货币的数量和发行效率,方案包括依照市场经济规律采取兑换制,或者由央行计划发行数字人民币。经济发行原则是指央行数字货币发行必须满足市场上国民经济发展的需求的原则。在市场上分配商品所需的合法电子货币数量直接决定了中央银行必须发行的央行数字货币数量,央行数字货币的供应必须符合市场分配需求。如果中央银行发行的合法数字货币的数量成比例地超过商品流通所需的数字货币的数量,则该合法数字货币的价值将下降,并且价格上涨会导致通货膨胀,银行将发行央行数字货币。计划发行原则是指政府将根据国内宏观经济形势,预测未来的经济增长、通货膨胀、外贸增长等,并以此为基础,建立科学的国民经济和社会发展计划实施该计划。因此,中央银行在发行法定数字货币时,应考虑民间社会的发展计划,该计划在结构调整和产业优化,促进区域协调,实现经济可持续发展中起着重要作用。中央银行在考虑将来要发行的法定数字货币的特定数量时应将两者结合。为了提供足够的数字货币以在市场上分配商品,有必要从当前的经济发展水平入手,还要在未来的国家社会发展经济计划中考虑对数字货币的需求,并寻求合适的平衡点。该国的社会经济发展为该国的健康和可持续发展提供了充足的资金保障①。

2. 成立数字货币与金融体系的监测分析部门

从中央银行数字货币发行之日起,中国的货币体系开始从单一的货币体系过渡到双重货币体系,数字货币的许多超越物理货币系统的新功能都可能在逻辑分析时对金融系统产生正向和负向的复杂影响,因此建

---

① 杨建晨:《我国央行法定数字货币发行法律问题研究》,兰州财经大学硕士论文,2019年,第29页。

议中国人民银行建立数字货币监视和分析部门并对数字人民币的流通过程保持密切关注。数字货币的监测和分析重点在于数字货币对我国货币结构、货币需求和供给、货币乘数、货币流通率、现金流出和商业银行信用货币产生的影响，传统货币的联合和影响。监控分析的具体策略应基于互联网上数字货币的特点，充分利用新型大数据监控工具，并通过自动方法准确、深入地掌握上述关键领域的相关指标，实时分析和交互式分析检查为诸如金融系统稳定性之类的干预需求。保持对数字人民币流通的日常监控，和特殊情形下数字人民币非法流动的及时追踪和保护①。

3. 央行及商业银行应当承担央行数字货币发行中的不同主体责任

中央银行发行的数字货币附加给了中央银行与商业银行之间的监督和检查关系的基础上增加了不平等的社会存款竞争层。社会公众闲置资金从商业银行银行存款转移到数字钱包成为央行的债务时，商业银行将成为"狭窄的银行"，银行的资产和负债具有相同的流动性，不需要存款保险。尤其是在诸如大萧条和美国金融危机之类的金融危机中，对实施"传统银行"的需求很大。但是，"狭义银行业务"的后果是商业银行失去了产生信贷资金的能力，信贷业务将成为无水之源，存款业务也将逐渐失去竞争力，多元化金融体系受到影响，这与我国宏观审慎的金融政策态度背道而驰。因此，没有政府采用"狭窄的银行体系"。但是，中央银行发行数字货币导致了中央银行和商业银行之间的存款竞争，并带来了成为"狭窄银行"的隐患。解决隐性风险的关键是消除存款竞争。中央银行可以强迫非银行机构和个人将其数字钱包连接到商业银行。换句话说，数字钱包中的数字现金始终属于商业银行的无息存款。这样的制度设计将缓和中国人民银行和商业银行的关系，但商业银行将数字钱包中的数字人民币直接用于信贷业务时，仍需要经过货币持有者的许可，否则该数字人民币仅具有现金的功能。同时，中央银行可以对与商业银行客户相关联的数字钱包数量实施激励评估，这可以激发商业银行对央

---

① 邱勋：《中国央行发行数字货币：路径、问题及其应对策略》，载于《西南金融》2017年，第19页。

行数字货币的热情。

4. 遵循市场规律逐步开放数字人民币流通领域

扩大数字人民币的流通领域将有利于提高数字人民币的社会认可度，从事实上确认其法偿性，但在技术相对不够成熟的背景下过度开放数字人民币流通领域和应用场景不仅会加大日常监管难度，更容易给利用数字人民币进行违法活动以可乘之机。开放数字人民币流通领域是一个循序渐进的过程，央行对数字货币加载智能合约保持审慎态度，对超出货币职能的智能合约应持审慎态度，同时积极推动不同体系专业技术会并行发展，通过技术创新支持产业协作与创新。试点领域限定范围，在重视央行数字货币发行准入机制的同时建立健全行业退出机制，要事先设计行业运行模式，对于技术发明者、创新者不擅长的运营方式及市场流通模式，央行及行业应当为其提供帮助，积极防止靠烧钱、变相补贴（包括直接补贴和交叉补贴）去抢市场份额并扭曲竞争秩序，数字货币发展的最终目的是为实体服务，金融创新的目的是经济发展。

5. 稳妥推进我国法定数字货币标准研制，做好标准与法律准则之衔接

围绕法定数字货币标准建设，将重点做好以下几方面工作：一是稳妥推进法定数字货币标准研制。根据法定数字货币研发实际需要，持续完善法定数字货币标准体系，围绕业务操作、互联互通、安全等领域不断加强优化标准供给，充分发挥标准的规范引领作用，更好支持法定数字货币制度设计和关键技术的探索、研究与应用。同时，进一步完善金融业标准体系框架，加快金融数据、信息交换、金融信息安全保护、金融科技等基础通用性国家标准和行业标准的建设，加强安全芯片、第五代移动通信技术（5G）等技术与法定数字货币相结合的创新研究，为法定数字货币研发提供良好的技术标准环境，拓展法定数字货币应用场景和生态体系，助力法定数字货币稳妥发展。二是做好标准与相关法律规则的支撑衔接。随着我国法定数字货币的法律框架不断健全，要做好标准与相关法律规则的支撑和衔接，将法定数字货币相关法律法规、监管规则等制度安排细化成金融标准，畅通监管规则援引金融标准的渠道。强化标准在法律法规等制度执行中的作用，更好支持法定数字货币相关的研究、测试、试点、评估和风险防范。三是更加深入参与法定数字货币国际标准研制。加强对国际标准化组织（ISO）、国际电信联盟（ITU）等国际标准组织和国际清算银行（BIS）等国际金融组织的跟踪研究，以开放包容的方式参与法定数字货币相关标准和规则的制定，增强我国在相关标准上的国际贡献度。在充分考虑我国实际需要的基础上，借鉴采用先进适用的国际标准，提高数字人民币相关基础设施与国际标准接轨的水平，提升业务系统与国际同业系统进行直通的能力，降低交易成本，提高交易效率，为我国法定数字货币在国际上的应用提供便利，更好支持推动人民币国际化。

五、结语

央行数字货币系统运行的合法性与稳健应用，有赖于健全、平衡且与时俱进的法制作保障，从而真正发挥其在推动数字经济、数字金融体系发展中的价值。发行央行数字货币对现行货币法监管体系提出了新的要求：

我国应当出台一部完整的"货币法"，从内容上对广义"货币"客体和持有货币进行货币行为进行规范。在"货币法"中，将纸币与央行数字货币归于"广义货币"，并与其他数字资产内涵加以区分；央行数字货币的法律地位需要明确，其直接表现是法偿性的确立。这种国家以公信力背书的效力以来法律的明确规定和实践纠纷解决后的用户信任积累。而在现实场景应用中，在立法上可以考虑在特定情形下以列举的形式拒收央行数字货币的行为免于处罚。另外，应当确立央行数字货币所有权原则及民事交易规则。数字化人民币，目前还无法完全适用实物现金流通的监管规则。

数字化人民币监管，依赖制定独立创新的监管制度，在试点阶段由独立的监管主体实时监控。时刻监测数字化人民币流通对宏观经济的正面和负面影响。监管机构可考虑通过拟定针对数字人民币的专门性监管规范，完成央行数字货币发行、流通的金融基础设施建设。央行可以考虑成立数字货币与金融体系的监测分析部门，在发行央行数字货币时遵循计划性和经济性相统一原则控制央行数字货币发行数量及质量。扩大数字人民币的流通领域将有利于提高数字人民币的社会认可度，但应当重视客观市场规律和长期经济发展规律，尊重当前科技水平，并根据实际运行中的需求、及时解决发现的法律问题并修正法律漏洞，持续做好法律规范的完善。央行数字货币监管制度应当遵循计划性发行和经济性发行相统一原则，成立数字货币与金融体系的监测分析部门，建立数字货币监视和分析部门并对数字人民币的流通过程保持密切关注，充分利用新型大数据监控工具。此外，监管机构应当稳妥推进我国法定数字货币标准研制，做好标准与法律准则之衔接。同时，中国人民银行应当谨慎处理在央行数字货币发行过程中自身同商业银行的管理关系和合作关系，在创新发展新型金融科技的同时，保护商业银行传统业务相对稳定，维护国家宏观经济的稳定发展。

西安财经大学 法学院

我校于 1979 年设立法学专业，1980 年开始法律专科招生，1997 年开始法学本科招生，2006 年经济法学科获批省级重点学科和硕士学位授予权，2007 年开始招收经济法学硕士研究生，2007 年法学本科专业被评为陕西省名牌专业。2011 年法学学科获批省级重点学科，2012 年成立法学院。2018 年获批法学一级学科硕士点，2019 年法学本科专业获批省级一流专业建设项目。目前开展本科和研究生两个层次的学历教育，在校本科生和研究生 800 人。

法学院已建立起了一支年龄、学历、职称、学员结构较为合理的教学科研队伍，学科发展方向逐步明确，研究特色基本形成。学院共有教职工 45 人，其中法学专业课教师 32 人，专业课教师中教授 7 人（二三级教授 3 人）、副教授 12 人、讲师 13 人。其中硕士生导师 17 人，陕西省教学名师 1 人，兼职执业律师 13 人，双语授课教师 6 人，陕西省师德先进个人 1 人，陕西省优秀共产党员 2 人，青年英才 2 人。学院建有设备先进、功能齐全、可容纳 150 人的标准模拟法庭，中央财政投资 100 万元建设的"法学综合模拟实训平台"以及校级科研基地"一带一路与财经法律研究中心"，并在西安市各级法院、检察院、律师事务所建有固定的实习实践基地。

近年来，法学院教师先后承担国家级课题 12 项，其他省部级教学科研课题 50 余项，在核心期刊发表论文 100 余篇，出版专著 12 部，获陕西省哲学社会科学优秀成果一等奖 3 项，陕西省优秀教学成果一等奖 1 项、二等奖 1 项。部分教师担任省市立法咨询专家，在服务地方经济社会发展和民主法治建设方面取得了较好成绩。